Noch sind die Diskussionen, die Neil Postman mit seiner Streitschrift *Das Verschwinden der Kindheit* ausgelöst hat, nicht verstummt, da kündigt ein neues Buch von ihm neuen, grundsätzlichen Meinungsstreit an. Denn diesmal kritisiert er die allmähliche Zerrüttung der Kulturtätigkeiten durch den gewerbsmäßigen Illusionismus, das totale Entertainment. Postmans These lautet, daß die Medien zunehmend nicht nur bestimmen, was wir kennenlernen und erleben, welche Erfahrungen wir sammeln, wie wir Wissen ausbilden, sondern auch, was und wie wir denken, was und wie wir empfinden, ja, was wir von uns selbst und voneinander halten sollen. Zum ersten Mal in der Geschichte gewöhnen die Menschen sich daran, statt der Welt ausschließlich Bilder von ihr ernst zu nehmen. An die Stelle der Erkenntnis- und Wahrnehmungsanstrengung tritt das Zerstreuungsgeschäft. Die Folge davon ist ein rapider Verfall der menschlichen Urteilskraft. In ihm steckt eine unmißverständliche Bedrohung: Er macht unmündig oder hält in der Unmündigkeit fest. Und er tastet das gesellschaftliche Fundament der Demokratie an. Wir amüsieren uns zu Tode.

Neil Postman, geboren 1931, ist Professor für Media Ecology an der New York University. Er ist Autor und Herausgeber zahlreicher Veröffentlichungen zu Fragen der Erziehung. 1975 erhielt er den »Earl Kelly Award« für seine Arbeiten über Semantik. 1983 erschien sein Buch *Das Verschwinden der Kindheit*, 1988 sein Aufsatzband *Die Verweigerung der Hörigkeit* bei S. Fischer.

Neil Postman
Wir amüsieren uns zu Tode

Urteilsbildung im Zeitalter der
Unterhaltungsindustrie

Aus dem Amerikanischen übersetzt
von Reinhard Kaiser

Fischer
Taschenbuch
Verlag

Für Shelley

Sonderausgabe
40 Jahre Fischer Taschenbücher
Ungekürzte Ausgabe
Veröffentlicht im Fischer Taschenbuch Verlag GmbH,
Frankfurt am Main, Januar 1992

Lizenzausgabe mit freundlicher Genehmigung des
S. Fischer Verlags GmbH, Frankfurt am Main
Titel der amerikanischen Originalausgabe:
›Amusing Ourselves to Death.
Public Discourse in the Age of Show Business‹,
erschienen 1985 bei Viking-Penguin, Inc.
(Elisabeth Sifton Books), New York
Copyright © 1985 by Neil Postman
Für die deutsche Ausgabe:
© S. Fischer Verlag GmbH, Frankfurt am Main 1985
Umschlaggestaltung: Bartholl & Bartholl, Hamburg
Fotovermerk: siehe Umschlag-Rückseite
Druck und Bindung: Clausen & Bosse, Leck
Printed in Germany
ISBN 3-596-11233-8

Inhalt

Einleitung 7

Erster Teil
1. Kapitel: Das Medium ist die Metapher 11
2. Kapitel: Medien als Epistemologie 26
3. Kapitel: Amerika im Zeitalter des Buchdrucks 44
4. Kapitel: Leserverstand 60
5. Kapitel: Die Guckguck-Welt 83

Zweiter Teil
6. Kapitel: Das Zeitalter des Showbusiness 105
7. Kapitel: »Und jetzt...« 123
8. Kapitel: Im Wiegeschritt nach Bethlehem 141
9. Kapitel: Sie haben die freie Wahl 154
10. Kapitel: Unterricht als Unterhaltung 174
11. Kapitel: Huxleys Warnung 189

Anmerkungen 199
Bibliographie 205

Einleitung

In banger Erwartung sahen wir dem Jahr 1984 entgegen. Als es kam und die Prophezeiung nicht eintrat, stimmten nachdenkliche Amerikaner verhaltene Loblieder an – auf sich selbst. Die Wurzeln der freiheitlichen Demokratie hatten gehalten. Mochte anderswo der Terror ausgebrochen sein – uns zumindest hatten Orwells Alpträume nicht heimgesucht.
Aber wir hatten vergessen, daß es neben Orwells düsterer Vision eine zweite gegeben hatte – ein wenig älter, nicht ganz so bekannt, ebenso beklemmend: Aldous Huxleys *Schöne neue Welt*. Entgegen einer auch unter Gebildeten weit verbreiteten Ansicht haben Huxley und Orwell keineswegs dasselbe prophezeit. Orwell warnt vor der Unterdrückung durch eine äußere Macht. In Huxleys Vision dagegen bedarf es keines Großen Bruders, um den Menschen ihre Autonomie, ihre Einsichten und ihre Geschichte zu rauben. Er rechnete mit der Möglichkeit, daß die Menschen anfangen, ihre Unterdrückung zu lieben und die Technologien anzubeten, die ihre Denkfähigkeit zunichte machen.
Orwell fürchtete diejenigen, die Bücher verbieten. Huxley befürchtete, daß es eines Tages keinen Grund mehr geben könnte, Bücher zu verbieten, weil keiner mehr da ist, der Bücher lesen will. Orwell fürchtete jene, die uns Informationen vorenthalten. Huxley fürchtete jene, die uns mit Informationen so

sehr überhäufen, daß wir uns vor ihnen nur in Passivität und Selbstbespiegelung retten können. Orwell befürchtete, daß die Wahrheit vor uns verheimlicht werden könnte. Huxley befürchtete, daß die Wahrheit in einem Meer von Belanglosigkeiten untergehen könnte. Orwell fürchtete die Entstehung einer Trivialkultur, in deren Mittelpunkt Fühlfilme, Rutschiputschi, Zentrifugalbrummball und dergleichen stehen. Wie Huxley in *Dreißig Jahre danach oder Wiedersehen mit der ›Schönen neuen Welt‹ (Brave New World Revisited)* schreibt, haben die Verfechter der bürgerlichen Freiheiten und die Rationalisten, die stets auf dem Posten sind, wenn es gilt, sich der Tyrannei zu widersetzen, »nicht berücksichtigt, daß das Verlangen des Menschen nach Zerstreuungen fast grenzenlos ist«. In *1984*, so fügt Huxley hinzu, werden die Menschen kontrolliert, indem man ihnen Schmerz zufügt. In *Schöne neue Welt* werden sie dadurch kontrolliert, daß man ihnen Vergnügen zufügt. Kurz, Orwell befürchtete, das, was uns verhaßt sei, werde uns zugrunde richten. Huxley befürchtete, das, was wir lieben, werde uns zugrunde richten.

Dieses Buch handelt von der Möglichkeit, daß Huxley und nicht Orwell recht hatte.

Erster Teil

1. Kapitel

Das Medium ist die Metapher

Zu verschiedenen Zeitpunkten unserer Geschichte waren ganz unterschiedliche Städte Sinnbilder des amerikanischen Geistes und seiner Ausstrahlungskraft. Im späten 18. Jahrhundert zum Beispiel war Boston Mittelpunkt eines politischen Radikalismus, der jenen Schuß auslöste, den die ganze Welt vernahm, einen Schuß, der damals nur in der Umgebung Bostons und nirgendwo sonst fallen konnte. Und sein Echo machte alle Amerikaner, auch die Siedler von Virginia, im Herzen zu Bürgern Bostons. Um die Mitte des 19. Jahrhunderts wurde New York zum Inbegriff der Idee vom Schmelztiegel Amerika – zumindest, was die nicht aus England kommenden Einwanderer anging. Ausgestoßene und Überzählige aus aller Herren Länder kamen auf Ellis Island an und verbreiteten ihre fremden Sprachen und ihre erst recht fremden Sitten im ganzen Land. Zu Beginn des 20. Jahrhunderts wurde Chicago, die Stadt der breiten Schultern und der rauhen Winde, zum Sinnbild Amerikas. Wenn irgendwo in Chicago das Denkmal eines Schweineschlächters steht, dann erinnert es an eine Zeit, in der Amerika aus Eisenbahnen, Rindern, Stahlwerken und Industrieabenteurern bestand. Wenn es dieses Denkmal nicht gibt, dann sollte man es errichten, so wie man dem »Minute Man«, dem in Minutenschnelle abrufbereiten Freiwilligen des Unabhängigkeitskrieges, und mit ihm dem Zeitalter Bostons ein Denkmal gesetzt hat, und das so wie die Freiheitsstatue an das Zeitalter New Yorks erinnert.

Halten wir heute nach einem Sinnbild für den Charakter und die Sehnsüchte unserer Nation Ausschau, so blicken wir nach Las Vegas, der Stadt in der Wüste von Nevada – ihr Wahrzeichen ist die zehn Meter hohe Papp-Attrappe eines Spielautomaten und eines Chorus-Girls. Denn Las Vegas hat sich ganz und gar der Idee der Unterhaltung verschrieben und verkörpert damit den Geist einer Kultur, in der der gesamte öffentliche Diskurs immer mehr die Form des Entertainments annimmt. Weitgehend ohne Protest und ohne daß die Öffentlichkeit auch nur Notiz davon genommen hätte, haben sich Politik, Religion, Nachrichten, Sport, Erziehungswesen und Wirtschaft in kongeniale Anhängsel des Showbusiness verwandelt. Wir sind im Zuge dieser Entwicklung zu einem Volk geworden, das im Begriffe ist, sich zu Tode zu amüsieren.

Während ich dies schreibe, werden die Vereinigten Staaten von einem ehemaligen Hollywood-Schauspieler regiert. Einer seiner wichtigsten Herausforderer bei den Präsidentschaftswahlen von 1984 war einer der Hauptdarsteller im glanzvollsten Fernsehspektakel der sechziger Jahre, mit anderen Worten Astronaut. Und selbstverständlich hat man einen Film über seine extraterrestrischen Abenteuer gedreht. George McGovern hat sich als »Gastgeber« in der beliebten Fernsehsendung *Saturday Night Live* betätigt. Ein jüngerer Kandidat, Reverend Jesse Jackson, ebenso.

Der frühere Präsident Richard Nixon, der behauptet hat, er habe einmal eine Wahl deshalb verloren, weil ihn die Make-up-Leute sabotierten, hat unterdessen Senator Edward Kennedy einen Tip gegeben, wie er es anstellen müsse, wenn er sich ernsthaft um die Präsidentschaft bewerben wolle: 20 Pfund abnehmen. Obwohl in der Verfassung nichts davon steht, ist dicken Leuten der Zugang zu hohen politischen Ämtern heutzutage praktisch versperrt; Leuten mit Glatze wahrscheinlich ebenfalls. Und mit ziemlicher Sicherheit auch all jenen, deren Aussehen durch Kosmetikerkünste nicht beträchtlich geschönt wird. Vielleicht sind wir inzwischen tatsächlich an dem Punkt angelangt, wo nicht mehr die Programmatik, sondern die Kosmetik das Gebiet ist, auf dem sich der Politiker wirklich auskennen muß.

Auch die amerikanischen Journalisten, genauer gesagt: die Nachrichtensprecher im Fernsehen, haben erkannt, worauf es ankommt. Die meisten von ihnen verbringen mehr Zeit unter ihrem Fön als über ihren Skripten, was dazu führt, daß sie die bestaussehenden Leute diesseits von Las Vegas sind. Obwohl im *Federal Communications Act* nichts davon steht, hat jemand ohne Kamera-Appeal keine Chance, das Publikum über die sogenannten »Tagesnachrichten« zu unterrichten. Wer dagegen Kamera-Appeal besitzt, kommt möglicherweise auf ein Jahreseinkommen von mehr als einer Million Dollar.

Längst haben amerikanische Geschäftsleute entdeckt, daß Qualität und Nützlichkeit ihrer Waren, verglichen mit ihrer geschickten Präsentation, geradezu nebensächlich und die von Adam Smith gepriesenen und von Karl Marx verdammten Prinzipien des Kapitalismus zur Hälfte hinfällig sind. Selbst die Japaner, die angeblich bessere Autos bauen als die Amerikaner, wissen, daß die Ökonomie weniger eine Wissenschaft als eine darstellende Kunst ist – der jährliche Werbeetat von Toyota bestätigt es.

Vor kurzem sah ich Billy Graham zusammen mit Shecky Green, Red Buttons, Dionne Warwick, Milton Berle und anderen Theologen bei einem gemeinsamen Fernsehauftritt zu Ehren von George Burns, der sein achtzigjähriges Überleben im Showbusiness feierte. Hochwürden Graham und Burns witzelten über die Vorbereitungen für die Reise ins Jenseits. Obwohl in der Bibel nichts davon steht, versicherte Reverend Graham den Zuschauern, Gott liebe jene, die andere zum Lachen bringen. Ein verzeihlicher Irrtum. Er hatte lediglich den lieben Gott mit NBC verwechselt.

Die Psychologin Dr. Ruth Westheimer hat eine beliebte Radiosendung und einen Nachtclub-Auftritt, bei denen sie ihr Publikum über den Sex in der unendlichen Mannigfaltigkeit seiner

Formen informiert, und zwar in einer Sprache, die früher dem Schlafzimmer und der Straßenecke vorbehalten war. Ruth Westheimer ist fast so unterhaltsam wie Reverend Billy Graham und hat einmal gesagt: »Ich will gar nicht unbedingt lustig wirken. Aber wenn es so herauskommt, dann mache ich mir das zunutze. Wenn man mich als Entertainerin bezeichnet, sage ich: Na, wunderbar. Wenn ein Professor Sinn für Humor hat, kommen die Leute nachher aus seiner Vorlesung und haben etwas behalten.«[1] Sie sagte zwar nicht, was diese Leute behalten und wozu es gut sein soll, daß sie etwas behalten. Aber eines hat sie erkannt: Entertainer zu sein ist wunderbar. In Amerika ist nämlich Gott mit denen, die das Talent und das Format haben, andere zu amüsieren, gleichgültig, ob sie das nun als Prediger, Sportler, Unternehmer, Politiker, Lehrer oder Journalisten tun. Die traurigsten Gestalten in Amerika sind seine professionellen Unterhalter.

Kulturbeobachter und andere Pessimisten – Leute, die Bücher wie dieses hier lesen – wissen, daß die genannten Beispiele nicht an den Haaren herbeigezogen sind – man begegnet ihnen auf Schritt und Tritt. Es besteht kein Mangel an Kritikern, die den Zerfall des öffentlichen Diskurses in Amerika und seine Umwandlung in eine Sparte des Showbusiness wahrgenommen und zu Protokoll gegeben haben. Aber bisher hat, soweit ich sehe, kaum einer von ihnen nach den Ursachen und nach der Bedeutung dieses Abstiegs in die grenzenlose Trivialität gefragt. Diejenigen, die sich eingehender mit diesen Dingen beschäftigt haben, erklären uns, was sich da vor unseren Augen abspielt, seien die letzten Zuckungen eines ausgelaugten Kapitalismus oder, so die entgegengesetzte These, die fade Frucht des zur Reife gelangten Kapitalismus; oder der Abgesang auf das Zeitalter Freuds; oder die Vergeltung dafür, daß wir Gott haben sterben lassen; oder sie sagen, Habsucht und Ehrgeiz, die immer herhalten müssen, wenn andere Erklärungen versagen, seien an allem schuld.

Ich habe diese Erklärungen sorgfältig geprüft, und ich will nicht behaupten, daß man von ihnen nichts lernen kann. Man darf die Anhänger von Marx, Freud, Lévi-Strauss und selbst die Vertreter der Creation Science nicht leicht nehmen. Jedenfalls würde es mich sehr überraschen, wenn das, was ich hier zu sagen habe, der ganzen Wahrheit auch nur nahekäme. Wir alle sind, wie Huxley einmal gesagt hat, Große Abkürzer; niemand ist so klug, daß er die ganze Wahrheit herausfinden könnte, und wer glaubt, sie gefunden zu haben, der hätte doch weder die Zeit, sie zu verkünden, noch das leichtgläubige Publikum, das sie einfach hinnimmt. Der Leser wird in diesem Buch jedoch eine Argumentation finden, die das Problem immerhin klarer erfaßt als viele andere. Ihr Wert liegt in der Klarheit ihrer Perspektive, die auf Überlegungen zurückgeht, die vor 2300 Jahren Platon anstellte. Diese Argumentation konzentriert sich auf die Formen des kommunikativen Austauschs, des »Gesprächs« zwischen den Menschen; sie geht davon aus, daß die Formen, an die wir uns bei diesem Austausch halten müssen, den denkbar stärksten Einfluß darauf haben, welche Gedanken wir bequem zum Ausdruck bringen können. Und jene Gedanken, die sich bequem ausdrücken lassen, werden unweigerlich zum wesentlichen Inhalt einer Kultur.

Wenn ich hier die Wörter »Austausch« oder »Gespräch« *(conversation)* verwende, dann denke ich nicht nur an die gesprochene Sprache, sondern an alle Techniken und Technologien, die es den Angehörigen einer bestimmten Kultur erlauben, Botschaften auszutauschen. In diesem Sinne ist die ganze Kultur ein großer Austausch oder, genauer gesagt, ein Komplex zahlreicher Austauschvorgänge, die in den verschiedensten symbolischen Modi vollzogen werden. Uns beschäftigt hier die Frage, wie die Formen des öffentlichen Diskurses regulieren, ja, geradezu diktieren, welcher Art die Inhalte sind, die in ihnen vermittelt werden können.

Nehmen wir ein einfaches Beispiel: die primitive Kommunikationstechnik der Rauchzeichen. Ich weiß zwar nicht genau, welche Inhalte die Indianer früher mit ihren Rauchzeichen übermittelt haben, aber ich bin mir sicher, daß philosophische Gedankengänge nicht dazugehörten. Rauchwölkchen sind

nicht so komplex, daß man mit ihnen Gedanken über das Wesen des Daseins zum Ausdruck bringen könnte – und selbst wenn sie es wären, würden dem Cherokee-Philosophen entweder das Holz oder die Decken ausgehen, bevor er auch nur zu seinem zweiten Axiom gelangt wäre. Mit Rauch kann man nicht philosophieren. Seine Form schließt diesen Inhalt aus.
Betrachten wir ein näherliegendes Beispiel: Heutzutage wäre es, wie gesagt, unvorstellbar, einen Mann wie unseren 27. Präsidenten, den zweieinhalb Zentner schweren William Howard Taft mit seinem Doppelkinn, als Präsidentschaftskandidaten aufzustellen. Die äußere Gestalt eines Menschen ist weitgehend irrelevant für die Gestalt seiner Ideen, solange sich dieser Mensch schreibend oder im Radio oder, wenn es denn sein soll, mittels Rauchzeichen an sein Publikum wendet. Anders im Fernsehen. Das Bild eines schwerfälligen Zweieinhalb-Zentner-Mannes, auch eines redenden, würde die Feinheiten jeder sprachlich vermittelten Argumentation alsbald erdrücken. Denn im Fernsehen wird der Diskurs weitgehend mit visuellen Mitteln geführt – oder anders gesagt, das Fernsehen liefert uns einen Austausch in Bildern, nicht in Worten. Das Auftauchen des Image-Managers in der politischen Arena und der damit einhergehende Niedergang des Redenschreibers zeugen davon, daß sich die Inhalte, die das Fernsehen fordert, von denen anderer Medien unterscheiden. Politische Ideen lassen sich im Fernsehen nicht erläutern. Seine Form arbeitet gegen den Inhalt.
Hier noch ein drittes, komplexeres Beispiel: Die Informationen, den Inhalt oder, wenn man so will, den »Stoff«, aus dem die sogenannten »Tagesnachrichten« bestehen, gab es nicht und konnte es nicht geben in einer Welt, in der es die Medien nicht gab, die sie hätten vermitteln können. Ich will damit nicht sagen, daß sich nicht immer und überall auf der Welt Brände, Kriege, Morde und Liebesaffären ereignet hätten. Aber die Menschen konnten nicht an ihnen teilnehmen, konnten sie nicht zu einem Teil ihres Alltags machen, solange die Technologie fehlte, die sie davon in Kenntnis setzte. Derartige Informa-

tionen gehörten nicht zum Inhalt von Kultur. Die Vorstellung, daß es einen Inhalt namens »Tagesnachrichten« gibt, hat erst der Telegraph geschaffen (und die neueren Medien haben sie seither ausgeweitet); erst der Telegraph machte es möglich, aus dem Zusammenhang gerissene Informationen in unvorstellbarer Geschwindigkeit über riesige Entfernungen zu transportieren. Die »Tagesnachrichten« sind ein Produkt unserer technischen Phantasie; sie sind im wahrsten Sinne des Wortes ein Medienereignis. Wir beschäftigen uns mit Bruchstücken von Ereignissen aus aller Welt, weil wir über eine Vielzahl von Medien verfügen, die sich ihrer Form nach zum Austausch bruchstückhafter Botschaften eignen. Kulturen ohne lichtgeschwinde Medien – Kulturen etwa, in denen Rauchzeichen das effizienteste Mittel zur Überwindung von Entfernungen sind – kennen keine »Tagesnachrichten«. Das »Neue vom Tage« gibt es nicht ohne ein Medium, das seine Form schafft.
Um es klar und deutlich zu sagen: Ich untersuche und ich beklage in diesem Buch die einschneidendste Veränderung, die sich in der zweiten Hälfte des 20. Jahrhunderts innerhalb der amerikanischen Kultur vollzogen hat: den Niedergang des Buchdruck-Zeitalters und den Anbruch des Fernseh-Zeitalters. Dieser Umbruch hat zu einer dramatischen, unwiderruflichen Verschiebung im Inhalt und in der Bedeutung des öffentlichen Diskurses geführt, denn zwei so unterschiedliche Medien können nicht die gleichen Ideen in sich aufnehmen. In dem Maße, wie der Einfluß des Buchdrucks schwindet, müssen sich die Inhalte der Politik, der Religion, der Bildung und anderer öffentlicher Bereiche verändern und in eine Form gebracht werden, die dem Fernsehen angemessen ist.
Das alles mag dem Aphorismus Marshall McLuhans »Das Medium ist die Botschaft« verdächtig ähnlich klingen – und ich will diese gedankliche Verbindung auch gar nicht bestreiten (obwohl das unter achtbaren Wissenschaftlern Mode geworden ist, die heute gar nichts mehr zu sagen hätten, wenn sie nicht über McLuhan reden könnten). Ich habe McLuhan vor dreißig Jahren kennengelernt; damals war ich ein graduierter Student und

er ein unbekannter Englischprofessor. Ich glaubte damals und ich glaube heute, daß er sich mit seinen Thesen in die Tradition Orwells und Huxleys stellte, mit anderen Worten, daß er als Prophet sprach, und ich habe mich immer an seine Lehre gehalten, daß man den klarsten Einblick in eine Kultur gewinnt, indem man ihre Werkzeuge zum kommunikativen Austausch untersucht. Und ich möchte hinzufügen, daß mein Interesse für diesen Gesichtspunkt zuerst von einem Propheten geweckt wurde, der weit ehrfurchtgebietender als McLuhan und älter als Platon ist. Beim Studium der Bibel fand ich in jungen Jahren Hinweise auf die Vorstellung, daß bestimmte Formen von Medien ganz bestimmte Inhalte begünstigen und dadurch eine Kultur entscheidend zu prägen vermögen. Ich denke hier insbesondere an die Zehn Gebote, deren zweites lautet: »Du sollst dir kein Bildnis noch irgendein Gleichnis machen, weder von dem, was oben im Himmel, noch von dem, was unten auf Erden, noch von dem, was im Wasser unter der Erde ist.« Wie viele vor mir habe ich mich damals gefragt, warum der Gott dieses Volkes Vorschriften erließ, wie Menschen ihre Erfahrungen symbolisch darstellen sollten und wie nicht. Als Teil eines ethischen Systems mutet ein solches Gebot merkwürdig an, es sei denn, sein Urheber hatte, als er es aufstellte, den Zusammenhang zwischen den Formen menschlicher Kommunikation und der Eigenart einer Kultur im Sinn. Ein Volk, das sich die Vorstellung von einem abstrakten, universalen Gott zu eigen machen soll, wäre hierzu wohl nicht imstande, wenn es die Gewohnheit hätte, Bilder und Statuen anzufertigen oder seine Anschauungen in konkreten, ikonographischen Formen zu verkörpern. Der Gott der Juden sollte einzig im Wort und durch das Wort existieren – ein bis dahin unbekanntes Ansinnen, das ein Höchstmaß an abstraktem Denken voraussetzte. Damit dieser neue Gott in die Kultur Eingang finden konnte, mußte die Ikonographie zur Blasphemie erklärt werden. Uns, die wir heute im Begriff sind, eine wortbestimmte Kultur in eine bildbestimmte Kultur zu verwandeln, könnte die Besinnung auf dieses mosaische Gebot durchaus von Nutzen sein.

Doch auch dann, wenn meine Mutmaßungen nicht zutreffen, darf man, wie ich meine, vernünftigerweise annehmen, daß die in einer Kultur verfügbaren Kommunikationsmedien einen beherrschenden Einfluß auf die Orientierung der intellektuellen und sozialen Bestrebungen innerhalb dieser Gesellschaft haben.
Die Sprache ist natürlich der primäre, unentbehrliche Modus des kommunikativen Austauschs. Sie hat uns zu Menschen gemacht und läßt uns Menschen bleiben, sie definiert geradezu, was *humanitas* bedeutet. Das besagt nicht, daß es, wenn es andere Kommunikationsmittel nicht gäbe, allen Menschen gleichermaßen leicht fiele, über dieselben Dinge auf dieselbe Weise zu sprechen. Wir wissen, daß strukturelle Unterschiede zwischen den Sprachen zu Unterschieden in dem führen, was man als »Weltanschauung« bezeichnen könnte. Wie die Menschen über Zeit und Raum, über Gegenstände und Vorgänge denken, das ist deutlich von den grammatischen Eigenschaften ihrer individuellen Sprache abhängig. Deshalb können wir nicht davon ausgehen, daß wir alle die gleichen Vorstellungen über den Aufbau der Welt hegen. Um wieviel größer jedoch die Unterschiede zwischen den »Weltanschauungen« verschiedener Kulturen sind, kann man ermessen, wenn man sich die Vielzahl und Vielfalt der Instrumente zum kommunikativen Austausch vor Augen führt, die nicht auf Wörter gestützt sind. Kultur ist zwar ein Produkt der Sprache; aber von jedem Kommunikationsmedium wird sie neu geschaffen, von der Malerei und den Hieroglyphen ebenso wie vom Alphabet und vom Fernsehen. Wie die Sprache selbst, so begründet auch jedes neue Medium einen bestimmten, unverwechselbaren Diskurs, indem es dem Denken, dem individuellen Ausdruck, dem Empfindungsvermögen eine neue Form zur Verfügung stellt. Und eben dies meinte McLuhan mit seinem Satz: »Das Medium ist die Botschaft.« Sein Aphorismus bedarf jedoch einer Korrektur, denn so, wie er dasteht, lädt er zu einer Verwechslung von Botschaft und Metapher ein. Eine Botschaft macht eine bestimmte, konkrete Aussage über die Welt. Die Formen unserer Medien und

die Symbole, durch die sie einen Austausch ermöglichen, machen jedoch keine derartigen Aussagen. Eher gleichen sie Metaphern, die ebenso unaufdringlich wie machtvoll ihre spezifischen Realitätsdefinitionen stillschweigend durchsetzen. Ob wir die Welt durch das Objektiv der gesprochenen Sprache oder des gedruckten Wortes oder der Fernsehkamera wahrnehmen – unsere Medien-Metaphern gliedern die Welt für uns, bringen sie in eine zeitliche Abfolge, vergrößern sie, verkleinern sie, färben sie ein und explizieren eine bestimmte Deutung der Beschaffenheit der Wirklichkeit. Ernst Cassirer bemerkt dazu:
»Die unberührte Wirklichkeit scheint in dem Maße, in dem das Symbol-Denken und -Handeln des Menschen reifer wird, sich ihm zu entziehen. Statt mit den Dingen selbst umzugehen, unterhält sich der Mensch in gewissem Sinne dauernd mit sich selbst. Er lebt so sehr in sprachlichen Formen, in Kunstwerken, in mythischen Symbolen oder religiösen Riten, daß er nichts erfahren oder erblicken kann, außer durch Zwischenschaltung dieser künstlichen Medien.«[2]
Merkwürdig ist freilich, daß man so selten zur Kenntnis nimmt, wie diese zwischengeschalteten Medien das regulieren, was wir sehen oder erfahren. Wer ein Buch liest, wer vor dem Fernseher sitzt oder wer auf seine Armbanduhr schaut, der interessiert sich im allgemeinen nicht dafür, wie diese Vorgänge sein Denken organisieren und kontrollieren, und erst recht nicht dafür, welche Vorstellung von der Welt das Buch, der Fernseher oder die Uhr ihm nahelegen. Aber es gibt Menschen, die diese Dinge registriert haben, vor allem in unserer Zeit. Und einer der hellsichtigsten unter ihnen war Lewis Mumford. Er gehört nicht zu denen, die bloß deshalb auf die Uhr sehen, weil sie wissen wollen, wie spät es ist; sehr viel mehr interessiert er sich dafür, wie die Uhr die Vorstellung von einem »Moment« und einer Abfolge von Momenten hervorbringt. Er beschäftigt sich mit der Philosophie der Uhr, mit der Uhr als Metapher, ein Thema, über das unsere Wissenschaften bisher wenig zu sagen hatten und die Uhrmacher schon gar nichts. »Die Uhr«, so er-

klärt Mumford, »ist ein Antriebsmechanismus, dessen ›Produkt‹ Sekunden und Minuten sind.« Die Uhr, die dieses Produkt erzeugt, löst die Zeit aus unserem Erlebniszusammenhang heraus und nährt damit den Glauben an eine unabhängige Welt mathematisch meßbarer Sequenzen. Die Gliederung der Zeit in eine Abfolge von Momenten ist, wie sich herausstellt, nicht gott- oder naturgegeben. Der Mensch selbst hat sie hervorgebracht, indem er sich mittels einer von ihm geschaffenen Maschine mit sich selbst unterhält.

In seinem großen Buch *Technics and Civilization* hat Mumford dargestellt, wie uns die Uhr, beginnend im 14. Jahrhundert, zunächst zu pünktlichen Zeit-Messern, dann zu Zeit-Sparern und heute schließlich zu Dienern der Zeit gemacht hat. Im Zuge dieser Entwicklung haben wir gelernt, der Sonne und den Jahreszeiten unseren Respekt zu entziehen, denn in einer Welt, die aus Sekunden und Minuten besteht, ist die Autorität der Natur abgeschafft. Mit der Erfindung der mechanischen Uhr, so kann Mumford zeigen, hörte die Ewigkeit auf, Maßstab und Fluchtpunkt menschlichen Erlebens und Handelns zu sein. Es mag manchen überraschen, aber das unerbittliche Ticken der Uhren hat vielleicht mehr zur Schwächung der Allmacht Gottes beigetragen als sämtliche Traktate der Philosophen der Aufklärung; die Uhr erzeugte eine neue Form des Austauschs zwischen den Menschen und Gott, wobei Gott offenbar der Verlierer blieb. Vielleicht hätte Moses ein weiteres Gebot erlassen sollen: Du sollst dir keine mechanischen Nachbildungen der Zeit machen.

Daß das Alphabet eine neue Form des Austauschs zwischen den Menschen begründet hat, ist für heutige Gelehrte eine Binsenweisheit. Aber die eigenen Äußerungen *sehen* zu können, statt sie nur zu hören, ist keine Kleinigkeit, wenngleich unsere Wissenschaften auch hierüber bislang wenig zu sagen hatten. Dennoch liegt es auf der Hand, daß das phonetische Schreiben eine neue Konzeption von Wissen ebenso wie neue Vorstellungen von Intelligenz, von Publikum und Nachwelt hervorgebracht hat, was auf einer frühen Stufe der Textentwicklung schon Platon erkannt hat. »Kein Verständiger«, heißt es in seinem *Siebenten Brief,* »wird es wagen, seine Gedanken in Sprache niederzulegen, und noch dazu in unwandelbarer Weise, was bei dem schriftlich Abgefaßten der Fall ist.« Ungeachtet dessen schrieb er sehr viel und wußte besser als jeder andere, daß die Fixierung von Gedanken mit Schriftzeichen der Anfang der Philosophie war, und nicht ihr Ende. Ohne Kritik kann es Philosophie nicht geben, und die Schrift macht es leicht, Gedanken einer beharrlichen, konzentrierten Prüfung zu unterziehen. Die Schrift läßt das gesprochene Wort erstarren und ruft damit den Grammatiker, den Logiker, den Rhetoriker, den Historiker, den Wissenschaftler auf den Plan – all jene, die sich die Sprache vor Augen führen müssen, um zu erkennen, was sie bedeutet, wo sie irrt und wohin sie führt.

Platon wußte dies alles; er wußte, daß das Schreiben die Wahrnehmung umwälzen würde: das Auge übernahm als Organ der Sprachverarbeitung die Rolle des Ohrs. Um diesen Wandel zu fördern soll Platon, einer Legende zufolge, darauf bestanden haben, daß seine Schüler vor dem Eintritt in seine Akademie Geometrie studierten. Ob die Legende zutrifft oder nicht, der Gedanke ist vernünftig, denn das geschriebene Wort ist, wie Northrop Frye gesagt hat, »sehr viel mehr als eine bloße Gedächtnisstütze: es erschafft die Vergangenheit in der Gegenwart und gibt uns nicht den vertrauten Gegenstand, an den wir uns erinnern, sondern die funkelnde Intensität einer heraufbeschworenen Halluzination«[3].

Was Platon über die Konsequenzen der Einführung des Schreibens mutmaßt, wird von Anthropologen heutzutage gut verstanden, vor allem von denen, die sich mit Kulturen beschäftigt haben, in denen die gesprochene Sprache die einzige Form eines komplexen kommunikativen Austauschs ist. Anthropologen wissen, daß das geschriebene Wort, so wie es auch Frye andeutet, nicht bloß das Echo einer sprechenden Stimme ist; es ist eine ganz und gar andere Stimme, das faszinierende Kunststück eines Geisterbeschwörers. So muß es denen erschienen sein, die es erfunden haben, und deshalb braucht es uns nicht zu

überraschen, daß der ägyptische Gott Thot, der dem König Tammuz die Schrift gebracht haben soll, auch der Gott der Magie war. Für uns hat das Schreiben vielleicht nichts Wunderbares mehr an sich, doch die Anthropologen wissen, wie fremdartig und magisch es auf ein rein mündlich interagierendes Volk wirkt – ein Austausch mit niemandem und zugleich mit jedem. Was ist merkwürdiger als das Schweigen, auf das man stößt, wenn man eine Frage an einen Text richtet? Gibt es etwas Rätselhafteres, als sich an ein unsichtbares Publikum zu wenden, wie es jeder tun muß, der ein Buch schreibt? Oder sich selbst zu korrigieren, weil man erkennt, daß ein unbekannter Leser etwas mißbilligen oder mißverstehen würde?
Das alles führe ich an, weil mein Buch davon handelt, wie unser eigener Stamm einen tiefgreifenden, gefahrvollen Wandel von der Magie des Schreibens hin zur Magie der Elektronik durchläuft. Ich möchte zeigen, daß sich mit der Einführung einer neuen Technik, etwa des Schreibens oder der Uhr, in einer Gesellschaft nicht nur die Fähigkeit der Menschen, die Zeit festzuhalten, erweitert, daß sich mit ihr vielmehr auch ihre Denkweise und natürlich der Inhalt ihrer Kultur umformt. Das meine ich, wenn ich das Medium als Metapher bezeichne. In der Schule lernen wir ganz richtig, daß die Metapher eine Vorstellung von einem Ding vermittelt, indem sie es mit etwas anderem vergleicht. Und durch die Kraft ihrer Anschaulichkeit prägt sie uns diese Vorstellung so fest ein, daß wir uns das eine ohne das andere nicht vorstellen können – das Licht ist eine Welle, die Sprache ein Baum, Gott ein weiser, ehrwürdiger Mann, der Geist eine dunkle, vom Wissen erhellte Höhle. Und wenn diese Metaphern nicht mehr taugen, dann müssen wir notwendigerweise andere, tauglichere finden. Das Licht besteht aus Teilchen, die Sprache ist ein Fluß, Gott eine Differentialgleichung (wie Bertrand Russell behauptet hat), der Geist ein Garten, der bestellt sein will.
Aber unsere Medien-Metaphern sind nicht so explizit und anschaulich wie diese, und sie sind weitaus komplexer. Wollen wir ihre metaphorischen Funktionen verstehen, so müssen wir die

symbolische Form der von ihnen vermittelten Informationen ebenso berücksichtigen wie die Herkunft dieser Informationen, ihre Menge, die Geschwindigkeit, mit der sie übermittelt werden, und den Kontext, in dem sie aufgenommen werden. Man muß also graben, wenn man begreifen will, wie beispielsweise die Uhr aus der Zeit eine vom Menschen unabhängige, mathematisch präzise Abfolge macht; wie das Schreiben aus dem Geist eine Tafel macht, auf der Erfahrungen eingetragen werden; wie der Telegraph aus der Nachricht eine Ware macht. Aber diese Grabungsarbeiten werden leichter, wenn wir uns klarmachen, daß jedem Werkzeug, das wir erzeugen, eine Idee innewohnt, die über seine unmittelbare Funktion hinausweist. So hat man gezeigt, daß die Erfindung der Brille im 12. Jahrhundert nicht nur die Möglichkeit schuf, schwachen Augen neue Sehkraft zu verleihen, sondern zugleich die Vorstellung weckte, der Mensch brauche die natürliche Ausstattung seines Körpers oder dessen altersbedingten Verfall nicht als endgültig hinzunehmen. Die Brille widerlegte die Auffassung, Anatomie sei Schicksal, indem sie die Idee entzündete, unser Körper und unser Geist seien verbesserungsfähig. Man übertreibt wohl nicht, wenn man behauptet, daß es einen Zusammenhang zwischen der Erfindung der Brille im 12. Jahrhundert und der Genforschung des 20. Jahrhunderts gibt.

Selbst das Mikroskop, eigentlich kein Instrument für den Alltagsgebrauch, schließt eine einigermaßen überraschende Idee in sich – sie betrifft nicht unser biologisches, sondern unser psychologisches Wissen. Indem das Mikroskop eine dem Blick bislang verborgene Welt enthüllte, schuf es die Voraussetzungen für die Entfaltung neuer Vorstellungen über die mögliche Struktur von Geist und Psyche. Wenn die Dinge nicht sind, was sie zu sein scheinen, wenn sich Mikroben auf und unter der Haut versteckt halten, wenn das Unsichtbare über das Sichtbare regiert, ist es dann nicht auch möglich, daß irgendwo in uns ein Es, ein Ich und ein Überich versteckt sind? Was ist die Psychoanalyse anderes als die Mikroskopie der Seele? Woher stammen unsere Begriffe von Geist und Seele, wenn nicht aus den Metaphern, die wir mit unseren Werkzeugen hervorgebracht haben? Was bedeutet es, von jemandem zu sagen, er habe einen IQ von 126? In den Gehirnen der Menschen gibt es keine Zahlen. Intelligenz besitzt keine Quantität und keine Ausdehnung, es sei denn, wir glauben, es verhält sich so. Und warum glauben wir dies? Weil unseren Denkwerkzeugen die unausgesprochene Idee innewohnt, daß der Geist so beschaffen sei. Diese Denkwerkzeuge begründen auch bestimmte Vorstellungen von der Beschaffenheit unseres Körpers, etwa wenn eine Frau auf ihre »biologische Uhr« verweist oder wenn wir von einem »genetischen Code« sprechen, wenn wir im Gesicht eines anderen »wie in einem Buch« lesen oder wenn unser Gesichtsausdruck anderen unsere Absichten »signalisiert«.

Als Galilei erklärte, die Sprache der Natur sei die Mathematik, meinte er das metaphorisch. Die Natur selbst spricht nicht. Auch unser Geist spricht nicht, ebensowenig unser Körper oder – näher am Thema dieses Buches – der Staatskörper. Wenn wir uns über die Natur und über uns selbst austauschen, dann tun wir dies in allen möglichen »Sprachen«, deren Verwendung uns möglich und praktisch erscheint. Wir sehen die Natur, die Intelligenz, die menschliche Motivation oder die Ideologie nicht so, wie sie sind, sondern so, wie unsere Sprachen sie uns sehen lassen. Unsere Sprachen sind unsere Medien. Unsere Medien sind unsere Metaphern. Unsere Metaphern schaffen den Inhalt unserer Kultur.

2. Kapitel

Medien als Epistemologie

Ich möchte in diesem Buch zeigen, daß in Amerika ein tiefgreifender Medien-Metaphernwandel stattgefunden hat, der den Inhalt weiter Bereiche unseres öffentlichen Diskurses in gefährlichen Unsinn verkehrt hat. Damit ist klar, worin meine Aufgabe in den folgenden Kapiteln besteht. Ich muß zunächst darlegen, wodurch sich der öffentliche Diskurs unter der Vorherrschaft der Druckpresse von dem des heutigen Amerika unterscheidet, dadurch nämlich, daß er im allgemeinen kohärent, ernsthaft und rational geführt wurde; dann muß ich nachzeichnen, wie dieser öffentliche Diskurs unter der Vorherrschaft des Fernsehens verkümmerte und unsinnig geworden ist. Um dem Mißverständnis vorzubeugen, ich wolle hier das alte elitär-akademische Klagelied über das im Fernsehen gesendete »dumme Zeug« anstimmen, sei vorweg klargestellt, daß mein Interesse der Epistemologie, nicht der Ästhetik oder der Literaturkritik gilt. Mir macht der Unsinn im Fernsehen genausoviel Spaß wie vielen meiner Zeitgenossen auch, und ich weiß sehr wohl, daß die Druckpresse genug davon hervorgebracht hat, um den Grand Canyon bis zum Rande zu füllen. Das Fernsehen ist nicht alt genug, um sich in der Fabrikation von Unsinn mit der Druckpresse messen zu können.

Gegen das »dumme Zeug«, das im Fernsehen gesendet wird, habe ich nichts, es ist das beste am Fernsehen, und niemand und nichts wird dadurch ernstlich geschädigt. Schließlich messen wir eine Kultur nicht an den unverhüllten Trivialitäten, die sie hervorbringt, sondern an dem, was sie für bedeutsam erklärt. Hier liegt unser Problem, denn am trivialsten und daher am gefährlichsten ist das Fernsehen, wenn es sich anspruchsvoll gibt und sich als Vermittler bedeutsamer kultureller Botschaften präsentiert. Paradoxerweise verlangen Intellektuelle und Kritiker vom Fernsehen häufig genau dies. Der Fehler dieser Leute besteht darin, daß sie das Fernsehen nicht ernst genug nehmen. Denn wie die Druckpresse ist das Fernsehen nichts Geringeres als eine Philosophie der Rhetorik. Will man also ernsthaft über das Fernsehen sprechen, so muß man über seine Epistemologie sprechen. Alles andere bliebe vordergründig.

Die Epistemologie ist eine komplexe, einigermaßen undurchsichtige Wissenschaft, die sich mit den Ursprüngen und der Natur von Wissen und Erkenntnis beschäftigt. Für uns ist sie hier insofern wichtig, als sie sich für Wahrheitsdefinitionen interessiert und für die Quellen, denen solche Definitionen entspringen. Ich möchte nun zeigen, daß sich derartige Definitionen von Wahrheit zumindest teilweise aus dem Charakter der Kommunikationsmedien herleiten, durch die Informationen übermittelt werden. Ich möchte den untergründigen Zusammenhang zwischen unseren Medien und unseren Epistemologien untersuchen.

Was ich mit dem Titel dieses Kapitels – Medien als Epistemologie – meine, läßt sich, glaube ich, mit einem Begriff anschaulicher machen, den Northrop Frye geprägt hat: mit dem Begriff der »Resonanz«. »Durch Resonanz«, so schreibt er, »gewinnt eine begrenzte, in einem bestimmten Kontext stehende Aussage universale Bedeutung.«[1] Als Beispiel führt Frye zunächst den Ausdruck »die Früchte des Zorns« (the grapes of wrath) an, der zuerst bei Jesaja im Zusammenhang mit der Verkündung eines göttlichen Strafgerichts über die Edomiten anklingt. Aber längst, so fährt Frye fort, »hat sich dieser Ausdruck aus diesem Kontext gelöst und ist in viele neue Kontexte eingewandert*, die von der Würde des menschlichen Daseins zeugen und nicht bloß seine Niedertracht widerspiegeln«.[2]

Frye schränkt die Idee der Resonanz jedoch nicht auf bestimmte Redewendungen und Sätze ein. Auch Figuren in einem Theaterstück oder einer Geschichte – Hamlet etwa oder Lewis Carrolls Alice – können Resonanz haben. Gegenstände können Resonanz besitzen und Länder ebenfalls: »Die geringfügigsten Einzelheiten der Geographie zweier kleiner, in sich gespaltener Länder, Griechenlands und Israels, haben sich unserem Bewußtsein so tief eingeprägt, daß diese Länder zu einem Teil der Landkarte unserer imaginären Welt geworden sind, egal, ob wir sie jemals gesehen haben oder nicht.«[3]

Frye fragt nun nach der Quelle der Resonanz und kommt zu dem Schluß, daß ihre generative Kraft aus der Metapher erwächst – aus der Kraft eines Ausdrucks, eines Buches, einer Figur oder einer geschichtlichen Ära, eine Vielfalt von Einstellungen und Erfahrungen zusammenzufassen und ihnen Bedeutung einzupflanzen. Auf diese Weise wird Athen zu einer Metapher für intellektuelle Größe, wo immer wir solcher Größe begegnen; Hamlet wird zur Metapher grüblerischer Unentschlossenheit und Alices Streifzüge zur Metapher für die Suche nach Ordnung in einer Welt semantischen Unsinns.

Ich löse mich nun von Frye (der dagegen gewiß nichts einzuwenden hätte), halte jedoch an seinem Begriff fest. Jedes Kommunikationsmedium, so behaupte ich, verfügt über Resonanz. Jedes Medium, gleichgültig, wie beschränkt der Kontext war, in dem es ursprünglich verwendet wurde, hat die Kraft, sich über diese Beschränkung hinweg in neue, unvermutete Kontexte auszudehnen. Weil es uns bei der Organisierung unseres Denkens und der Integration unserer Erfahrungen in einer ganz bestimmten Weise lenkt, prägt es unser Bewußtsein und

---

* Zum Beispiel in die von Julia Ward Howe geschriebene *Battle Hymn of the American Republic*: »Mine eyes have seen the glory of the coming of the Lord: / He is trampling out the vintage where the grapes of wrath are stored.« Man denke auch an den Roman von John Steinbeck aus dem Jahre 1939. *[Anm. d. Übers.]*

unsere gesellschaftlichen Institutionen auf mannigfaltige Weise. Zuweilen beeinflußt es unsere Vorstellungen von Frömmigkeit, Güte oder Schönheit. Und immer beeinflußt es die Art und Weise, wie wir unsere Vorstellungen von Wahrheit definieren und mit ihnen umgehen.

Wie das vor sich geht, wie die Perspektive eines Mediums – fühlbar, aber ungesehen – eine Kultur prägt, möchte ich an drei Beispielen erläutern, in denen es jeweils um das Sagen von Wahrheit geht.

Zunächst der Fall eines westafrikanischen Stammes, der über kein Schriftsystem verfügt, dessen reiche mündliche Überlieferung seinen Vorstellungen von bürgerlichem Recht jedoch eine bestimmte Form verliehen hat.[4] Wenn ein Streit entsteht, kommen die Kläger zum Häuptling des Stammes und bringen ihre Beschwerden vor. Die Aufgabe des Häuptlings, der sich nicht auf geschriebenes Recht stützen kann, besteht nun darin, in seinem gewaltigen Fundus von Sprichwörtern und Redensarten eine zu finden, die auf die Situation paßt und beide Kläger gleichermaßen zufriedenstellt. Ist ihm das gelungen, so stimmen alle Beteiligten darin überein, daß der Gerechtigkeit Genüge getan und der Wahrheit ein Dienst erwiesen worden ist. Man erkennt sogleich, daß Jesus und andere biblische Gestalten im Grunde nicht anders verfuhren, wenn sie sich innerhalb einer im wesentlichen mündlichen Kultur sämtlicher Mittel der gesprochenen Sprache, darunter Gedächtnisstützen, formelhafte Wendungen und Gleichnisse, bedienten, um Wahrheit zu entdecken und zu offenbaren. Walter Ong weist darauf hin, daß Sprichwörter und Redensarten in einer mündlichen Kultur durchaus keine nebensächlichen Kunstgriffe sind, deren man sich nur gelegentlich bedient: »Sie sind ständig präsent. Sie bilden die Substanz des Denkens. Komplexeres Denken wäre ohne sie unmöglich, denn es besteht aus ihnen.«[5]

Wir stützen uns heute eigentlich nur dann noch auf Sprichwörter und Redensarten, wenn es darum geht, Streitigkeiten zwischen Kindern oder mit ihnen zu schlichten. »Wer hat, der hat«, »Wer zuerst kommt, mahlt zuerst«, »Zuviel Eile schadet nur« –

auf solche Wendungen greifen wir in den kleinen Krisen mit unseren Kindern zurück, aber es erschiene uns lächerlich, sie vor Gericht zu gebrauchen, wo über »ernsthafte« Fragen verhandelt wird. Kann man sich vorstellen, daß einem Gerichtsdiener, der die Jury nach ihrer Entscheidung fragt, die Antwort zuteil wird: »Irren ist menschlich, aber vergeben ist göttlich«? Oder: »Gebt dem Kaiser, was des Kaisers ist, und Gott, was Gottes ist«? Für einen Augenblick mag es den Richter belustigen, doch wenn nicht sogleich ein »ernsthafter« Spruch folgt, zieht sich die Jury womöglich ein härteres Urteil zu als mancher schuldige Angeklagte.

Richter, Anwälte und Angeklagte sehen in Sprichwörtern und Redensarten keine triftigen Antworten auf Rechtsstreitigkeiten. Was sie in diesem Punkt von dem Stammeshäuptling trennt, ist eine Medien-Metapher. Denn in einer Gerichtsverhandlung, die sich auf gedrucktes Material stützt, in der das Verfahren zur Wahrheitsfindung durch Gesetzbücher, Schriftsätze und die Berufung auf andere Gerichtsurteile definiert und organisiert wird, hat die mündliche Überlieferung viel von ihrer Resonanz verloren – freilich nicht alles. Zeugenaussagen sollen mündlich gemacht werden, weil man annimmt, daß das gesprochene Wort ein wahrhaftigeres Bild von Einstellung und Auffassung des Zeugen entwirft als das geschriebene. In vielen Gerichtssälen dürfen sich die Geschworenen nicht einmal Notizen machen, und sie erhalten auch keine Abschriften von den Ausführungen des Richters. Die Geschworenen sollen die Wahrheit oder ihr Gegenteil *hören*, nicht lesen. Man kann also sagen, daß in unserer Auffassung von rechtlicher Wahrheit zwei Resonanzen aufeinanderstoßen – ein Überbleibsel der alten Überzeugung, daß die gesprochene Sprache, und nur sie, Wahrheit zu übermitteln vermag, und ein starkes Vertrauen in das geschriebene und, vor allem, das gedruckte Wort. Diese letztere Überzeugung hat für Poesie, Sprichwörter, Redensarten, Gleichnisse und andere Formen mündlicher Weisheit wenig übrig. Gesetz ist, was Gesetzgeber und Richter geschrieben haben. In unserer Kultur brauchen Anwälte nicht weise zu sein; sie müssen sich in Gesetzen und Entscheidungen auskennen.

Einem ähnlichen Paradoxon begegnet man an der Universität, wo das Verhältnis zwischen den verschiedenen Resonanzen ungefähr das gleiche ist, d. h. es haben sich einige Traditionen erhalten, die auf der Vorstellung beruhen, die gesprochene Sprache sei das Organ der Wahrheit, in der Hauptsache jedoch sind die akademischen Wahrheitsvorstellungen eng mit der Struktur und der Logik des gedruckten Wortes verknüpft. Um dies zu verdeutlichen, möchte ich hier eine Episode schildern, die ich einmal bei einem noch heute vielfach praktizierten mittelalterlichen Ritual, bei der unter dem Namen »Rigorosum« bekannten mündlichen Doktorprüfung, erlebt habe. Das Wort »mittelalterlich« verwende ich hier nicht im übertragenen Sinne – im Mittelalter wurden Studenten nämlich immer mündlich examiniert, und man hat diese Tradition bewahrt, weil man für ausgemacht hält, daß ein Kandidat sachkundig über seine schriftliche Arbeit sprechen können muß. Aber in erster Linie kommt es auf die schriftliche Arbeit an.

In dem Fall, an den ich hier denke, wurde das Problem, welche Form eine wahre Aussage haben muß, wenn sie legitim sein soll, von den Beteiligten so klar herausgearbeitet, wie es nur selten geschieht. Der Kandidat hatte in seine Doktorarbeit als Nachweis für ein Zitat folgende Fußnote eingefügt: »Mündliche Mitteilung gegenüber dem Forscher am 18. Januar 1981 im Roosevelt Hotel, in Anwesenheit von Arthur Lingeman und Jerrald Gross.« Dieser Nachweis erregte die Aufmerksamkeit von nicht weniger als vier der fünf Prüfer, die alle der Meinung waren, er sei keine geeignete Form des Belegs und solle durch einen Hinweis auf ein Buch oder einen Aufsatz ersetzt werden. »Sie sind kein Journalist«, meinte ein Professor. »Von Ihnen erwartet man Wissenschaftlichkeit.« Wohl deshalb, weil der Kandidat keine Publikation kannte, die das enthielt, was ihm im Roosevelt Hotel mündlich mitgeteilt worden war, verteidigte er sich energisch: Es gebe Zeugen für das Gesagte, sie stünden zur Verfügung, um die Korrektheit des Zitats zu bestäti-

gen, und die Wahrheit eines Gedankens hänge ja wohl nicht von der Form ab, in der er mitgeteilt wird. Vom Schwung der eigenen Beredsamkeit mitgerissen, fuhr er fort, es gebe in seiner Dissertation mehr als dreihundert Hinweise auf veröffentlichte Arbeiten, und es sei höchst unwahrscheinlich, daß die Prüfer auch nur einen davon auf seine Korrektheit überprüfen würden – womit er die Frage aufwerfen wollte: Warum nehmen Sie an, daß ein durch Hinweis auf ein gedrucktes Werk belegtes Zitat korrekt ist, ein durch Hinweis auf eine mündliche Mitteilung belegtes hingegen nicht?
Er erhielt darauf etwa die folgende Antwort: Sie irren sich, wenn Sie glauben, die Form, in der ein Gedanke mitgeteilt wird, sei für seinen Wahrheitsgehalt belanglos. In der akademischen Welt kommt dem veröffentlichten Wort ein höheres Ansehen und größere Glaubwürdigkeit zu als dem gesprochenen Wort. Was die Leute sagen, hält man für weniger verbindlich als das, was sie schreiben. Man nimmt an, daß das geschriebene Wort von seinem Autor durchdacht und überarbeitet, daß es vor seiner Veröffentlichung von Fachautoritäten und Lektoren überprüft worden ist. Es läßt sich leichter verifizieren oder widerlegen, es gewinnt einen unpersönlichen, objektiven Charakter, und zweifellos haben Sie sich aus eben diesem Grund in Ihrer Anmerkung als »Forscher« bezeichnet, statt Ihren Namen zu nennen; mit anderen Worten, das geschriebene Wort richtet sich seinem Wesen nach an die Welt, nicht an einen Einzelnen. Das geschriebene Wort überdauert, das gesprochene verschwindet, und deshalb steht das Schreiben der Wahrheit näher als das Sprechen. Im übrigen ist es Ihnen gewiß lieber, wenn diese Kommission Ihnen schriftlich bestätigt, daß Sie (falls es so sein sollte) Ihr Examen bestanden haben, und es nicht bei einer bloß mündlichen Mitteilung beläßt. Unsere schriftliche Bestätigung würde die »Wahrheit« repräsentieren; unsere mündliche Zustimmung wäre nur ein Gerücht.
Der Kandidat war so klug, sich zur Sache nicht weiter zu äußern. Er begnügte sich mit der Erklärung, er werde alle von der Kommission angeregten Veränderungen vornehmen und hege

den tiefen Wunsch, daß, falls er das »Mündliche« bestehen sollte, dies durch ein schriftliches Dokument bestätigt werden möge. Er bestand tatsächlich, und bald wurden die entsprechenden Worte zu Papier gebracht.

Ein drittes Beispiel für den Einfluß der Medien auf unsere Epistemologien bietet der Prozeß gegen den großen Sokrates. Zu Beginn seiner Verteidigungsrede vor den 500 Geschworenen entschuldigt sich Sokrates dafür, daß er keine Ansprache vorbereitet habe. Er erklärt seinen athenischen Mitbürgern, daß er ins Stocken geraten werde, er bittet sie, ihn deshalb nicht zu unterbrechen und ihn statt dessen für einen Fremden aus einer anderen Stadt anzusehen, und er verspricht ihnen, die Wahrheit zu sagen, ungeschminkt und ohne rhetorisches Beiwerk. So zu beginnen war für Sokrates gewiß charakteristisch, nicht jedoch für die Zeit, in der er lebte. Denn Sokrates wußte sehr genau, daß seine Mitbürger nicht der Ansicht waren, die Grundsätze der Rhetorik und der Ausdruck der Wahrheit hätten nichts miteinander zu tun. Uns Heutigen sagt das Plädoyer des Sokrates durchaus zu, weil wir gewohnt sind, in der Rhetorik nur eine meist hochtrabende, überflüssige Ausschmückung der Rede zu sehen. Aber für die Menschen, die sie erfanden, für die griechischen Sophisten des 5. vorchristlichen Jahrhunderts und ihre Erben, war die Rhetorik nicht nur Gelegenheit zu schauspielerischen Darbietungen, sie war vielmehr ein nahezu unerläßliches Mittel, um Belege und Beweise in eine Ordnung zu bringen, das heißt, sie war ein Mittel zur Mitteilung von Wahrheit.[6]

Sie war nicht nur ein zentrales Element in der Bildung der Athener (von weit größerer Bedeutung als die Philosophie), sondern auch eine Kunstform von hohem Rang. Für die Griechen war die Rhetorik eine Form gesprochener Schriftlichkeit. Zwar setzte sie stets den mündlichen Vortrag voraus, aber ihre Macht, Wahrheit zu offenbaren, beruhte auf der Macht der geschriebenen Worte, Argumente in einer geordneten Abfolge zur Geltung zu bringen. Obwohl Platon (wie wir aufgrund der Verteidigungsrede des Sokrates vermuten dürfen) diese Wahrheitsauffassung in Zweifel zog, waren seine Zeitgenossen davon überzeugt, die Rhetorik sei das geeignete Mittel, um die »richtige Meinung« sowohl zu entdecken als auch zu artikulieren. Die Regeln der Rhetorik zu mißachten, die eigenen Gedanken aufs Geratewohl zur Sprache zu bringen, ohne richtige Betonung, ohne die angemessene Leidenschaftlichkeit, das wirkte wie ein Affront gegen die Intelligenz der Zuhörer und erregte den Verdacht der Lügenhaftigkeit. Deshalb können wir annehmen, daß viele der 280 Geschworenen, die Sokrates dann für schuldig befanden, dies deshalb taten, weil ihnen seine Verfahrensweise mit Wahrhaftigkeit nicht vereinbar schien.

Mit diesem und den vorangegangenen Beispielen möchte ich verdeutlichen, daß Wahrheitsbegriffe jeweils sehr eng mit den Perspektiven bestimmter Ausdrucksformen verknüpft sind. Die Wahrheit kommt nicht ungeschminkt daher und ist niemals so dahergekommen. Sie muß in der ihr angemessenen Kleidung auftreten, sonst wird sie nicht anerkannt, mit anderen Worten: »Wahrheit« ist so etwas wie ein kulturelles Vorurteil. Jede Kultur beruht auf dem Grundsatz, daß sich die Wahrheit in bestimmten symbolischen Formen besonders glaubwürdig ausdrücken läßt, in Formen, die einer anderen Kultur möglicherweise trivial oder belanglos erscheinen. So meinten die Griechen in der Zeit des Aristoteles und die Gelehrten der folgenden zweitausend Jahre, die wissenschaftliche Wahrheit lasse sich am besten aufdecken und zum Ausdruck bringen, indem man die Natur der Dinge aus einer Reihe von evidenten Prämissen deduziert. Das erklärt, warum Aristoteles der Ansicht war, Frauen hätten weniger Zähne als Männer und bei Nordwind gezeugte Kinder seien besonders kräftig. Aristoteles war zweimal verheiratet, aber soweit wir wissen, kam er nie auf den Gedanken, eine seiner Frauen zu fragen, ob er einmal ihre Zähne zählen dürfe. Und was seine Ansichten von der Kinderheilkunde angeht, so dürfen wir vermuten, daß ihm Fragebögen ebenso fremd waren wie die Verlockung, sich hinter irgendwelchen Vorhängen zu verstecken, um Beobachtungen anzustellen. So etwas wäre ihm gewiß unfein und unnötig vorgekommen, denn auf diese Weise ließ sich die Wahrheit über die Dinge nicht erhärten. Die Sprache der deduktiven Logik bot einen sichereren Weg.

Wir sollten uns jedoch nicht vorschnell über die Vorurteile eines Aristoteles lustig machen. Wir haben genug eigene Vorurteile, man denke nur daran, wie wir Wahrheit mit Quantifizierung gleichsetzen. Mit diesem Vorurteil geraten wir in eine erstaunliche Nähe zu den mystischen Vorstellungen der Pythagoräer und ihrer Anhänger, die alles Leben der Herrschaft der Zahlen zu unterwerfen versuchten. Viele Psychologen, Soziologen, Ökonomen und andere Kabbalisten der neueren Zeit lassen sich die Wahrheit von ihren Zahlen sagen, und wenn diese stumm bleiben, stehen sie mit leeren Händen da. Könnte man sich einen modernen Ökonomen vorstellen, der uns Wahrheiten über unseren Lebensstandard mitteilt, indem er ein Gedicht rezitiert? Oder indem er uns erzählt, was ihm bei einem nächtlichen Spaziergang durch East St. Louis widerfahren ist? Oder indem er uns eine Reihe von Sprichwörtern und Gleichnissen zum besten gibt, angefangen bei dem vom reichen Mann, dem Kamel und dem Nadelöhr? Im ersten Fall würden wir seine Mitteilung für belanglos halten, im zweiten für rein anekdotisch und im dritten für kindisch. Und doch sind diese Sprachformen imstande, Wahrheiten über ökonomische Beziehungen sowie über alle möglichen anderen Beziehungen zum Ausdruck zu bringen, und von anderen Völkern sind sie zu diesem Zweck durchaus verwendet worden. Aber das moderne Denken, das in einer Resonanzbeziehung zu anders gearteten Medien-Metaphern steht, nimmt an, daß sich in der Wirtschaftswissenschaft Wahrheit am besten mit Hilfe von Zahlen ermitteln und vermitteln läßt. Vielleicht stimmt das ja sogar. Darüber will ich nicht streiten. Ich möchte nur darauf aufmerksam machen, daß die Formen, in denen man Wahrheit zum Ausdruck bringen kann, eine gewisse Beliebigkeit aufweisen. Erinnern wir uns daran, daß Galilei gesagt hat, die Sprache der *Natur* sei in Mathematik geschrieben, und nicht etwa *alles*. Doch auch die Wahrheit über die Natur muß nicht unbedingt in

mathematischer Form ausgedrückt werden. Über lange Perioden der menschlichen Geschichte war die Sprache der Natur die Sprache von Mythos und Ritual. Und diese Formen, so kann man hinzufügen, zeichneten sich jedenfalls dadurch aus, daß sie die Natur unbehelligt ließen und die Vorstellung unterstützten, daß die Menschen selbst ein Teil dieser Natur sind. Eine Menschheit, die bereitsteht, den Planeten in die Luft zu sprengen, hat wenig Grund, sich zu rühmen, sie habe die richtige Sprache, um über die Natur zu sprechen.
Hiermit möchte ich nicht etwa einem epistemologischen Relativismus das Wort reden. Manche Arten, Wahrheit zum Ausdruck zu bringen, sind besser als andere und üben daher auch einen heilsamen Einfluß auf die Kultur aus, die sie sich zu eigen macht. Außerdem möchte ich meine Leser ja gerade davon überzeugen, daß der Verfall einer auf dem Buchdruck basierenden Epistemologie und der damit einhergehende Aufstieg einer auf dem Fernsehen basierenden Epistemologie für das öffentliche Leben schwerwiegende Folgen gehabt haben und daß wir von Minute zu Minute dümmer werden. Deshalb muß ich hier ganz deutlich zeigen, daß die Wichtigkeit, die man bestimmten Formen, Wahrheiten zu sagen, beimißt, eine Funktion des Einflusses ist, den die Kommunikationsmedien ausüben. Der Satz »Sehen ist Überzeugtsein« nahm als epistemologisches Axiom stets einen hohen Rang ein, aber es gibt auch andere Axiome: »Sagen ist Überzeugtsein«, »Lesen ist Überzeugtsein«, »Zählen ist Überzeugtsein«, »Deduzieren ist Überzeugtsein«, »Empfinden ist Überzeugtsein« – und ihre Bedeutung innerhalb der verschiedenen Kulturen hat entsprechend dem Medienwandel, den diese Kulturen durchliefen, zu- oder abgenommen. Wenn eine Kultur den Schritt von der Mündlichkeit zur Schrift, von der Schrift zum Druck und schließlich zum Fernsehen tut, dann geraten auch ihre Vorstellungen von Wahrheit in Bewegung. Jede Philosophie ist die Philosophie einer Lebensphase, hat Nietzsche gesagt. Und man könnte hinzufügen: Jede Epistemologie ist die Epistemologie einer Phase der Medien-

entwicklung. Wie die Zeit, so ist auch die Wahrheit das Produkt eines Gesprächs, das der Mensch mittels der von ihm erfundenen Kommunikationstechniken und über sie mit sich selbst führt.

Da Intelligenz überwiegend durch die Fähigkeit, Wahrheit zu erfassen, definiert wird, leitet sich das, was eine Kultur unter Intelligenz versteht, insbesondere aus der Beschaffenheit ihrer wichtigen Kommunikationsformen her. In einer rein mündlichen Kultur bringt man Intelligenz häufig in eine Verbindung mit dem Talent zur dramatischen Zuspitzung, mit der Fähigkeit, knappe, vielseitig anwendbare Redewendungen zu ersinnen. Der weise Salomon, so wird uns im ersten *Buch der Könige* berichtet, kannte 3000 Sprichwörter. In einer Buchdruck-Kultur hält man Leute mit einem solchen Talent für verschroben, wahrscheinlich sogar für wichtigtuerische Langweiler. In einer rein mündlichen Kultur wird der Fähigkeit, etwas im Gedächtnis zu behalten, stets ein hoher Wert beigemessen, denn wo es nichts Schriftliches gibt, muß das Erinnerungsvermögen die Funktion einer mobilen Bibliothek übernehmen. Zu vergessen, wie etwas gesagt oder getan werden muß, wäre eine Gefahr für die Gemeinschaft und eine eklatante Form von Dummheit. In einer Buchdruck-Kultur ist es allenfalls ehrenwert, aber nicht nötig, ein Gedicht, eine Speisekarte, eine Gesetzesvorschrift auswendig zu kennen – es gilt fast immer für funktional irrelevant und gewiß nicht als ein Zeichen hoher Intelligenz.

Der allgemeine Charakter der vom Buchdruck geprägten Intelligenz dürfte jedem, der dieses Buch liest, bekannt sein; eine einigermaßen präzise Vorstellung von ihr kann der Leser gewinnen, wenn er sich einmal klar macht, was von ihm verlangt wird, wenn er dieses Buch liest. Zunächst einmal wird von ihm verlangt, für längere Zeit mehr oder weniger regungslos zu verharren. Wenn er hierzu (über diesem oder einem anderen Buch) nicht imstande ist, dann wird ihn unsere Kultur irgendwo zwischen »hyperkinetisch« und »undiszipliniert« einordnen und ihm in jedem Fall eine bestimmte intellektuelle Insuffizienz attestieren. Die Druckpresse stellt strenge Anforderungen nicht nur an unseren Intellekt, sondern ebenso an unseren Körper. Körperbeherrschung ist jedoch nur eine Minimalvoraussetzung. Man muß auch gelernt haben, die Form der einzelnen Buchstaben auf der Buchseite außer acht zu lassen. Man muß gleichsam durch sie hindurchsehen, um die Bedeutung der von ihnen gebildeten Wörter direkt zu erfassen. Wer sich bei der äußeren Gestalt der Buchstaben aufhielte, der wäre ein ganz und gar untauglicher Leser, und vermutlich würde man ihn für geistig beschränkt halten. Wenn man gelernt hat, Bedeutungen ohne ästhetische Ablenkung zu erfassen, muß man außerdem imstande sein, sich unvoreingenommen, objektiv zum Text zu stellen. Dazu gehört, daß man, wie es Bertrand Russell nennt, »Immunität gegen Beredsamkeit« entwickelt, also die Fähigkeit, zwischen der sinnlichen Freude an den Wörtern, ihrem Zauber, ihrem einnehmenden Tonfall (falls sie dergleichen besitzen) und der Logik der Argumentation zu unterscheiden. Gleichzeitig muß man in der Lage sein, am Tonfall der Sprache zu erkennen, welche Haltung der Autor zu seinem Thema und zum Leser einnimmt. Anders gesagt, man muß den Unterschied zwischen einem Witz und einem Argument begreifen. Und wenn man sich ein Urteil über ein Argument bildet, dann muß man fähig sein, mehreres gleichzeitig zu tun: Man muß das endgültige Urteil aufschieben, bis das Argument vollständig entfaltet ist; man muß Fragen im Kopf behalten, bis man geklärt hat, ob, wo und wann der Text sie beantwortet; man muß die eigenen einschlägigen Erfahrungen auf den Text anwenden und seine Behauptungen an ihnen überprüfen. Aber man muß auch imstande sein, jene Teile des eigenen Wissens und der eigenen Erfahrung zurückzustellen, die mit dem Gedankengang des Textes nichts zu tun haben. Und als Vorbereitung auf all dies muß man den Glauben an die Magie der Wörter überwunden und gelernt haben, sich in der Welt der Abstraktionen zurechtzufinden, denn es gibt in diesem Buch nur sehr wenige Wendungen und Sätze, die vom Leser verlangen, sich konkrete Bilder vorzustellen. Von unintelligenten Leuten sagt man in einer vom Buchdruck geprägten Kultur häufig, man müsse ihnen »Bilder malen«, damit sie verstehen. Intelligenz bedeutet hier, daß man in der Sphäre der Begriffe und Verallgemeinerungen auch ohne Bilder auskommt.

Die Fähigkeit, dies alles und noch mehr zu leisten, bestimmt das Wesen von Intelligenz in einer Kultur, deren Wahrheitsvorstellungen sich um das gedruckte Wort gruppieren. In den nächsten beiden Kapiteln möchte ich zeigen, daß Amerika im 18. und 19. Jahrhundert ein solcher Ort war, eine Kultur, die sich – stärker vielleicht als jede andere vorher und nachher – am gedruckten Wort orientierte. In den danach folgenden Kapiteln will ich zeigen, daß sich unsere Vorstellungen von Wahrheit und Intelligenz im 20. Jahrhundert infolge der Verdrängung der alten durch neue Medien drastisch verändert haben.

Ich möchte die Probleme nicht mehr als nötig vereinfachen. Deshalb will ich dieses Kapitel mit drei Bemerkungen abschließen, die vielleicht geeignet sind, das eine oder andere Gegenargument zu entkräften, das sich der aufmerksame Leser womöglich schon zurechtgelegt hat.

Zunächst: Ich behaupte nicht, Veränderungen im Bereich der Medien führten zu Veränderungen in der Struktur des menschlichen Verstandes oder der menschlichen Wahrnehmungsfähigkeit. Es gibt Leute, die diese oder ähnlich lautende Thesen aufgestellt haben (z. B. Jerome Bruner, Jack Goody, Walter Ong, Marshall McLuhan, Julian Jaynes und Eric Havelock[7]). Ich meine zwar, daß sie recht haben, aber für meine Argumentation benötige ich ihre These nicht. Deshalb werde ich mich nicht mit Überlegungen belasten, ob beispielsweise die Angehörigen einer mündlichen Kultur im Sinne Piagets intellektuell weniger entwickelt sind als die Angehörigen einer Schriftkultur und ob die Menschen in einer Fernsehkultur intellektuell weniger entwickelt sind als die Angehörigen der beiden anderen Gruppen. Ich begnüge mich mit der Feststellung, daß ein wichtiges neuartiges Medium die Diskursstruktur verändert, und zwar indem es bestimmte Anwendungsformen des Intellekts fördert, bestimmte Definitionen von Intelligenz und Weisheit bevorzugt und nach einer bestimmten Art von Inhalten verlangt – kurz, indem es neue Formen von Wahrheit und Wahrheitsäußerung hervorbringt. Ich wiederhole, daß ich in dieser Frage kein Relativist bin, denn ich bin überzeugt davon, daß die vom Fernsehen erzeugte Epistemologie nicht nur der auf dem Buchdruck beruhenden unterlegen, sondern daß sie auch gefährlich und vernunftwidrig ist.

Ich bin, zweitens, der Auffassung, daß die epistemologische Verschiebung, die ich hier angedeutet habe und nun im Detail beschreiben werde, nicht jeden und nicht alles erfaßt hat (und vielleicht auch nie erfassen wird). Während einige alte Medien (z. B. die Bilderschrift und illuminierte Handschriften) zusammen mit den von ihnen begünstigten Institutionen und Wahrnehmungsgewohnheiten tatsächlich verschwinden, werden andere Formen des kommunikativen Austauschs stets erhalten bleiben, zum Beispiel Sprechen und Schreiben. Die Epistemologie neuer Austauschformen, etwa des Fernsehens, übt also keinen gänzlich unangefochtenen Einfluß aus.

Man kann die Situation folgendermaßen umreißen: Veränderungen in der symbolischen Umwelt gleichen Veränderungen in der natürlichen Umwelt; zuerst vollziehen sie sich schrittweise und additiv, doch dann ist plötzlich eine »kritische Masse« erreicht, wie es die Physiker nennen. Ein Fluß, der nach und nach immer stärker verschmutzt wurde, kippt plötzlich um und wird giftig; die meisten Fische gehen zugrunde; in ihm zu schwimmen wird gesundheitsschädlich. Aber auch jetzt sieht der Fluß womöglich noch genauso aus wie vorher, und noch immer kann man eine Kahnpartie auf ihm machen. Mit anderen Worten, selbst wenn alles Leben in ihm erloschen ist, verschwindet der Fluß doch nicht, und ebensowenig sämtliche Arten, wie man ihn nutzen kann. Sein Wert freilich ist stark beeinträchtigt, und sein verschlechterter Zustand wirkt sich auf seine gesamte Umgebung schädlich aus. So verhält es sich auch mit unserer symbolischen Umwelt. Wir haben, wie ich glaube, insofern eine »kritische Masse« erreicht, als die elektronischen

Medien den Charakter unserer symbolischen Umwelt entscheidend und unwiderruflich verändert haben. Wir gehören heute einer Kultur an, deren Informationen, deren Ideen und deren Epistemologie vom Fernsehen und nicht vom gedruckten Wort geformt werden. Gewiß, es gibt noch Leser, und es werden zahlreiche Bücher veröffentlicht, doch man bedient sich des Gedruckten und des Lesens nicht auf die gleiche Weise wie früher – nicht einmal in den Schulen, die man für die letzten Bastionen des gedruckten Wortes gehalten hat. Wer glaubt, Fernsehen und Buchdruck könnten nebeneinander bestehen, der täuscht sich, denn Koexistenz setzt ein Gleichgewicht der Kräfte voraus. Hier aber gibt es kein Kräftegleichgewicht. Der Buchdruck ist heute nur noch eine Restepistemologie, und er wird es bleiben, bis zu einem gewissen Grad gestützt vom Computer sowie von Zeitungen und Zeitschriften, die freilich der Fernsehmattscheibe immer ähnlicher werden. Ähnlich den Fischen, die in einem vergifteten Fluß überleben, und den Kahnfahrern, die auf ihm rudern, gibt es Menschen unter uns, deren Urteil und Verstand in starkem Maße von den älteren Medien geprägt worden sind und die sauberes Wasser noch gekannt haben.

Schließlich möchte ich darauf hinweisen, daß der Fluß in dem oben angestellten Vergleich im wesentlichen ein Sinnbild für den sogenannten öffentlichen Diskurs ist – für die politischen, religiösen, informationellen und kommerziellen Formen unseres Ausdrucks. Ich behaupte, daß eine auf dem Fernsehen beruhende Epistemologie die öffentliche Kommunikation und die sie umgebende Landschaft verschmutzt; ich behaupte nicht, daß sie alles verschmutzt. Man macht mich immer wieder darauf aufmerksam, welchen Wert das Fernsehen als Quelle der Zufriedenheit und des Vergnügens für alte und kranke Menschen und auch für alle jene besitzt, die allein in einem Hotelzimmer sitzen. Mir ist klar, daß das Fernsehen die Möglichkeit bieten könnte, ein Theater für die Massen zu schaffen (ein Thema, das man meiner Ansicht nach bisher nicht ernst genug bedacht hat). Es gibt außerdem die These, selbst wenn das Fernsehen die Macht habe, den rationalen Diskurs zu untergraben, so sei seine emotionale Macht doch so groß, daß es die öffentliche Meinung gegen den Vietnamkrieg oder gegen bösartige Versionen von Rassismus zu mobilisieren vermochte. Diese und andere Nutzanwendungen des Fernsehens darf man nicht leichtnehmen.

Es gibt noch einen weiteren Grund, warum ich mein Buch nicht als einen Generalangriff auf das Fernsehen verstanden wissen möchte. Wer sich in der Geschichte der Kommunikationstechniken ein wenig auskennt, weiß, daß jede neue Technik des Denkens Umschichtungen im Gefüge der vorhandenen Instrumente mit sich bringt. Sie gibt und sie nimmt, obschon nicht in einem ausgewogenen Verhältnis. Ein Medienwandel führt nicht unbedingt zu einem Gleichgewicht. Manchmal schafft er mehr, als er zerstört. Manchmal ist es umgekehrt. Mit Lob und Verdammungsurteilen müssen wir vorsichtig sein, denn die Zukunft hält vielleicht noch manche Überraschung für uns bereit. Die Erfindung der Druckpresse ist selbst ein gutes Beispiel hierfür. Der Buchdruck unterstützte die moderne Vorstellung von Individualität, zugleich zerstörte er den mittelalterlichen Sinn für Gemeinschaft und sozialen Zusammenhalt. Der Buchdruck brachte die Prosa hervor, zugleich verwandelte er die Poesie in eine exotische, nur einer Elite zugängliche Ausdrucksform. Der Buchdruck machte die moderne Naturwissenschaft möglich, zugleich erniedrigte er die Religiosität zu bloßem Aberglauben. Der Buchdruck unterstützte die Entstehung des Nationalstaates, zugleich machte er aus dem Patriotismus eine verächtliche, wenn nicht gar todbringende Gefühlsregung.

Ich mache keinen Hehl aus meiner Ansicht, daß die vierhundertjährige Vorherrschaft des Buchdrucks weit mehr Nutzen gebracht als Schaden angerichtet hat. Die modernen Ideen vom Gebrauch des Verstandes sind überwiegend durch das gedruckte Wort geprägt worden, ebenso unsere Vorstellungen über Erziehung, Wissen, Wahrheit und Information. Ich werde nachzuweisen versuchen, daß in dem Augenblick, da der Buchdruck an die Peripherie unserer Kultur gedrängt wird und das Fernsehen seinen Platz im Zentrum einnimmt, die Ernsthaftigkeit, die Klarheit und vor allem der Wert des öffentlichen Diskurses in Verfall geraten. Dennoch muß man stets ein waches Auge für positive Anstöße aus anderen Richtungen haben.

3. Kapitel

Amerika im Zeitalter des Buchdrucks

In seinen *Lebenserinnerungen* zitiert Benjamin Franklin einen gewissen Michael Welfare, den Mitbegründer einer unter dem Namen *Tunker* bekannten Sekte, mit einer bemerkenswerten Aussage. Franklin machte seine Bekanntschaft bald nach dem ersten Auftreten der Sekte, und damals beklagte sich Welfare bei ihm, daß die Anhänger anderer Glaubensrichtungen die Tunker verleumdeten und sie abscheulicher Grundsätze bezichtigten, die ihnen in Wirklichkeit völlig fremd seien. Franklin meinte, solchen Schmähungen könne man durch Veröffentlichung der Glaubensartikel und der Regeln der Tunker entgegentreten. Welfare erwiderte, seine Glaubensgenossen hätten ein solches Vorgehen schon erörtert, man habe es aber verworfen, und zwar aus dem folgenden Grund:

»Als wir uns zuerst als Religionsgemeinschaft zusammentaten, da hatte es Gott beliebt, unsern Geist so weit zu erleuchten, um uns einsehen zu lassen, daß einige Lehren, welche wir früher für Wahrheit gehalten hatten, Irrtümer, und daß andere, die wir für Irrtümer angesehen hatten, wirkliche Wahrheiten waren. Von Zeit zu Zeit hat es dem Herrn beliebt, uns weitere Erleuchtung zu gewähren; unsere Grundsätze vervollkommneten und unsere Irrtümer verminderten sich. Nun sind wir aber nicht gewiß, daß wir schon am Ende dieses Voranschreitens und bei der Vollkommenheit geist-

lichen oder theologischen Wissens angekommen sind. Wir fürchten vielmehr, daß, wenn wir unser Glaubensbekenntnis erst einmal drucken ließen, wir uns durch dasselbe gleichsam gebunden und eingeschränkt fühlen und vielleicht abgeneigt werden würden, eine weitere Vervollkommnung anzunehmen, und daß es unseren Nachkommen in noch weit stärkerem Maße so gehen würde, weil sie annehmen würden, daß das, was wir Älteren und Gründer getan haben, etwas Geheiligtes sei, wovon niemals abgewichen werden dürfe.«[1]
Franklin nennt die Bescheidenheit dieser Sekte ein einmaliges Beispiel in der Geschichte der Menschheit. Und bescheiden darf man diese Haltung wohl nennen. Aber Welfares Bemerkung ist noch aus einem anderen Grund außergewöhnlich. Wir haben es hier nämlich mit einer Kritik an der Epistemologie des geschriebenen Wortes zu tun, die auch einem Platon wohl angestanden hätte. Vielleicht wäre sie sogar für Moses interessant gewesen, obgleich er sie kaum hätte billigen können. Denn die Tunker formulierten im Grund ein Gebot im Hinblick auf den religiösen Diskurs: Du sollst deine Glaubensgrundsätze nicht niederschreiben und erst recht nicht drucken, sonst wirst du auf immer ihr Gefangener sein.
Für uns ist es indessen höchst bedauerlich, daß wir keine Dokumente darüber besitzen, wie die Tunker zu ihren Überlegungen gelangt sind. Gewiß würden sie einiges Licht auf die Grundannahme dieses Buches werfen, daß nämlich die Form, in der Gedanken zum Ausdruck gebracht werden, einen Einfluß darauf hat, welche Gedanken überhaupt geäußert werden. Vor allem aber sind ihre Überlegungen im Amerika der Kolonialzeit wahrscheinlich ein völlig vereinzelter Fall von Mißtrauen gegenüber dem gedruckten Wort. Den Amerikanern, unter denen Franklin lebte, bedeutete das gedruckte Wort nämlich sehr viel, vielleicht mehr als jeder anderen Gruppe von Menschen vorher oder nachher. Was immer man sonst über diese Einwanderer, die sich in Neuengland ansiedelten, sagen kann – von entscheidender Bedeutung ist, daß sie und ihre Nachkommen eifrige, geübte Leser waren, deren religiöse Anschauungen,

deren politische Ideen und deren gesellschaftliches Leben in das Medium des Buchdrucks eingebettet waren.

Wir wissen, daß sich schon in der Ladung der »Mayflower«, mit der die Pilgerväter im Jahre 1620 bei Cape Cod landeten, Bücher befanden, darunter vor allem die Bibel und die *Description of New England* von Captain John Smith. (Und vermutlich studierten die Einwanderer, die nach einem Land unterwegs waren, von dem es kaum Karten gab, das zuletzt genannte Buch ebenso sorgfältig wie das erste.) Wir wissen ferner, daß jeder Geistliche in den allerersten Tagen der Kolonisierung einen Betrag von zehn Pfund für die Gründung einer religiösen Bibliothek erhielt. Und obwohl sich zuverlässige Angaben über das Ausmaß der Lese- und Schreibfähigkeit schwer ermitteln lassen, gibt es doch ausreichende Indizien dafür (meist Unterschriften), daß in der Zeit zwischen 1640 und 1700 in Massachusetts und Connecticut rund 89 bis 95 Prozent aller Männer lesen und schreiben konnten – für die damalige Zeit wahrscheinlich die stärkste Konzentration von lese- und schreibkundigen Männern auf der ganzen Welt.[2] (Auch der Anteil der lese- und schreibkundigen Frauen in diesen Kolonien war sehr hoch – man schätzt ihn für die Zeit von 1681 bis 1697 auf 62 Prozent.[3])

Gewiß war die Bibel in allen Häusern der zentrale Lesestoff, denn diese Leute waren Protestanten, und sie teilten Luthers Ansicht, die Buchdruckerkunst sei die höchste und äußerste Gnade Gottes zur Verbreitung der Lehren des Evangeliums. Natürlich konnten diese Lehren auch mit anderen Büchern verbreitet werden, etwa mit dem 1640 gedruckten *Bay Psalm Book,* das als der erste amerikanische Bestseller gilt. Aber man darf nicht annehmen, diese Leute hätten ihre Lektüre auf religiöse Bücher beschränkt. Testamentsbestätigungen aus Middlesex County für die Zeit zwischen 1654 und 1699 lassen erkennen, daß die Hinterlassenschaften in 60 Prozent der Erbfälle auch Bücher umfaßten, und in nur acht Prozent dieser Fälle war die Bibel das einzige Buch.[4] Zwischen 1682 und 1685 importierte der führende Buchhändler Bostons von einem einzigen englischen Lieferanten 3421 Bücher, zum größten Teil solche nicht-religiösen Inhalts. Was diese Zahl bedeutet, kann man ermessen, wenn man hinzufügt, daß diese Bücher für den Bedarf von rund 75 000 Menschen bestimmt waren, die damals in den nördlichen Kolonien lebten.[5] Unter heutigen Verhältnissen entspräche dem eine Zahl von 10 Millionen Büchern. Aber nicht nur aus der Religion dieser calvinistischen Puritaner ergab sich die Forderung, Schreiben und Lesen zu lernen. Drei weitere Faktoren sind für das intensive Interesse der Kolonisten am gedruckten Wort maßgebend gewesen. Da der Anteil der Lese- und Schreibkundigen an der männlichen Gesamtbevölkerung im 17. Jahrhundert in England über 40 Prozent nicht hinausging, dürfen wir erstens vermuten, daß die Auswanderer, die sich in Neuengland niederließen, aus Regionen und/ oder aus Gesellschaftsschichten kamen, in denen die Lese- und Schreibfähigkeit weiter verbreitet war als gewöhnlich.[6] Mit anderen Worten, sie kamen als Leser nach Amerika und hielten das Lesen in der Neuen Welt für genauso wichtig wie in der Alten. Zweitens beschlossen etwa seit 1650 fast alle Städte Neuenglands Gesetze, die die Errichtung einer »Lese- und Schreibschule« und in den größeren Gemeinden sogar die Errichtung einer höheren Schule verlangten.[7] In all diesen Gesetzen wird auf den Satan verwiesen, dessen böse Machenschaften, wie man meinte, mit Hilfe der Bildung jederzeit durchkreuzt werden konnten. Doch die Forderung nach schulischer Erziehung wurde auch aus anderen Gründen erhoben, wie man etwa dem folgenden, im 17. Jahrhundert populären Liedchen entnehmen kann:

> »Aus öffentlichen Schulen soll allgemeine
>   Bildung fließen,
> Denn heilig ist das Recht des Volks
>   auf Wissen.«[8]

Mit anderen Worten, diese Menschen hatten mehr im Sinn als bloß die Niederwerfung Satans. Es hatte sich ein großer, im 16. Jahrhundert einsetzender epistemologischer Wandel vollzogen, in dessen Verlauf Wissen jeder Art in die Form bedruckter Seiten gebracht und durch den Druck kundgetan wurde. »Mehr als jedes andere Hilfsmittel«, schrieb Lewis Mumford über diesen Wandel, »hat das gedruckte Buch die Menschen von der Herrschaft des Unmittelbaren und des Lokalen befreit. [...] das Gedruckte hinterließ einen stärkeren Eindruck als das unmittelbare Geschehen. [...] Existieren hieß, im Druck existieren: die übrige Welt wurde nach und nach immer schemenhafter. Wissen wurde zum Bücherwissen.«[9] Im Lichte dessen erscheint es plausibel, daß die schulische Bildung für die Kolonisten nicht nur moralische Pflicht, sondern auch intellektueller Imperativ war. Das England, aus dem sie kamen, war eine Insel der Schulen. Im Jahre 1660 gab es in England 444 Schulen, alle zwanzig Kilometer eine.[10] Und es liegt auf der Hand, daß die Zunahme der Lese- und Schreibfähigkeit mit der Schulbildung eng zusammenhing. Wo es keine Schulpflicht gab (wie in Rhode Island) oder wo sich laxe Schulgesetze halten konnten (wie in New Hampshire), dort wuchs der Anteil derer, die lesen und schreiben konnten, langsamer als anderswo.

Schließlich brauchten die Engländer, die es nach Amerika verschlagen hatte, ihre Bücher nicht selbst zu drucken, sie brauchten sich nicht einmal eigene Schriftsteller heranzuziehen. Aus ihrem Mutterland importierten sie eine komplette, hochentwickelte literarische Tradition. Im Jahre 1736 annoncierten amerikanische Buchhändler, daß der *Spectator*, der *Tatler* und Steeles *Guardian* lieferbar seien. 1738 erschienen Anzeigen für Lockes *Essay Concerning Human Understanding,* Popes Homer-Übersetzung, Swifts *A Tale of a Tub* und Drydens *Fables*.[11] Timothy Dwight, der Präsident der Yale University, beschrieb die Situation, in der sich Amerika befand, sehr treffend:

»Bücher nahezu jeder Art und über nahezu jeden Gegenstand stehen uns, schon geschrieben, zur Verfügung. Unsere Lage ist in dieser Hinsicht einzigartig. Da wir die gleiche Sprache wie das Volk Großbritanniens sprechen und mit diesem Land meist im Frieden gelebt haben, leitet uns unser Handel regelmäßig einen nicht geringen Teil der Bücher zu,

von denen es überschwemmt wird. In jeder Kunst, jeder Wissenschaft und jeder Art von Literatur bekommen wir das, was unseren Bedarf zu einem großen Teil deckt.«[12]
Dies hatte zur Folge, daß im Amerika der Kolonialzeit keine Bildungsaristokratie entstand. Lesen galt nicht als eine Beschäftigung, die der Elite vorbehalten war, und Gedrucktes fand in allen sozialen Klassen gleichmäßige Verbreitung. Eine blühende, klassenlose Lesekultur konnte entstehen, weil sie, wie Daniel Boorstin erläutert, »diffus« war: »Ihr Zentrum war überall, weil es nirgendwo war. Jedermann war mit dem, worüber [in den Druckerzeugnissen] gesprochen wurde, vertraut. Alle sprachen die gleiche Sprache. Sie war das Produkt einer geschäftigen, mobilen, öffentlichen Gesellschaft.«[13] Im Jahre 1772 konnte Jacob Duché schreiben: »Der ärmste Arbeitsmann am Ufer des Delaware hält sich für berechtigt, seine Ansichten über religiöse oder politische Dinge ebenso frei zu äußern wie der vornehme Herr oder der Gelehrte. [...] So groß ist das allgemeine Gefallen an Büchern jeder Art, daß fast jedermann ein Leser ist.«[14]
Bei einem so lebhaften Interesse an Büchern in weiten Kreisen der Bevölkerung brauchen wir uns nicht zu wundern, daß von Thomas Paines Flugschrift *Common Sense,* die am 10. Januar 1776 erschien, bis zum März desselben Jahres mehr als 100 000 Exemplare verkauft waren.[15] Heute, im Jahre 1985, müßte man von einem Buch acht Millionen Stück verkaufen (binnen zwei Monaten), um einen ebenso großen Anteil der Bevölkerung zu erreichen, wie ihn Paines Buch erreichte. Für die Zeit nach dem März 1776 nennt Howard Fast noch eindrucksvollere Zahlen: »Niemand weiß, wieviel Exemplare tatsächlich gedruckt wurden. Die vorsichtigsten Quellen gehen von etwas über 300 000 Exemplaren aus. Andere nehmen eine Zahl von knapp einer halben Million an. Wenn wir eine Auflagenhöhe von 400 000 bei einer Bevölkerung von 3 Millionen Menschen annehmen, müßten heute, um hiermit gleichzuziehen, von einem Buch 24 Millionen Exemplare verkauft werden.«[16] Es gibt nur ein Medienereignis, das im heutigen Amerika eine derartig

allgemeine Aufmerksamkeit finden könnte – das »Superbowl«, das Endspiel in der Football-Meisterschaft.
An dieser Stelle sind vielleicht einige Bemerkungen zu Thomas Paine angebracht, denn er selbst ist in gewisser Weise ein Maßstab für das hohe Niveau und die allgemeine Verbreitung der Lese- und Schreibfähigkeit in seiner Zeit. Trotz seiner niedrigen Herkunft ist niemals, wie es bei Shakespeare geschehen ist, erwogen worden, ob er tatsächlich der Verfasser der ihm zugeschriebenen Werke war oder nicht. Es trifft zu, daß wir über Paines Biographie mehr wissen als über die Shakespeares (wenn auch nicht über die frühen Abschnitte seines Lebens); es trifft jedoch ebenso zu, daß Paine keine so gründliche Schulbildung wie Shakespeare genossen hat und daß er, bevor er nach Amerika kam, der untersten Arbeiterschicht angehörte. Trotz dieser Benachteiligung schrieb Paine politische Abhandlungen und Polemiken, die sich in ihrer Klarheit und Lebendigkeit (wenn auch nicht in ihrem Umfang) mit den Schriften Voltaires, Rousseaus und der zeitgenössischen englischen Philosophen, selbst denen von Edmund Burke, messen können. Und doch hat nie jemand danach gefragt, wie ein Miedermacher aus Englands verarmter Unterschicht ohne Schulbildung imstande war, eine solch hinreißende Prosa zu schreiben. Von Zeit zu Zeit haben Paines Feinde auf seinen Mangel an Bildung hingewiesen (und er selbst fühlte sich deswegen anderen unterlegen), aber es ist nie angezweifelt worden, daß ein einfacher Mann eine derart bestechende Fähigkeit zum schriftlichen Ausdruck entfalten konnte.
Schließlich sei erwähnt, wie der vollständige Titel von Paines meistgelesenem Buch lautet: *Common Sense. Written by an Englishman (Gesunder Menschenverstand. Geschrieben von einem Engländer)*. Der Untertitel ist wichtig, weil die Amerikaner, wie schon gesagt, in der Kolonialzeit nicht viele Bücher schrieben, was Benjamin Franklin mit dem Hinweis zu erklären versuchte, sie seien zu sehr mit andern Dingen beschäftigt. Mag sein. Sie waren jedenfalls nicht so sehr mit anderem beschäftigt, daß sie es versäumt hätten, sich die Druckpresse zunutze

zu machen, wenn auch nicht, um selbstverfaßte Bücher darauf zu drucken. Die erste Druckerei in den Vereinigten Staaten wurde 1638 gegründet; sie war der damals zwei Jahre alten Harvard University angeschlossen.[17] Kurz darauf wurden in Boston und Philadelphia Druckereien gegründet, ohne daß die Krone sich dem widersetzte, was insofern merkwürdig ist, als zur gleichen Zeit in Liverpool, Birmingham und anderen englischen Städten Druckereien nicht zugelassen wurden.[18] Zunächst verwendete man diese Pressen zum Druck von Nachrichtenkorrespondenzen auf zumeist billigem Papier. Es kann durchaus sein, daß sich die Entfaltung einer amerikanischen Literatur nicht wegen der Betriebsamkeit der Amerikaner oder wegen der Verfügbarkeit der englischen Literatur verzögerte, sondern weil gutes Papier knapp war. Noch in den Tagen der Amerikanischen Revolution war George Washington gezwungen, an seine Generäle auf unansehnlichem Papier zu schreiben, und seine Depeschen wurden nicht in Umschläge gesteckt – dazu war das Papier zu knapp.[19]

Dennoch fallen in die Zeit des ausgehenden 17. Jahrhunderts die Anfänge einer einheimischen Literaturgattung, die die Vorliebe der amerikanischen Kultur für das gedruckte Wort ebenso prägen sollte wie die Bücher. Ich meine die Zeitung, an der sich die Amerikaner zum erstenmal am 25. September 1690 versuchten, als Benjamin Harris in Boston die erste, drei Seiten umfassende Ausgabe einer Zeitung mit dem Titel *Publick Occurrences Both Foreign and Domestick (Öffentliche Begebenheiten im In- und Ausland)* druckte. Bevor er nach Amerika gekommen war, hatte Harris eine Rolle bei der »Aufdeckung« einer nicht vorhandenen Katholikenverschwörung gespielt, die angeblich das Ziel hatte, ein Blutbad unter den Protestanten anzurichten und London in Brand zu stecken. Seine Londoner Zeitung *Domestick Intelligence* enthüllte den sogenannten »Popish Plot«, die »Papistenverschwörung«, worauf es zu heftigen Ausschreitungen gegen die Katholiken kam.[20] In seiner Ankündigung der *Publick Occurences* erklärte Harris, dem Verlogenheit nicht fremd war, eine Zeitung sei nötig, um den Geist der Lüge zu bekämpfen, der damals in Boston vorherrschte und, wie man hört, auch heute noch dort herrschen soll. Er schloß seine Ankündigung mit dem folgenden Satz: »Man darf annehmen, daß dieses Vorhaben nur jenen mißfallen wird, die beabsichtigen, sich eines so schändlichen Verbrechens schuldig zu machen.« Darin, wem sein Vorhaben mißfallen würde, irrte sich Harris nicht. Die zweite Nummer der *Publick Occurences* ist nie erschienen. Der Gouverneur und das Council unterdrückten sie und warfen Harris vor, er habe »Gedanken über hochwichtige Gegenstände« gedruckt[21], womit sie zu verstehen gaben, daß sie sich bei dem, was sie im Schilde führten, keinerlei Hindernisse in den Weg legen lassen wollten. Damit begann auch in der Neuen Welt der Kampf um die Pressefreiheit, der in der Alten Welt schon hundert Jahre früher eingesetzt hatte.

Harris' fehlgeschlagener Versuch regte zur Gründung von weiteren Zeitungen an; im Jahre 1704 zum Beispiel erschien der *Boston News-Letter,* den man im allgemeinen als die erste kontinuierlich herausgegebene amerikanische Zeitung betrachtet. Ihm folgten die *Boston Gazette* (1719) und der *New-England Courant* (1721), dessen Chefredakteur, James Franklin, der ältere Bruder von Benjamin Franklin war. Im Jahre 1730 gab es in vier Kolonien sieben regelmäßig erscheinende Zeitungen, im Jahre 1800 waren es mehr als 180. Im Jahre 1770 feierte die *New York Gazette* sich und andere Zeitungen mit diesen (und anderen) Versen:

> »Wahr ist (bei aller Achtung vor dem Kolleg),
> die Zeitung ist des Wissens Ursprung und sein Weg,
> Allgemeine Quelle der ganzen Nation
> Für zeitgemäße Konversation.«[22]

Voller Stolz erklärte Reverend Samuel Miller gegen Ende des 18. Jahrhunderts, die Vereinigten Staaten hätten nur halb so viele Einwohner wie England, doch die Zahl ihrer Zeitungen liege nicht einmal um ein Drittel unter der der englischen.[23] 1786 stellte Benjamin Franklin fest, die Amerikaner seien mit

dem Lesen von Zeitungen und Flugschriften so sehr beschäftigt, daß ihnen kaum Zeit für Bücher bleibe. (Für ein ganz bestimmtes Buch hatten sie aber offenbar immer Zeit, für Noah Websters *American Spelling Book,* ein orthographisches Wörterbuch, von dem zwischen 1783 und 1843 mehr als 24 Millionen Exemplare verkauft wurden.[24]) Franklins Hinweis auf die Flugschriften verdient unsere Beachtung. Die rasche Zunahme der Zeitungen in allen Kolonien wurde nämlich von einer wachsenden Flut von Flugschriften und Flugblättern begleitet. Alexis de Tocqueville weist in seinem 1835 erschienenen Buch *Über die Demokratie in Amerika* darauf hin: »In Amerika geben die Parteien, um sich zu bekämpfen, nicht Bücher, sondern Broschüren heraus, die unglaublich schnell herumkommen, einen Tag leben und wieder verschwinden.«[25] Und er bezieht sich sowohl auf Zeitungen als auch auf Flugschriften, wenn er feststellt: »[...] die Erfindung der Feuerwaffen macht Gemeine und Adlige auf dem Schlachtfeld gleich; der Buchdruck bietet ihrem Geist die gleichen Hilfsmittel; die Post trägt die Aufklärung zur Hütte des Armen wie an das Tor der Paläste.«[26]
Um die Zeit, da Tocqueville seine Beobachtungen anstellte, hatte sich der Buchdruck schon in allen Teilen des Landes verbreitet. Anfangs war der Süden hinter dem Norden zurückgeblieben, nicht nur in der Einrichtung von Schulen (die fast alle privat waren), sondern auch im Gebrauch der Druckpresse: Virginia etwa bekam seine erste regelmäßig erscheinende Zeitung, die *Virginia Gazette,* erst im Jahre 1736. Gegen Ende des 18. Jahrhunderts jedoch hatte sich der Umschlag von Ideen und Meinungen durch das gedruckte Wort beschleunigt, und es war so etwas wie ein Gedankenaustausch auf nationaler Ebene in Gang gekommen. Die *Federalist Papers* zum Beispiel, insgesamt 85 Artikel, die (unter dem gemeinsamen Pseudonym Publius) von Alexander Hamilton, James Madison und John Jay verfaßt worden waren, erschienen zunächst in den Jahren 1787 und 1788 in einer New Yorker Zeitung, sie wurden aber im Süden fast so viel gelesen wie im Norden.
Den Schritt ins 19. Jahrhundert tat Amerika als eine Kultur, die

sich in allen Teilen des Landes auf den Buchdruck gründete. Zwischen 1825 und 1850 verdreifachte sich die Zahl der privaten Leihbüchereien.[27] Es entstanden sogenannte »Handwerker- und Lehrlingsbüchereien«, also für Arbeiter bestimmte Bibliotheken, die ebenfalls zur Verallgemeinerung von Bildung beitrugen. 1829 beherbergte die New Yorker Lehrlingsbücherei 10000 Bände, und 1600 Lehrlinge gehörten zu ihren Benutzern. 1857 versorgte diese Bücherei bereits eine dreiviertel Million Menschen mit Lesestoff.[28] Unterstützt durch eine 1851 vom Kongreß verfügte Ermäßigung der Portogebühren, waren Penny-Zeitungen, Zeitschriften, Sonntagsschul-Traktate und billig gebundene Bücher in großer Fülle verfügbar. Zwischen 1836 und 1890 wurden 107 Millionen Exemplare der McGuffey-Fibel an die Schulen verteilt.[29] Und obwohl das Lesen von Romanen als ein eher fragwürdiger Zeitvertreib galt, wurden sie von den Amerikanern verschlungen. Über die zwischen 1814 und 1832 veröffentlichten Romane Walter Scotts schrieb Samuel Goodrich: »Das Erscheinen eines neuen Romans aus seiner Feder verursachte in den Vereinigten Staaten eine größere Sensation als manche Schlacht Napoleons. [...] Jeder las diese Werke; jeder – die kultivierten Leute und die einfachen.«[30] Die Verleger waren so begierig, die künftigen Bestseller herauszubringen, daß sie zuweilen Boten zu den einlaufenden Postschiffen schickten und dann »den neuesten Roman von Bulwer oder Dickens binnen einem Tag setzten, druckten und mit einem Pappeinband versahen«.[31] Da ein international gültiges Urheberrecht nicht existierte, gab es eine Vielzahl von »Raubdrucken«, worüber sich das Publikum nicht und die Autoren kaum beklagten – sie waren die Helden des Tages. Als Charles Dickens 1842 Amerika besuchte, begrüßte man ihn mit einer Begeisterung, wie sie heute einem Fernsehstar, einem prominenten Football-Spieler oder Michael Jackson zuteil wird. »Ich kann Dir keinen Begriff von dem herzlichen Empfang geben, den man mir bereitete«, schrieb Dickens an einen Freund. »Kein König oder Kaiser der Welt wurde je von den Massen so bejubelt und umringt, bei glanzvollen Bällen und

Dinners bewirtet und von öffentlichen Körperschaften aller Art geehrt. [...] Wenn ich in einer Kutsche ausfahre, drängt sich die Menge heran und geleitet mich nach Hause; wenn ich ins Theater gehe, erhebt sich [...] der ganze Saal wie ein Mann, und der Parkettboden hallt davon wider.«[32] Einer Tochter Amerikas, Harriet Beecher Stowe, wurden solche Ehren zwar nicht zuteil, und wenn man in den Südstaaten ihre Kutsche umringt hätte, dann gewiß nicht, um sie nach Hause zu geleiten – doch von ihrem Roman *Onkel Toms Hütte* wurden im ersten Jahr 305000 Exemplare verkauft, was im heutigen Amerika einer Auflage von 4 Millionen entspräche.

Alexis de Tocqueville war nicht der einzige ausländische Besucher, den das brennende Interesse der Amerikaner an allem Gedruckten überraschte. Im 19. Jahrhundert kamen Dutzende von Engländern nach Amerika, um mit eigenen Augen zu sehen, was aus den Kolonien geworden war. Sie alle waren von dem hohen Niveau der Bildung und ihrer Verbreitung in allen Gesellschaftsklassen beeindruckt.[33]

Und ebenso erstaunlich war für sie, daß es fast überall Vortragssäle gab, in denen eine stilistisch durchgeformte Redekunst die Buch- und Zeitungskultur beständig unterstützte. Viele dieser Vortragssäle gingen aus dem *Lyceum Movement* hervor, einer frühen Form von Erwachsenenbildung. Ziel dieser »Lyzeumsbewegung«, die man im allgemeinen auf die Bestrebungen Josiah Holbrooks, eines Farmers aus Neuengland, zurückführt, war die Verbreitung von Wissen, die Förderung öffentlicher Volksschulen, die Gründung von Bibliotheken und vor allem die Einrichtung von Vortragssälen. Im Jahre 1835 gab es in 15 Bundesstaaten mehr als 3000 Lyzeen.[34] Die meisten lagen an der Ostküste, 1840 fand man sie freilich auch im fernen Westen, an der »Grenze«, in Iowa und Minnesota. Alfred Bunn, ein Engländer, der damals eine ausgedehnte Reise durch Amerika machte, berichtete 1853: »Praktisch besaß jedes Dorf seinen Vortragssaal.«[35] Und er fügte hinzu: »Es ist höchst erstaunlich, zu beobachten, wie der junge Arbeiter, der übermüdete Handwerksmann, das erschöpfte Fabrikmädchen [...]

nach den Mühen und Plagen des Tages in die erhitzte Atmosphäre eines überfüllten Vortragsraumes drängen.«[36] Bunns Landsmann J. F. W. Johnston besuchte um diese Zeit Vorträge in der Smithsonian Institution und »fand die Vortragssäle mit 1200 oder 1500 Menschen bis auf den letzten Platz gefüllt«.[37] Unter denen, die zu diesem Publikum sprachen, waren die führenden Intellektuellen, Schriftsteller und Humoristen (die ebenfalls Schriftsteller waren) ihrer Zeit, darunter Henry Ward Beecher, Horace Greeley, Louis Agassiz und Ralph Waldo Emerson (dessen Honorar für einen Vortrag bei fünfzig Dollar lag).[38] In seiner Autobiographie hat Mark Twain den Erfahrungen, die er selbst als Vortragsreisender auf seiner Runde durch die Lyzeen Amerikas machte, zwei Kapitel gewidmet. »Ich begann meine Vortragstätigkeit 1866 in Kalifornien und Nevada«, so schrieb er. »1867 hielt ich einen Vortrag in New York und mehrere im Mississippigebiet. 1868 reiste ich durch den Westen, und die nächsten zwei, drei Vortragsreisen führten mich auch in den Osten.«[39] Emerson war offenbar unterbezahlt, denn Twain berichtet, manche Vortragsreisende hätten 250 Dollar in kleineren Städten berechnet und 400 Dollar in großen Städten (was etwa dem gängigen Honorar entspricht, das heutzutage ein Fernsehnachrichtensprecher im Ruhestand für einen Vortrag bekommt).

Dies alles sind Indizien dafür, daß die Vereinigten Staaten seit ihren Anfängen und bis weit ins 19. Jahrhundert vom gedruckten Wort und einer auf dem gedruckten Wort beruhenden Vortragskunst denkbar stark geprägt waren. Es war dies nur zum Teil ein Vermächtnis seiner protestantischen Tradition. Richard Hofstadter macht uns darauf aufmerksam, daß Amerika von Intellektuellen gegründet wurde – in der Geschichte der modernen Nationen ein seltenes Vorkommnis. »Die Gründerväter«, schreibt er, »waren Weise, Wissenschaftler, Männer von umfassender Bildung, viele von ihnen in den klassischen Sprachen bewandert, Männer, die ihre umfassende Belesenheit in Geschichte, Politik und Recht nutzten, um die drängenden Probleme ihrer Zeit zu lösen.«[40] Eine von solchen Männern geformte Gesellschaft schlägt nicht von heute auf morgen eine entgegengesetzte Richtung ein. Amerika wurde von Intellektuellen gegründet, und, so könnte man sagen, wir haben zwei Jahrhunderte und eine Revolution der Kommunikationsverhältnisse gebraucht, um uns davon zu »erholen«. Hofstadter hat unsere »Erholungsbestrebungen«, d. h. die anti-intellektualistischen Tendenzen im öffentlichen Leben Amerikas überzeugend dargestellt, gibt allerdings zu, daß sein Blickwinkel das allgemeine Bild verzerrt. Es sei ungefähr so, als würde man eine Geschichte der amerikanischen Wirtschaft schreiben und sich dabei auf die Geschichte der Firmenzusammenbrüche konzentrieren.[41]

Der Einfluß des gedruckten Wortes in jeder Sphäre des öffentlichen Diskurses war nicht nur wegen der Menge des Gedruckten so nachhaltig und stark, sondern auch deshalb, weil das Gedruckte über ein Monopol verfügte. Man kann diesen Punkt nicht deutlich genug hervorheben, vor allem gegenüber jenen, die die tiefen Unterschiede zwischen der Medienumwelt von damals und der von heute nicht erkennen wollen. So hört man zuweilen die These, heute gebe es mehr Gedrucktes als jemals zuvor, was ohne Zweifel richtig ist. Aber vom 17. Jahrhundert bis ins späte 19. Jahrhundert gab es neben dem Gedruckten so gut wie nichts anderes – keine Filme, kein Radio, keine Photoreklame, keine Langspielplatten und kein Fernsehen. Der Buchdruck kanalisierte die öffentlichen Angelegenheiten, in ihm fanden sie Ausdruck, er wurde das Muster, die Metapher und der Maßstab für jeglichen Diskurs. Die Resonanzen der linearen, analytischen Struktur des Gedruckten und insbesondere der erörternden Prosa waren überall wahrnehmbar; zum Beispiel in der Art, wie die Menschen sprachen. Tocqueville weist in *Über die Demokratie in Amerika* darauf hin. »Ein Amerikaner«, so schreibt er, »versteht keine Unterhaltung zu führen, sondern er ergeht sich in Erörterungen; er spricht nicht über etwas, er handelt es ab. Er richtet an einen das Wort immer wie an eine Versammlung; und gerät er gelegentlich etwa in Eifer, so sagt er, seinen Gesprächspartner anredend: meine

Herren.«⁴² Diese eigentümliche Verhaltensweise ist weniger ein Indiz für den Starrsinn des Amerikaners als vielmehr ein Zeichen dafür, daß er seinen Gesprächsstil nach der Struktur des gedruckten Wortes formt. Das gedruckte Wort ist unpersönlich, es richtet sich an ein unsichtbares Publikum, und was Tocqueville hier beschreibt, ist eine Art von gedruckter Mündlichkeit, die an mündlichen Diskursen unterschiedlicher Gestalt zu beobachten war. Die Predigten von der Kanzel herab beispielsweise waren schriftlich konzipierte Ansprachen, die in einem gleichmäßigen, unpersönlichen Tonfall gehalten wurden, und sie bestanden »größtenteils aus einer nüchternen, kühl analytischen Aufzählung der Eigenschaften des göttlichen Wesens, wie es sich dem Menschen durch die Natur und die Naturgesetze offenbarte.«⁴³ Und selbst als die Zeit des *Great Awakening* kam, des »Großen Erwachens«, das sich gegen den analytischen, leidenschaftslosen Geist des Deismus richtete, bedienten sich seine stark gefühlsbestimmten Prediger einer Rhetorik, die sich ohne weiteres in gedruckter Form wiedergeben ließ. Die größte Ausstrahlungskraft unter diesen Männern besaß Reverend George Whitefield, der seit 1739 überall in Amerika vor riesigen Menschenmengen predigte. In Philadelphia sprach er vor 10 000 Menschen, die er tief erschütterte und erschreckte, indem er erklärte, das ewige Höllenfeuer sei ihnen sicher, wenn sie sich weigerten, Christus anzunehmen. Benjamin Franklin war Zeuge eines von Whitefields Auftritten und erbot sich daraufhin, sein Verleger zu werden. Und es dauerte nicht lange, da erschienen Whitefields Tagebücher und Predigten im Verlag B. Franklin, Philadelphia.⁴⁴

Damit soll nicht gesagt sein, daß der Buchdruck bloß die Form des öffentlichen Diskurses beeinflußte. Das allein bedeutet noch nicht viel, solange man nicht den wichtigeren Gedanken hinzunimmt, daß diese Form ihrerseits die Beschaffenheit der übermittelten Inhalte bestimmt. Für jene Leser, die dieser Gedanke zu sehr an McLuhan erinnert, hier ein Zitat aus den *Grundrissen der Kritik der politischen Ökonomie* von Karl Marx: »[...] ist Achilles möglich mit Pulver und Blei? Oder überhaupt die Iliade mit der Druckerpresse, und gar Druckmaschine? Hört das Singen und Sagen und die Muse mit dem Preßbengel nicht notwendig auf, also verschwinden nicht notwendige Bedingungen der epischen Poesie?«[45] Marx hat verstanden, daß die Druckpresse nicht bloß eine Maschine war, sondern dem Diskurs eine Struktur gab, die bestimmte Inhalte ausschloß, während sie auf bestimmten anderen Inhalten und damit auf einem bestimmten Publikum beharrte. Er selbst ist dieser Frage nicht weiter nachgegangen. Andere haben sich an ihr versucht. Und auch ich muß diesen Versuch machen – erkunden, wie die Druckpresse als Metapher und als Epistemologie einen ernsthaften, rationalen öffentlichen Austausch hervorbrachte, von dem wir uns heute bereits wieder weit entfernt haben.

4. Kapitel

Leserverstand

Die erste der sieben berühmten Debatten zwischen dem Republikaner Abraham Lincoln und dem Demokraten Stephen A. Douglas fand am 21. August 1858 in Ottowa, Illinois, statt. Es war abgemacht, daß Douglas als erster sprechen sollte, eine Stunde lang; dann sollte Lincoln eineinhalb Stunden zur Erwiderung haben und schließlich Douglas noch einmal eine halbe Stunde, um auf Lincolns Erwiderung zu antworten. Diese Debatte war erheblich kürzer, als es die beiden Männer gewohnt waren. Schon mehrmals waren sie gegeneinander angetreten, und stets waren diese Begegnungen sehr viel länger und ziemlich ermüdend gewesen. In Peoria, Illinois, zum Beispiel hatte Douglas am 16. Oktober 1854 eine dreistündige Ansprache gehalten, auf die Lincoln verabredungsgemäß antworten sollte. Als er schließlich an der Reihe war, machte er sein Publikum darauf aufmerksam, daß es schon 5 Uhr nachmittags sei; er selbst werde für seine Rede wahrscheinlich ebensoviel Zeit benötigen wie Douglas, und es sei vorgesehen, daß dieser noch einmal Gelegenheit zur Erwiderung bekommen solle. Lincoln machte seinen Zuhörern deshalb den Vorschlag, sie sollten heimgehen, zu Abend essen und dann erfrischt zurückkommen, um weitere vier Stunden lang den Reden zu folgen.[1] Das Publikum stimmte freundlich zu, und die Sache nahm ihren Fortgang, wie Lincoln es vorgeschlagen hatte.

Was für ein Publikum war das? Wer waren diese Leute, die sich freudigen Herzens sieben Stunden Rednerkunst gefallen ließen? Dabei muß man bedenken, daß Lincoln und Douglas zu dieser Zeit nicht etwa als Präsidentschaftskandidaten auftraten; zur Zeit ihrer Begegnung in Peoria kandidierten sie nicht einmal für den Senat der Vereinigten Staaten. Aber ihre Zuhörer interessierten sich auch gar nicht sonderlich dafür, welche Ämter sie bekleideten. Es waren Leute, die in solchen Anlässen ein wesentliches Element ihrer politischen Bildung, einen integralen Bestandteil ihres sozialen Lebens sahen und die an ausgedehnte rednerische Darbietungen durchaus gewöhnt waren. Auf den Jahrmärkten der einzelnen Bezirke oder Bundesstaaten gehörten in der Regel auch Redner zum Programm, denen man für ihre Ausführungen meistens drei Stunden bewilligte. Und da man einen Redner nicht gern ohne Gegenredner ließ, gestand man diesem ebensoviel Zeit zu. (Es sei hinzugefügt, daß diese Redner nicht immer Männer waren. Während eines mehrtägigen Jahrmarkts in Springfield »hielt eine Frau an jedem Abend im Gerichtssaal Vorträge über den ›Einfluß der Frauen auf die großen Fortschrittsbewegungen des Tages‹«.[2])

Und diese Leute begnügten sich nicht mit Jahrmärkten und besonderen Anlässen, um ihren Bedarf an Ansprachen zu decken. Die Tradition der *stump speaker,* der »Baumstumpf-Redner«, war weit verbreitet, insbesondere in den westlichen Staaten. Um den Stumpf eines gefällten Baumes oder an einer anderen freien Stelle versammelte der Redner seine Zuhörer, um dann für zwei oder drei Stunden »auf den Stumpf zu steigen«, das heißt, eine öffentliche Rede zu halten. Das Publikum war zwar meist ehrerbietig und aufmerksam, aber keineswegs still oder teilnahmslos. Die Zuhörer bei den Debatten zwischen Lincoln und Douglas etwa feuerten die Redner immer wieder durch Zurufe an (»Sag's ihm, Abe!«) oder brachten mit knappen Einwürfen ihren Spott zum Ausdruck (»Darauf antworte mal, wenn du kannst!«). Beifall war häufig, vor allem bei witzigen oder gelungenen Wendungen oder bei einem zwingenden

Argument. Bei der ersten Debatte in Ottowa indessen reagierte Douglas auf einen langanhaltenden Beifall mit einer aufschlußreichen Bemerkung: »Meine Freunde«, sagte er, »Schweigen würde mir bei der Erörterung dieser Fragen mehr zusagen als Applaus. Mein Wunsch ist es, Ihr Urteilsvermögen, Ihr Verständnis, Ihr Gewissen anzusprechen und nicht Ihre Leidenschaften und Ihre Begeisterung.«[3] Über das Gewissen oder das Urteilsvermögen dieser Zuhörer läßt sich wenig sagen. Was jedoch ihr Verständnis angeht, so können wir einige Mutmaßungen anstellen.

Erstens war ihre Aufmerksamkeitsspanne nach heutigen Maßstäben offenbar außerordentlich groß. Gibt es heutzutage ein amerikanisches Publikum, das sieben Stunden lang Reden verkraften könnte, oder fünf Stunden, oder drei? Und das ohne irgendwelche Bilder? Zweitens muß dieses Publikum eine ebenso außergewöhnliche Fähigkeit besessen haben, lange und komplizierte Sätze durch bloßes Hören zu erfassen. Douglas' einstündige Ansprache in Ottowa enthielt drei in Juristensprache abgefaßte Resolutionen der Abolitionisten-Plattform. Lincoln las in seiner Erwiderung noch längere Abschnitte aus einer älteren, bereits veröffentlichten Rede vor. Trotz seines vielgerühmten knappen Stils war die Struktur von Lincolns Sätzen in den Debatten ebenso verwickelt wie feingesponnen, und für Douglas gilt das gleiche. Bei der zweiten Debatte in Freeport, Illinois, begann Lincoln seine Antwort auf Douglas mit folgenden Worten:

»Es wird Ihnen gewiß einleuchten, daß ich in einer halben Stunde nicht auf all das einzugehen vermag, was ein so tüchtiger Mann wie Richter Douglas in eineinhalb Stunden sagen kann; wenn er also etwas gesagt hat, worüber Sie auch von mir etwas hören möchten, worüber ich mich aber nicht weiter auslasse, so werden Sie, wie ich hoffe, daran denken, daß es hieße, etwas Unmögliches von mir zu verlangen, wenn ich hier auf alle seine Anschauungen eingehen sollte.«[4]

Man kann sich kaum vorstellen, daß der gegenwärtige Bewohner des Weißen Hauses unter ähnlichen Umständen imstande wäre, solche Sätze zu konstruieren. Und wenn er es wäre, dann liefe er jedenfalls Gefahr, das Verständnis und die Konzentrationsfähigkeit seiner Zuhörer zu überfordern. In einer Fernsehkultur brauchen die Menschen für das Ohr ebenso wie fürs Auge eine Sprache, die »schlicht und einfach« ist, und bisweilen gehen sie sogar so weit, sie mit juristischen Mitteln einzufordern. Lincolns Gettysburg-Rede wäre für ein Publikum des Jahres 1985 wahrscheinlich weitgehend unverständlich gewesen.

Die Zuhörer bei den Lincoln-Douglas-Debatten waren mit den zur Diskussion stehenden Problemen offenbar gut vertraut, sie besaßen historische Kenntnisse und wußten über komplizierte politische Sachverhalte Bescheid. In Ottowa legte Douglas seinem Kontrahenten sieben Fragen vor, deren rhetorische Spitze das Publikum nur erfassen konnte, wenn es die Dred-Scott-Entscheidung des Obersten Gerichtshofes von 1857, den Streit zwischen Douglas und Präsident Buchanan, die Unzufriedenheit mancher Demokraten, das Programm der Abolitionisten und Lincolns berühmte Rede in der Cooper Union kannte. Und in seinen Antworten auf Douglas' Fragen bei einer späteren Debatte unterschied Lincoln sehr fein zwischen dem, was er zu vertreten »verpflichtet« sei oder nicht, und seiner Überzeugung, was er gewiß nicht getan hätte, wenn er nicht hätte annehmen können, daß die Zuhörer begreifen würden, was er meinte. Beide Redner, dies sei noch hinzugefügt, verwendeten zwar auch die gröberen Waffen des Wortgefechts (gegenseitige Beschimpfungen oder hochtrabende Redensarten etwa), aber immer wieder griffen sie auf komplexere rhetorische Mittel zurück – Sarkasmen, Ironie, Paradox, ausgefeilte Metaphern, feine Unterscheidungen, Aufdeckung von Widersprüchen, lauter Mittel, mit denen sie ihren Standpunkt nicht hätten untermauern können, wenn ihre Zuhörer nicht mitbekommen hätten, daß und wie sie sich ihrer bedienten.

Es wäre jedoch falsch, den Eindruck zu erwecken, die Zuhörer von 1858 seien Muster an intellektueller Redlichkeit gewesen.

Alle Debatten zwischen Lincoln und Douglas fanden inmitten einer Karnevalsatmosphäre statt. Musikkapellen spielten (wenn auch nicht während der Diskussion selbst), Straßenhändler verkauften ihre Waren, Kinder tollten umher, und es wurde Alkohol ausgeschenkt. Die Debatten waren eben nicht nur rhetorische Darbietungen, sondern zugleich wichtige gesellschaftliche Ereignisse; aber das machte sie keinesfalls belanglos. Die Zuhörer waren, wie ich schon gesagt habe, Menschen, deren intellektuelles Leben und deren Anteilnahme am öffentlichen Geschehen ein fester Bestandteil ihrer sozialen Welt waren. Selbst die *camp meetings* der Methodisten, die mehrtägigen Evangelisierungs-Veranstaltungen unter freiem Himmel oder in Zeltlagern, verbanden, wie Winthrop Hudson gezeigt hat, das Picknick mit der Gelegenheit, der Beredsamkeit der Prediger zu lauschen.[5] Die meisten Plätze, an denen diese ursprünglich der religiösen Erweckung dienenden Meetings abgehalten wurden – Chatauqua, New York; Ocean Grove, New Jersey; Hayview, Michigan; Junaluska, North Carolina –, wurden später in Konferenzstätten umgewandelt, die Bildungsaufgaben und andere intellektuelle Funktionen übernahmen. Mit anderen Worten, der Gebrauch der Sprache zur Vermittlung komplexer Gedankengänge war in fast sämtlichen Sphären der Öffentlichkeit eine wichtige, gern genutzte und weit verbreitete Diskursform.

Wenn wir das Publikum, an das sich Lincoln und Douglas wendeten, verstehen wollen, dann müssen wir uns vergegenwärtigen, daß diese Leute die Enkel und Enkelinnen der Aufklärung (in ihrer amerikanischen Spielart) waren: die Nachkommen von Franklin, Jefferson, Madison und Thomas Paine, die Erben des Reichs der Vernunft, wie Henry Steele Commager das Amerika des 18. Jahrhunderts genannt hat. Gewiß, zu ihnen gehörten auch die Siedler und Abenteurer an der Grenze im Westen, von denen manche kaum lesen und schreiben konnten, sowie die Einwanderer, für die Englisch eine Fremdsprache war. Es stimmt auch, daß 1858 die Photographie und der Telegraph schon erfunden waren, die Vorhut einer neuen Epistemologie, die dem Reich der Vernunft das Ende bereiten sollte. Doch deutlich zeigte sich dies erst im 20. Jahrhundert. Zur Zeit der Lincoln-Douglas-Debatten stand Amerika in den mittleren Jahren seiner glanzvollsten literarischen Ära. Edwin Markham war 1858 sechs Jahre alt; Mark Twain war damals dreiundzwanzig; Emily Dickinson achtundzwanzig; Whitman und James Russell Lowell neununddreißig; Thoreau einundvierzig; Melville fünfundvierzig; Whittier und Longfellow einundfünfzig; Hawthorne und Emerson vierundfünfzig und fünfundfünfzig; Poe war neun Jahre zuvor gestorben.

Ich habe die Lincoln-Douglas-Debatten nicht nur deshalb an den Anfang dieses Kapitels gestellt, weil sie ein hervorragendes Beispiel für den politischen Diskurs um die Mitte des 19. Jahrhunderts sind, sondern auch, weil sie veranschaulichen, wie der Buchdruck die Kraft hatte, diesen Diskurs zu kontrollieren. Die Redner ebenso wie ihr Publikum waren an eine Beredsamkeit gewöhnt, die man als literarisch bezeichnen kann. Auch wenn es bei solchen Anlässen wie auf einem Rummelplatz zuging, konnten die Redner kaum anderes bieten und die Zuhörer kaum anderes erwarten als Sprache. Und diese Sprache war offenkundig nach dem Muster des geschriebenen Worts geformt. Wer einmal nachliest, was Lincoln und Douglas damals sagten, der erkennt das unschwer. Eröffnet wurden die Debatten von Douglas mit der folgenden Einleitung, die auch für alles, was er später sagte, höchst charakteristisch ist:

»Meine Damen und Herren, ich trete heute vor Sie, um die maßgeblichen politischen Fragen zu erörtern, die das öffentliche Bewußtsein in dieser Zeit erregen. Aufgrund einer Absprache zwischen Mr. Lincoln und mir sind wir heute hier, um als Repräsentanten der beiden großen Parteien des Staates und der Union gemeinsam über die zwischen diesen Parteien umstrittenen Grundfragen zu diskutieren, und daß so viele Menschen zusammengeströmt sind, ist ein Zeichen für die tiefe Anteilnahme, von der das öffentliche Bewußtsein im Hinblick auf die uns trennenden Fragen durchdrungen ist.«[6]

Hier spricht einer wie gedruckt. Daß der Anlaß es gebot, mit lauter Stimme zu sprechen, ändert nichts an dieser Tatsache. Und daß das Publikum imstande war, diese Sprache mit dem Gehör zu verarbeiten, ist nur für jene erstaunlich, in deren Kultur das gedruckte Wort keine große Resonanz mehr hat. Lincoln und Douglas konzipierten nicht lediglich alle ihre Ansprachen, sondern auch ihre Erwiderungen zunächst auf dem Papier. Und selbst die spontanen Wechselreden zwischen ihnen bestanden aus Sätzen, deren Struktur, deren Länge und deren rhetorischer Aufbau von der geschriebenen Sprache bestimmt waren. Gewiß, es gab auch rein mündliche Elemente in ihren Darlegungen. Und doch war die Resonanz des Buchdrucks allgegenwärtig. Hier gab es Argument und Gegenargument, Behauptung und Gegenbehauptung, Kritik maßgeblicher Texte und die äußerst sorgfältige Prüfung der Sätze, die der Gegner vorgetragen hatte. Kurz, man könnte die Lincoln-Douglas-Debatten als eine erörternde Prosa bezeichnen, die, ohne Schaden zu nehmen, von der Buchseite auf das Rednerpult versetzt wurde. In diese Richtung zielt auch der Vorwurf, den Douglas seinen Zuhörern macht. Er erklärt, daß er sich an ihren Verstand und nicht an ihre Leidenschaften wendet, so als seien sie schweigsame, nachdenkliche Leser und seine Rede der Text, den sie sich durch den Kopf gehen lassen sollen. Woraus sich für uns eine ganze Reihe von Fragen ergeben: Welche Auswirkungen auf den öffentlichen Diskurs hat es, wenn die geschriebene Sprache oder der Buchdruck die dominierende Metapher einer Kultur ist? Wie ist der Inhalt dieses Diskurses beschaffen? Was verlangt er vom Publikum? Welchen Gebrauch des Verstandes begünstigt er?

Zunächst einmal muß man auf die einfache Tatsache hinweisen, daß das geschriebene Wort und eine auf ihm beruhende Redekunst *einen Inhalt haben:* einen semantischen, mit anderen Wörtern wiederzugebenden, aussagekräftigen Inhalt. Dies klingt vielleicht merkwürdig, aber da ich sehr bald die These aufstellen werde, daß heutzutage ein großer Teil unserer Diskurse nur einen verschwindend geringen Aussagegehalt besitzt, muß ich diesen Punkt hier betonen. Überall, wo Sprache – und insbesondere eine von der Strenge des Buchdrucks kontrollierte Sprache – das vorrangige Kommunikationsmedium bildet, ist ein Gedanke, eine Tatsache, eine Behauptung das unvermeidliche Ergebnis. Der Gedanke mag banal, die Tatsache belanglos, die Behauptung falsch sein, aber wenn die Sprache das Denken lenkt, werden Sinn und Bedeutung unausweichlich. Zuweilen mag es ja gelingen, obschon es äußerst schwierig ist, mit einem geschriebenen Satz nichts zu sagen. Wozu sind sprachliche Darlegungen denn auch sonst da? Wörter empfehlen sich als Bedeutungsträger und durch wenig sonst. Der Anblick der äußeren Gestalt von geschriebenen Wörtern ist nicht sonderlich interessant. Selbst der Klang gesprochener Sätze ist selten erbaulich, es sei denn, jemand mit außergewöhnlichen poetischen Gaben hat sie konstruiert. Wenn ein Satz sich dagegen sperrt, eine Tatsache, eine Bitte, eine Frage, eine Behauptung, eine Erklärung zum Ausdruck zu bringen, dann ist er nichts als eine leere grammatische Hülse. Infolgedessen ist ein sprachbestimmter Diskurs, wie er im 18. und 19. Jahrhundert für Amerika charakteristisch war, in der Regel mit Inhalt befrachtet und ernsthaft, und dies um so mehr, wenn er seine Form dem Buchdruck entlehnt.

Ernsthaft ist er, weil Bedeutung verstanden werden will. Ein geschriebener Satz verlangt von seinem Verfasser, daß er etwas sagt, und von seinem Leser, daß er die Bedeutung des Gesagten erfaßt. Und wenn Autor und Leser sich mit dem Sinn und der Bedeutung von Sprache auseinandersetzen, dann stellen sie sich der ernsthaftesten Herausforderung an den Verstand überhaupt. Das gilt vor allem für das Lesen, denn Leuten, die schreiben, kann man nicht immer trauen. Sie lügen, sie geraten in Verwirrung, sie verallgemeinern zu sehr, sie mißbrauchen die Logik und manchmal den gesunden Menschenverstand. Der Leser muß sich mit intellektueller Wachsamkeit wappnen. Leicht ist das nicht, denn wenn er vor dem Text die Augen aufschlägt, ist er allein. Seine Reaktionen beim Lesen sind isoliert, sein Verstand ist ganz und gar auf sich selbst gestellt. Wer den kalten Abstraktionen gedruckter Sätze gegenübertritt, hat es mit der nackten Sprache zu tun, Schönheit oder Gemeinschaft kommen ihm nicht zu Hilfe. Deshalb ist Lesen seinem Wesen nach eine ernsthafte Tätigkeit. Und es ist eine ihrem Wesen nach rationale Tätigkeit.

Von Erasmus im 16. Jahrhundert bis hin zu Elizabeth Eisenstein im 20. Jahrhundert sind fast alle Gelehrten, die sich mit der Frage befaßt haben, wie sich das Lesen auf die geistige Verfassung eines Menschen auswirke, zu dem Schluß gelangt, daß es die Rationalität fördert; daß der sequentielle, aussagebestimmte Charakter des geschriebenen Wortes das unterstützt, was Walter Ong die »analytische Verarbeitung von Wissen« nennt. Wer sich auf das geschriebene Wort einläßt, der macht sich eine Denkweise zu eigen, die hohe Ansprüche an die Fähigkeit, zu klassifizieren, Schlüsse zu ziehen und logisch zu denken, stellt. Dazu gehört, daß man imstande ist, Lügen, Irrtümer und übermäßige Verallgemeinerungen zu erkennen oder eine mißbräuchliche Verwendung der Logik und des gesunden Menschenverstandes aufzudecken. Dazu gehört auch, daß man Gedanken zu gewichten, Behauptungen zu vergleichen und gegeneinander abzuwägen und eine allgemeine Aussage mit einer anderen zu verbinden vermag. Um dies zu erreichen, muß man einen gewissen Abstand von den Wörtern selbst gewinnen, was durch den isolierten, unpersönlichen Text selbst unterstützt wird. Deshalb bricht ein guter Leser nicht in lauten Beifall aus, sobald er auf einen treffenden Satz oder auf eine geistreiche Wendung stößt. Hierzu ist das analytische Denken zu konzentriert und zu distanziert.

Damit will ich nicht behaupten, daß analytisches Denken vor dem Aufkommen des Schreibens nicht möglich gewesen sei. Es geht mir hier nicht um die Möglichkeiten und Fähigkeiten des individuellen Verstandes, sondern um die Prädispositionen der Geistesverfassung einer Kultur. In einer vom Buchdruck bestimmten Kultur zeichnet sich der öffentliche Diskurs in der Regel durch eine kohärente, geregelte Anordnung von Tatsachen und Gedanken aus. Das Publikum, an das er sich wendet,

ist im allgemeinen in der Lage, einen solchen Diskurs zu verarbeiten. In einer vom Buchdruck bestimmten Kultur machen Schreiber Fehler, indem sie lügen, indem sie sich selbst widersprechen, indem sie ihre allgemeinen Aussagen nicht untermauern oder auf unlogischen Zusammenhängen beharren. Leser machen in einer solchen Kultur Fehler, wenn sie dies nicht bemerken oder, schlimmer noch, wenn es ihnen gleichgültig ist.
Im 18. und 19. Jahrhundert brachte der Buchdruck eine Definition von Intelligenz hervor, die dem objektiven, rationalen Gebrauch des Verstandes Vorrang gab und gleichzeitig Formen eines öffentlichen Diskurses mit ernsthaftem, logisch geordnetem Inhalt förderte. Es ist kein Zufall, daß die Aufklärung, das Zeitalter der Vernunft, auch das Aufblühen einer vom Buchdruck geprägten Kultur erlebte, zunächst in Europa, dann in Amerika. Die Ausbreitung des Buchdrucks entfachte die Hoffnung, die Welt und ihre mannigfaltigen Geheimnisse seien zumindest verstehbar, voraussagbar, beherrschbar. In diesem 18. Jahrhundert beginnt die Naturwissenschaft – hervorragendes Beispiel für die analytische Verarbeitung von Wissen – damit, ein neues Bild der Welt zu entwerfen. In diesem 18. Jahrhundert wird demonstriert, daß der Kapitalismus ein rationales, liberales System des Wirtschaftslebens ist; der religiöse Aberglaube gerät unter heftigen Angriff, das Gottesgnadentum der Könige wird als Vorurteil entlarvt, es setzt sich die Idee eines kontinuierlichen Fortschritts durch, und die Notwendigkeit der Verbreitung von Lesen und Schreiben durch allgemeine Schulbildung wird offenkundig.
Die dem Buchdruck innewohnenden Möglichkeiten fanden vielleicht nirgendwo einen optimistischeren Ausdruck als in dem folgenden Abschnitt der *Selbstbiographie* von John Stuart Mill:

»Mein Vater vertraute so unbedingt auf den Einfluß der Vernunft auf den menschlichen Geist, wenn ihr ein ungehemmter Zugang zu demselben gestattet wurde, daß er der Überzeugung lebte, es werde sich alles erringen lassen, sobald die ganze Bevölkerung lesen gelernt habe, alle Arten von An-

sichten in Wort und Schrift an sie gerichtet werden dürfen und man es vermittelst des Stimmrechts ihr in die Hand gebe, eine Legislatur zusammenzubringen, die dem in ihr herrschenden Geist Nachdruck verschaffe.«[7]
Diese Hoffnung ging natürlich nie ganz in Erfüllung. An keinem Punkt der Geschichte Englands oder Amerikas (oder irgendeines anderen Landes) war die Vorherrschaft der Vernunft so vollständig, wie der ältere Mill es im Zuge der Ausbreitung des Buchdrucks für möglich hielt. Dennoch kann man unschwer zeigen, daß sich im 18. und 19. Jahrhundert in Amerika die öffentliche Urteilsbildung, verwurzelt im gedruckten Wort und den ihm innewohnenden Tendenzen, durch Ernsthaftigkeit, durch eine Neigung zu rationaler Argumentation und Darstellung auszeichnete, kurz, daß er aus bedeutungsvollen Inhalten bestand.
Werfen wir, um uns dies klarzumachen, einen Blick auf den religiösen Diskurs. Im 18. Jahrhundert wurde der Gläubige durch den Rationalismus genauso stark beeinflußt wie der Atheist. Jedem bot die Neue Welt Religionsfreiheit, und das hieß, daß man sich auf keine andere Kraft als die der Vernunft stützen konnte, wenn man dem Ungläubigen die Erleuchtung bringen wollte. »Hier wird der Deismus seine große Chance haben«, erklärte Ezra Stiles 1783 in einer seiner berühmten Predigten. »Aber auch die Freigeister brauchen sich nicht zu beklagen, daß man sie mit anderen als den sanften, den starken Waffen des Arguments und der Wahrheit besiegt.«[8]
Lassen wir die Freigeister hier einmal beiseite – die Deisten jedenfalls, das wissen wir, bekamen tatsächlich ihre große Chance. Die ersten vier Präsidenten der Vereinigten Staaten waren wahrscheinlich allesamt Deisten. Jefferson glaubte mit Sicherheit nicht an die Göttlichkeit Jesu Christi und schrieb, während er Präsident war, eine Fassung der vier Evangelien, in der er alle Hinweise auf »phantastische« Vorkommnisse tilgte und nur den sittlichen Gehalt der Lehren Jesu Christi bewahrte. Man erzählte sich, alte Frauen hätten bei der Wahl Jeffersons zum Präsidenten ihre Bibeln versteckt und Tränen vergos-

sen. Was sie getan hätten, wenn Thomas Paine Präsident geworden wäre oder ein hohes Regierungsamt erlangt hätte, ist schwer vorstellbar. In seinem Buch *The Age of Reason (Das Zeitalter der Vernunft)* griff Paine die Bibel und die gesamte christliche Theologie in ihrer Nachfolge an. Er gab zu, daß Jesus Christus ein tugendhafter, liebenswürdiger Mensch gewesen sei, die Erzählungen von seiner Göttlichkeit jedoch verwarf er als unsinnig und lästerlich, wofür er nach Art der Rationalisten mit einer genauen Textanalyse der Bibel den Beweis anzutreten versuchte. »Alle nationalen Kirchen«, schrieb er, »ob jüdisch, christlich oder türkisch, sind für mich nichts anderes als menschliche Erfindungen, errichtet, um die Menschheit zu ängstigen und zu versklaven und alle Macht und allen Gewinn für sich zu beanspruchen.«[9] Wegen *The Age of Reason* verlor Paine seinen Platz im Pantheon der Gründerväter (und spielt in amerikanischen Geschichtsbüchern bis auf den heutigen Tag eine zweideutige Rolle). Aber Ezra Stiles hatte ja auch nicht behauptet, daß Freigeister und Deisten *geliebt* würden, sondern nur, daß sie vor dem Gerichtshof der Vernunft ihre Meiung frei äußern könnten. Und das taten sie. Gestützt auf die von der Französischen Revolution anfänglich geweckte Begeisterung, gewann der deistische Angriff auf die Kirchen als die Feinde des Fortschritts und auf den religiösen Aberglauben als den Feind der Rationalität große Popularität.[10] Die Kirchen schlugen natürlich zurück, und als der Deismus kein Interesse mehr weckte, bekriegten sie sich untereinander. Um die Mitte des 18. Jahrhunderts führten Theodore Frelinghusen und William Tennent eine Erweckungsbewegung unter den Presbyterianern an. Ihnen folgten die drei großen Gestalten, deren Namen mit dem religiösen »Erwachen« in Amerika verbunden sind – Jonathan Edwards, George Whitefield und dann im 19. Jahrhundert Charles Finney.

Diese Männer waren ungemein erfolgreiche Prediger, deren Appell in Bewußtseinsregionen vordrang, die der Vernunft nicht erreichbar waren. Von Whitefield berichtet man, er habe seine Zuhörer zu Tränen gerührt, indem er bloß das Wort

»Mesopotamien« aussprach. So erklärt sich vielleicht, warum Henry Coswell 1839 entschied, die »religiöse Manie gilt als die vorherrschende Form von Geisteskrankheit in den Vereinigten Staaten«.[11] Man muß indessen im Auge behalten, daß die Streitigkeiten über Lehrmeinungen zwischen den Erweckungsbewegungen des 18. und 19. Jahrhunderts und den etablierten Kirchen, die ihnen erbitterten Widerstand entgegensetzten, in Streitschriften und Büchern und in einer weitgehend rationalen, logisch geordneten Sprache ausgetragen wurden. Es wäre völlig falsch, in Billy Graham oder irgendeinem anderen Fernseherwecker einen modernen Jonathan Edwards oder Charles Finney zu sehen. Edwards war einer der kreativsten Köpfe, die Amerika je hervorgebracht hat. Sein Beitrag zur ästhetischen Theorie war fast ebenso wichtig wie sein Beitrag zur Theologie. Seine Interessen waren größtenteils akademischer Natur; täglich verbrachte er viele Stunden in seinem Studierzimmer. Zu seinen Zuhörern sprach er nicht aus dem Stegreif. Er *las* seine Predigten, und diese waren sorgfältig konzipierte, logisch aufgebaute Erörterungen über die theologische Doktrin.[12] Möglicherweise erregte die Sprache Edwards' auch die Gefühle der Zuhörer, doch zuerst und vor allem sollten und mußten sie diese Sprache begreifen. Tatsächlich beruht Edwards' Ruhm hauptsächlich auf einem Buch: *Faithful Narrative of the Surprising Work of God in the Conversion of Many Hundred Souls in Northampton (Wahrhafter Bericht über das erstaunliche Wirken Gottes bei der Bekehrung vieler hundert Seelen in Northampton),* erschienen im Jahre 1737. Ein später, im Jahre 1746, veröffentlichtes Buch: *A Treatise Concerning Religious Affections (Abhandlung über die religiösen Gefühle),* gilt als eine der bemerkenswertesten psychologischen Untersuchungen, die jemals in Amerika geschrieben worden sind.

Anders als die Protagonisten des »großen Erwachens« von heute, anders als Oral Roberts, Jerry Falwell, Jimmy Swaggart und Co., waren die Führer der amerikanischen Erweckungsbewegungen von gestern gebildete Leute, die auf die Vernunft vertrauten und mit den Gaben des Erörterns und Darstellens reich gesegnet waren. Ihre Kontroversen mit den etablierten Kirchen betrafen die Theologie und das Wesen des Gewissens ebenso wie die religiöse Erleuchtung. Finney etwa war keineswegs der »Hinterwäldler«, als den ihn seine Gegner zuweilen hinstellten.[13] Er war Rechtsanwalt, schrieb ein wichtiges Buch über systematische Theologie und beendete seine Laufbahn als Professor und schließlich als Präsident des Oberlin College.

Die doktrinären Streitigkeiten zwischen den Anhängern der verschiedenen religiösen Programme wurden nicht nur, wie es im 18. Jahrhundert geschah, in sorgfältig aufgebauten Erörterungen ausgefochten – im 19. Jahrhundert dann wurden sie mit dem ungewöhnlichen Mittel der Gründung von Colleges auch beigelegt. Man vergißt zuweilen, daß es die amerikanischen Kirchen waren, die die Grundlage für das System unserer Hochschulbildung geschaffen haben. Schon sehr früh, im Jahre 1636, wurde Harvard gegründet, um die Kongregationalistische Kirche mit gründlich gebildeten Geistlichen zu versehen. Und fünfundsechzig Jahre später, als es unter den Kongregationalisten zu Lehrstreitigkeiten gekommen war, wurde das Yale College gegründet, um die laxen Einflüsse von Harvard zu korrigieren (eine Funktion, die Yale noch heute für sich in Anspruch nimmt). Hinter den ausgeprägten intellektuellen Tendenzen der Kongregationalisten standen die anderen Konfessionen nicht zurück, zumindest, was die Leidenschaft für das Gründen von Colleges anging. Die Presbyterianer gründeten neben anderen Schulen 1784 die University of Tennessee, 1802 das Washington and Jefferson College und 1826 das Lafayette College. Die Baptisten gründeten unter anderen die Colgate University (1817), die George Washington University (1821), die Furman University (1826), die Denison University (1832) und die Wake Forest University (1834). Die Episkopalen gründeten das Hobart College (1822), das Trinity College (1823) und das Kenyon College (1824). Die Methodisten gründeten zwischen 1830 und 1851 acht Colleges, darunter Wesleyan, Emory und Depauw. Neben Harvard und Yale gründeten die Kongregationalisten das Williams College (1793), das Middlebury College (1800), das Amherst College (1821) und das Oberlin College (1833).

Wenn dieses Engagement für Bildung und Gelehrsamkeit eine »Form von Geisteskrankheit« ist, wie Coswell über das religiöse Leben in Amerika gesagt hat, dann kann man sich nur mehr davon wünschen. Im 18. und 19. Jahrhundert wurden das religiöse Denken und die religiösen Institutionen Amerikas von einer strengen, gelehrten und intellektuellen Diskursform beherrscht, die heute weitgehend fehlt. Für den Unterschied zwischen den älteren und den modernen Formen des religiösen Diskurses gibt es kein klareres Beispiel als den Kontrast zwischen den theologischen Erwägungen eines Jonathan Edwards auf der einen Seite und denen eines Jerry Falwell, eines Billy Graham oder eines Oral Roberts auf der anderen; unweigerlich fordert der substantielle Gehalt von Edwards' Theologie den Verstand heraus; sollte die Theologie der Fernseh-Evangelisten ebenfalls einen solchen Gehalt besitzen, so haben sie ihn jedenfalls bis jetzt noch nicht bekannt gemacht.

Die Unterschiede zwischen dem Charakter des Diskurses in einer auf dem Buchdruck gründenden Kultur und dem in einer Fernsehkultur zeigen sich auch sehr deutlich, wenn man das Rechtswesen betrachtet.

In einer vom Buchdruck geprägten Kultur waren Rechtsanwälte im allgemeinen gründlich gebildet, der Vernunft verpflichtet und imstande, ihren Standpunkt in erörternder Argumentation darzulegen. In Darstellungen zur Geschichte Amerikas wird häufig übersehen, daß die juristischen Berufe im 18. und 19. Jahrhundert »auf der Stufenleiter des Verstandes eine Art privilegierte Gruppe« darstellen, wie es Tocqueville formulierte. Einige Anwälte wurden Volkshelden, Sergeant Prentiss aus Alabama etwa oder der »ehrenwerte« Abe Lincoln aus Illinois, der zur Beeinflussung von Geschworenen große schauspielerische Qualitäten entfaltete, nicht unähnlich den Anwälten, die uns heute das Fernsehen vorführt. Aber die bedeutenden Gestalten der amerikanischen Jurisprudenz – John Marshall, Joseph Story, James Kent, David Hoffman, William Wirt und

Daniel Webster – waren Muster intellektueller Eleganz und Hingabe an Rationalität und Gelehrsamkeit. Sie waren der Ansicht, daß die Demokratie, bei all ihren offenkundigen Vorzügen, die Gefahr in sich barg, einen ungezügelten Individualismus freizusetzen. Sie waren bestrebt, in Amerika die Zivilisation durch »die Schaffung eines Verständnisses für Recht und Gesetz« zu erhalten.[14] Aus diesem erhabenen Projekt ergab sich ihre Auffassung, der Beruf des Juristen solle nicht lediglich ein gelehrter, sondern ein freier Beruf sein. Der berühmte Juraprofessor Job Tyson meinte, ein Rechtsanwalt müsse mit den Werken Senecas, Ciceros und Platons vertraut sein.[15] George Sharswood hatte vielleicht schon den Niedergang der Juristenausbildung im 20. Jahrhundert vor Augen, als er im Jahre 1854 bemerkte, das ausschließliche Studium der Rechtswissenschaft schädige den Verstand, fessele ihn »an die fachlichen Einzelheiten, die er sich mühsam angeeignet hat, und macht ihn unfähig, selbst jene Fragen, die in sein Fachgebiet gehören, aus einem erweiterten, umfassenderen Blickwinkel zu betrachten«.[16]

Die liberale, rationale und artikulierte Denkungsart, auf die man bei Juristen großes Gewicht legte, wurde dadurch bestärkt, daß Amerika genauso wie alle seine Teilstaaten eine geschriebene Verfassung besaß und daß sich das Recht nicht zufällig entwickelte, sondern ausdrücklich formuliert wurde. Der Rechtsanwalt mußte ein Schreiber und Leser par excellence sein, denn die Vernunft war die eigentliche Autorität, die den Maßstab bei der Entscheidung von Rechtsfragen bilden sollte. So war John Marshall der »Inbegriff der Vernunft und in der Vorstellungswelt der Amerikaner ein ebenso lebendiges Sinnbild wie Natty Bumppo«.[17] Er war das Muster des *Homo typographicus,* des vom Buchdruck geprägten Menschen – unvoreingenommen, analytisch, der Logik verpflichtet, logische Widersprüche verabscheuend. Man hat gesagt, er habe seine Argumente nie auf Analogien gestützt. Die meisten Entscheidungen leitete er mit der Wendung ein: »Es wird allgemein zugegeben, daß . . .« Und hatte man seinen Prämissen zugestimmt, so mußte man meist auch seine Schlußfolgerung akzeptieren.

In einem heute nur schwer vorstellbaren Maße waren die Amerikaner der damaligen Zeit nicht nur mit den großen juristischen Fragen ihrer Zeit, sondern ebenso mit der Sprache vertraut, derer sich die berühmten Anwälte bei ihren Plädoyers bedienten. Das gilt vor allem für die Sprache von Daniel Webster, und es war nur natürlich, daß Stephen Vincent Benét ihn in seiner bekannten Erzählung *The Devil and Daniel Webster (Daniel Webster und die Seeschlange)* auftreten und sogar den Teufel durch seine Eloquenz bezwingen ließ. Wie auch hätte der Teufel einen Mann besiegen sollen, dessen Sprache sich nach den Worten von Joseph Story, Richter am Obersten Bundesgerichtshof, durch folgende Merkmale auszeichnete:
»[...] die Klarheit und unzweideutige Einfachheit seiner Erklärungen, sein großes Verständnis für die verschiedensten Probleme, der Reichtum seiner Beispiele aus dem praktischen Leben; seine eindringliche Analyse und die Art, wie er auf Schwierigkeiten aufmerksam macht; seine Fähigkeit, eine komplizierte Sache zu entwirren und in so klare Bestandteile zu zerlegen, daß sie noch dem einfachsten Verstand zugänglich wird; die durchschlagende Wirkung seiner Verallgemeinerungen, mit denen er die eigenen Argumente unvermerkt hinter die Geschütze bringt, die seine Gegner aufgefahren haben; die Sorgfalt und Umsicht, mit der er es vermeidet, sich in eine unhaltbare Position zu manövrieren oder die eigenen Kräfte am falschen Ort zu vergeuden.«[18]
Ich zitiere diese Passage deshalb ausführlich, weil sie für das 19. Jahrhundert besser als jeder andere Text, den ich kenne, beschreibt, welche Art von Diskurs man von einem Menschen erwartete, dessen Verstand vom gedruckten Wort geformt war. Sie bezeichnet genau jenes Ideal und Musterbild, das James Mill bei seinen Prophezeihungen über die wunderbare Wirkung des Buchdrucks im Sinne hatte. Und auch wenn dieses Muster nicht ganz erreichbar war, so war es doch das Ideal, dem jeder Anwalt nachstrebte.
Die Wirkung eines solchen Ideals ging über den Anwaltsstand und die Geistlichkeit weit hinaus. Sogar im Wirtschaftsalltag

konnte man auf die Resonanzen des rationalen, vom Buchdruck geprägten Diskurses stoßen. Betrachtet man die Werbung als die Stimme des Handels, so zeigt ihre Geschichte ganz deutlich, daß im 18. und 19. Jahrhundert jene, die etwas zu verkaufen hatten, ihre Kunden für Leute hielten, die einem Daniel Webster nicht unähnlich waren – sie gingen davon aus, daß potentielle Käufer gebildet, rational und kritisch waren. Tatsächlich kann man die Geschichte der amerikanischen Zeitungsanzeige selbst als Sinnbild für den Niedergang des vom gedruckten Wort geprägten Geistes nehmen, der von der rationalen Argumentation zum Entertainment führt. In seiner klassischen Untersuchung *The History and Development of Advertising* erörtert Frank Presbrey den Verfall der ans gedruckte Wort gebundenen Werbung und datiert ihr Ende auf die späten sechziger und frühen siebziger Jahre des 19. Jahrhunderts. Die Zeit davor bezeichnet er als das »dunkle Zeitalter« der typographischen Werbung.[19] Die finsteren Zeiten, die er meint, begannen im Jahre 1704, als erstmals bezahlte Annoncen in einer amerikanischen Zeitung, im *Boston News-Letter,* erschienen. Es waren drei an der Zahl, die zusammen zehn Zentimeter einer Spalte einnahmen. Eine von ihnen bot eine Belohnung für die Ergreifung eines Diebes; eine zweite bot eine Belohnung für die Rückgabe eines Ambosses, den Unbekannte »sich zu eigen gemacht« hatten; die dritte bot tatsächlich etwas zum Verkauf an und unterscheidet sich nicht allzusehr von den Immobilienanzeigen, die man heute in der *New York Times* liest:

»In Oysterbay auf Long Island im Bezirk von N. York. Dort ist eine sehr gute Walkmühle zu verkaufen oder zu vermieten, sowie eine Plantage, auf der ein großes neues Ziegelhaus steht, daneben ein anderes gutes Haus mit Küche & Werkstatt, mit Scheune, Stall, ein junger Obstgarten und 20 Morgen freies Land. Die Mühle kann mit der Plantage oder ohne sie vermietet werden; Grundbesitzer ist Mr. William *Bradford,* Drucker in N. York, Näheres bei ihm.«[20]

Mehr als anderthalb Jahrhunderte lang hatten Inserate, von geringen Abweichungen abgesehen, diese Gestalt. Vierundsechzig

Jahre nachdem Mr. Bradford sein Anwesen in Oysterbay annonciert hatte, rückte der legendäre Paul Revere das folgende Inserat in der *Boston Gazette* ein:

»Viele Menschen haben das Unglück, durch Unfälle oder auf andere Weise ihre Vorderzähne zu verlieren, was nicht nur ihrem Aussehen, sondern auch ihrem Sprechen, sei es in der Öffentlichkeit oder im privaten Kreis, höchst abträglich ist: Ihnen allen sei hiermit kundgetan, daß sie sich ihre Zähne durch falsche, die genauso aussehen wie die natürlichen und dem Zweck, das Sprechen zu ermöglichen, in jeder Hinsicht genügen, ersetzen lassen können durch PAUL REVERE, Goldschmied, am oberen Ende von Dr. Clarke's Pier, Boston.«[21]

In einem weiteren Absatz erklärte Revere, diejenigen, die sich von John Baker falsche Zähne hätten einpassen lassen und bei denen sie sich peinlicherweise gelockert hätten, könnten zu ihm kommen, um sie befestigen zu lassen. Wie dies gemacht werde, habe er von John Baker selbst gelernt. Erst hundert Jahre nach Reveres Annonce gab es die ersten ernsthaften Versuche von Anzeigenkunden, aus der linearen, von gedruckten Worten und Sätzen bestimmten Form, die die Zeitungsverleger forderten, auszubrechen.[22] Und erst gegen Ende des 19. Jahrhunderts ging die Werbung zu der modernen Form ihres Diskurses über. Noch 1890 galt die Werbung, die in aller Regel nur aus Wörtern bestand, als ein im wesentlichen ernsthaftes, rationales Geschäft, dessen Zweck es war, Informationen zu vermitteln und in Aussagesätzen bestimmte Behauptungen aufzustellen. Die Werbung sollte, wie es Stephen Douglas in einem anderen Zusammenhang formuliert hatte, den Verstand und nicht die Leidenschaften ansprechen. Ich will damit nicht sagen, daß in der Zeit der typographischen Anzeigen die aufgestellten Behauptungen immer zutrafen. Wörter können ihren Wahrheitsgehalt nicht garantieren. Aber sie erzeugen einen Kontext, in dem die Frage »Ist das wahr oder falsch?« relevant ist. In den neunziger Jahren des 19. Jahrhunderts zerbrach dieser Kontext, zunächst unter dem massiven Druck von Illustra-

tionen und Photographien, sodann durch die Verwendung einer nicht mehr auf Aussagesätze konzentrierten Sprache. In den neunziger Jahren erlernten Reklamefachleute die Technik der Werbeslogans. Presbrey behauptet, man könne den Beginn der modernen Werbung auf die Zeit datieren, in der zwei solcher Werbesprüche aufkamen: *You press the button; we do the rest* (Sie drücken auf den Auslöser; wir besorgen das übrige – Kodak) und *See that hump?* (Die vierzeiligen Reklameverse für Delongs Haken-Kleiderverschlüsse endeten stets mit dieser Frage, wörtlich: Siehst du den Buckel? = Haken.)
Etwa um die gleiche Zeit fing man an, gereimte Verse zu verwenden, und 1892 forderte Procter and Gamble das Publikum auf, Verse für die Werbung von Ivory-Seife einzusenden. 1896 benutzte Calkins & Holden zum ersten Mal das Bild eines kleinen Jungen in einem Lehnstuhl, der mit begeisterter Miene, einen Löffel in der Hand, vor sich die Schale mit Haferflocken hat. Um die Jahrhundertwende änderte sich das Reklame-Verfahren – Werbung bestand fortan aus einem Teil Tiefenpsychologie und einem Teil ästhetischer Theorie. Die Vernunft mußte sich in andere Bezirke zurückziehen.
Will man verstehen, wie das gedruckte Wort früher in Amerika die Vorstellung von Intelligenz, von Wahrheit und von der Beschaffenheit des Diskurses geprägt hat, so muß man berücksichtigen, daß dem Akt des Lesens im 18. und 19. Jahrhundert ein ganz anderer Rang zukam als heute. Das gedruckte Wort besaß, wie gesagt, im Hinblick auf Aufmerksamkeit und Intellekt eine Monopolstellung, gab es doch, von der mündlichen Überlieferung abgesehen, kein anderes Mittel, um sich öffentliches Wissen zugänglich zu machen. Personen des öffentlichen Lebens zum Beispiel waren insbesondere durch das bekannt, was sie geschrieben hatten, und nicht etwa durch ihr Aussehen und auch nicht so sehr durch ihr rednerisches Talent. Höchstwahrscheinlich wären die ersten fünfzehn Präsidenten der Vereinigten Staaten vom durchschnittlichen Bürger auf der Straße nicht erkannt worden. Das gleiche gilt für die bedeutenden Anwälte, Geistlichen und Wissenschaftler dieser Epoche. Wer an

diese Leute dachte, der dachte an das, was sie geschrieben hatten, und beurteilte sie nach ihren öffentlichen Stellungnahmen, ihren Argumenten, ihren Kenntnissen, soweit sie im Druck Gestalt angenommen hatten. Wie weit wir uns von diesem Bewußtsein entfernt haben, kann man sich klar machen, wenn man an einen unserer Präsidenten aus neuerer Zeit denkt – oder auch an Prediger, Rechtsanwälte oder Wissenschaftler, die in der Öffentlichkeit einen Namen haben oder hatten. Man denke an Richard Nixon oder Jimmy Carter oder Billy Graham oder auch an Albert Einstein – was einem einfällt, ist ein Bild, ein Bild von einem Gesicht, und sehr wahrscheinlich ein Gesicht auf einem Bildschirm (im Falle Einsteins eine Photographie von einem Gesicht). Worte kommen uns dabei kaum in den Sinn. Das ist der Unterschied zwischen dem Denken in einer wortbestimmten und in einer bildbestimmten Kultur.

Es ist auch der Unterschied zwischen dem Leben in einer Kultur, die wenig, und einer, die viel Freizeit bietet. Der Farmerjunge, der mit einem Buch in der Hand dem Pflug folgt, die Mutter, die ihrer Familie am Sonntagnachmittag etwas vorliest, der Kaufmann, der die Meldungen über die zuletzt eingelaufenen Clipper liest – sie waren andere Leser als die von heute. Flüchtiges Lesen dürfte es kaum gegeben haben, dazu fehlte die Zeit. Lesen geschah in einem täglichen oder wöchentlichen Ritual, dem eine besondere Bedeutung zukam. Denn wir müssen bedenken, daß es in dieser Kultur keine Elektrizität gab. Bei Kerzen- oder später bei Gaslicht las es sich nicht besonders gut. Und ohne Zweifel wurde sehr viel in der Zeit zwischen Morgengrauen und dem Beginn des Tagewerks gelesen. Was man las, das las man ernsthaft, intensiv und mit einem bestimmten Ziel. Die moderne Vorstellung, man könne das »Auffassungsvermögen« eines Lesers im Unterschied zu anderen Fähigkeiten, die ein Leser außerdem noch besitze, testen, wäre 1790 oder 1830 oder 1860 absurd erschienen. Was war denn Lesen anderes als Auffassen? Soweit wir wissen, gab es so etwas wie »Leseschwäche« damals nicht, außer natürlich bei denen, die keine Schule besuchen konnten. Eine Schule besuchen hieß lesen lernen, denn ohne diese Fähigkeit konnte man sich nicht am Austausch innerhalb der Kultur beteiligen. Und die meisten Menschen konnten lesen und beteiligten sich. Für sie war das Lesen sowohl ein Modell der Welt wie auch die Verbindung zu ihr. Wort für Wort, Zeile für Zeile, Seite für Seite zeigte das Buch oder die Zeitung, daß die Welt ein ernsthafter, kohärenter Ort war, der sich mit Vernunft einrichten und durch verständige, angemessene Kritik verbessern ließ.

Wohin man auch blickt, fast überall stößt man im 18. und 19. Jahrhundert auf die Resonanzen des gedruckten Wortes und vor allem auf seine unauflösliche Beziehung zu den Formen des öffentlichen Ausdrucks. Es mag zutreffen, was Charles Beard geschrieben hat: daß der eigentliche Beweggrund der Autoren der amerikanischen Verfassung der Schutz ihrer eigenen wirtschaftlichen Interessen gewesen sei. Es trifft jedoch auch zu, daß ihnen die Fähigkeit, mit dem gedruckten Wort umzugehen, als Voraussetzung für die Teilnahme am öffentlichen Leben erschien. Für sie war ein reifes Staatsbürgertum ohne entwickelte Bildung unvorstellbar; deshalb wurde das Wahlalter in den meisten Bundesstaaten auf 21 Jahre festgesetzt; deshalb heftete Jefferson an die allgemeine Bildung Amerikas größte Hoffnung; und deshalb ließ man, worauf Allan Nevins und Henry Steele Commager hingewiesen haben, die Wahlrechtsbeschränkungen gegenüber Besitzlosen häufig unberücksichtigt, nicht jedoch die gegenüber denen, die nicht lesen konnten.

Es mag zutreffen, daß es, wie Frederick Jackson Turner dargelegt hat, vor allem die immer weiter nach Westen vorgeschobene »Grenze« war, die den amerikanischen Geist anspornte. Aber es trifft auch zu, was Paul Anderson festgestellt hat: es sei »nicht bloß eine Redensart, wenn man sagt, daß der Farmerjunge dem Pflug mit einem Buch in der Hand folgte, ob von Shakespeare, Emerson oder Thoreau«.[23] Es war nämlich nicht nur die Grenzermentalität, die Kansas dazu bewog, als erster Bundesstaat den Frauen die Teilnahme an Schulwahlen zu gestatten, oder die Wyoming veranlaßte, mit der Gleichheit beim

Wahlrecht wirklich ernst zu machen. Die Frauen waren wahrscheinlich bessere Leser als die Männer, und auch in den Grenzstaaten war das gedruckte Wort das wichtigste Organ des öffentlichen Diskurses. Es war unumgänglich, daß jene, die lesen konnten, an diesem Austausch tatsächlich teilnahmen.
Es mag auch zutreffen, daß, wie Perry Miller behauptet hat, viel von der Energie der Amerikaner aus ihrem religiösen Eifer herrührt, oder daß, wie es frühere Historiker gesagt haben, Amerika aus einer Idee geschaffen wurde, deren Zeit gekommen war. Ich will alle diese Erklärungen nicht bestreiten. Ich stelle bloß fest, daß das Amerika, das sie zu erklären versuchen, von einem öffentlichen Diskurs bestimmt wurde, dessen Form den Erzeugnissen der Druckpresse entlehnt war. Um seine Absichten zu erklären, seine politischen Ideen zu erläutern, seine Gesetze zu entwerfen, seine Produkte zu verkaufen, seine Literatur zu schaffen und seine Gottheiten anzurufen, bediente sich Amerika zwei Jahrhunderte lang kleiner schwarzer Schnörkel auf weißem Papier. Was es zu sagen hatte, das sagte es im Druck, und mit diesem wichtigsten Merkmal seiner symbolischen Umwelt errang es einen hervorragenden Platz in der Kultur.
Ich möchte diese Zeit, in der der amerikanische Geist unter der Souveränität der Druckpresse stand, das Zeitalter der Erörterung nennen. Die Erörterung ist zugleich Denkweise, Lernmethode und Ausdrucksmittel. Fast alle Eigenschaften, die wir einem entfalteten Diskurs zuordnen, wurden durch den Buchdruck verstärkt, der die stärkste Tendenz zu einer erörternden Darstellungsweise aufweist: die hochentwickelte Fähigkeit zu begrifflichem, deduktivem, folgerichtigem Denken; die Wertschätzung von Vernunft und Ordnung; der Abscheu vor inneren Widersprüchen; die Fähigkeit zur Distanz und zur Objektivität; die Fähigkeit, auf endgültige Antworten zu warten. Aus Gründen, die ich nun gern erläutern möchte, neigte sich das Zeitalter der Erörterung mit dem ausgehenden 19. Jahrhundert seinem Ende zu, und erste Anzeichen dafür, daß etwas anderes an seine Stelle trat, wurden sichtbar. Es kam das Zeitalter des Showbusiness.

5. Kapitel

Die Guckguck-Welt

Um die Mitte des 19. Jahrhunderts trafen zwei Ideen zusammen, aus deren Verschmelzung eine neue Metapher für den öffentlichen Diskurs im Amerika des 20. Jahrhunderts hervorgehen sollte. Die Verbindung dieser beiden Ideen machte dem Zeitalter der Erörterung ein Ende und schuf die Grundlage für das Zeitalter des Showbusiness. Die eine Idee war ganz neu, die andere so alt wie die Höhlenbilder von Altamira. Auf die ältere Idee werden wir gleich zu sprechen kommen. Die neue Idee besagte, daß die Bindung der Kommunikation an den Transport aufgelöst werden könnte, daß der Raum die Weitergabe von Informationen nicht unbedingt hemmen mußte.
Die Amerikaner des 19. Jahrhunderts beschäftigten sich sehr intensiv mit dem Problem der »Eroberung« des Raumes. Um die Mitte des 19. Jahrhunderts war die »Grenze« bis zum Pazifischen Ozean vorgerückt, und ein noch in den Anfängen steckendes Eisenbahnsystem, mit dessen Bau man in den dreißiger Jahren begonnen hatte, fing an, Menschen und Waren durch den Kontinent zu befördern. Aber bis in die vierziger Jahre des 19. Jahrhunderts konnten sich Informationen nur so schnell fortbewegen, wie ein Mensch sie transportieren konnte; genaugenommen: so schnell, wie ein Eisenbahnzug fahren konnte, nämlich, um es noch genauer zu sagen, etwa 55 Kilometer in der Stunde. Diese Beschränkung trug dazu bei, daß sich die

Entwicklung Amerikas zu einer nationalen Gemeinschaft verzögerte. In den vierziger Jahren des 19. Jahrhunderts bestand Amerika noch immer aus einzelnen Regionen, jede mit ihren besonderen Formen der Verständigung und mit besonderen Interessen. Ein Austausch, der den ganzen Kontinent einbezog, war noch nicht möglich.
Die Lösung dieser Probleme lieferte, wie früher jedes Schulkind wußte, die Elektrizität. Es überrascht nicht, daß es ein Amerikaner war, der ein Verfahren fand, die Elektrizität in den Dienst der Kommunikation zu stellen und das Problem des Raumes auf diese Weise ein für allemal aus der Welt zu schaffen. Ich denke hier natürlich an Samuel Finley Breese Morse, dessen Telegraph die Grenzen zwischen den Bundesstaaten auslöschte, Regionen zusammenballte und, indem er den Kontinent mit einem Informationsnetz überzog, die Grundbedingung eines einheitlichen amerikanischen Diskurses herstellte.
Der Preis hierfür war allerdings hoch. Denn die Telegraphie tat etwas, was Morse nicht vorhergesehen hatte, als er prophezeite, sie werde »das ganze Land in eine einzige Nachbarschaft verwandeln«. Sie zerstörte die bis dahin geläufige Definition von Information und gab so dem öffentlichen Diskurs eine neue Bedeutung. Zu den wenigen, die diese Folgewirkung erkannten, gehörte Henry David Thoreau, und in seinem Buch *Walden* schrieb er: »Wir beeilen uns sehr, einen magnetischen Telegraphen zwischen Maine und Texas zu konstruieren, aber Maine und Texas haben möglicherweise gar nichts Wichtiges miteinander zu besprechen. [...] Wir beeilen uns, den Atlantischen Ozean zu durchkabeln, um die Alte Welt der Neuen ein paar Wochen näher zu rücken; vielleicht lautet aber die erste Nachricht, die in das große amerikanische Schlappohr hineinrinnt: Prinzessin Adelheid hat den Keuchhusten.«[1]
Wie sich zeigte, hatte Thoreau ganz recht. Er begriff, daß der Telegraph seine eigene Definition von Diskurs hervorbringen würde, daß er einen Austausch zwischen Maine und Texas nicht nur möglich machen, sondern auf ihm bestehen würde, und daß

sich der Inhalt dieses Austauschs notwendigerweise von dem unterscheiden würde, woran der *Homo typographicus* gewöhnt war.

Der Angriff des Telegraphen auf die aus dem Buchdruck erwachsene Definition von Urteilsbildung hatte drei Stoßrichtungen: Er verschaffte der Belanglosigkeit, der Handlungsunfähigkeit und der Zusammenhanglosigkeit Eingang in den Diskurs. Entfesselt wurden diese bösen Geister des Diskurses dadurch, daß die Telegraphie der Idee der kontextlosen Information Legitimität verlieh, also der Vorstellung, daß sich der Wert einer Information nicht unbedingt an ihrer etwaigen Funktion für das soziale und politische Entscheiden und Handeln bemißt, sondern einfach daher rühren kann, daß sie neu, interessant und merkwürdig ist. Der Telegraph machte aus der Information eine Ware, ein »Ding«, das man ohne Rücksicht auf seinen Nutzen oder seine Bedeutung kaufen und verkaufen konnte.

Aber er schaffte das nicht allein. Die dem Telegraphen innewohnende Möglichkeit, Information in Ware zu verwandeln, wäre vielleicht nie Wirklichkeit geworden, wenn sich der Telegraph nicht mit der Presse zusammengetan hätte. Die Penny-Blätter, die kurz vor der Telegraphie, in den dreißiger Jahren des 19. Jahrhunderts, entstanden waren, hatten schon damit begonnen, Belanglosigkeiten in den Rang von Nachrichten zu erheben. Zeitungen wie Benjamin Days *New York Sun* und James Bennetts *New York Herald* wendeten sich von der überkommenen Vorstellung ab, Nachrichten bestünden aus vernünftig begründeten (wenn auch voreingenommenen) politischen Meinungsäußerungen und wichtigen Wirtschaftsinformationen, und füllten ihre Seiten statt dessen mit Berichten über aufsehenerregende Ereignisse, die meist mit Verbrechen und Sex zu tun hatten. Solche Meldungen mit *human interest* hatten für die Entscheidungen und das Handeln der Zeitungsleser zwar kaum eine Bedeutung, aber sie waren immerhin noch ortsbezogen – sie handelten von Orten und Menschen in ihrem Erfahrungsraum – und nicht immer völlig an den Augenblick gebunden. Die Artikel mit *human interest* in den Penny-Blättern hatten etwas Zeitloses; ihre Faszinationskraft beruhte nicht so sehr auf ihrer Aktualität als vielmehr auf ihrer Transzendenz. Im übrigen befaßten sich keineswegs alle Zeitungen mit solchen Themen. Die Informationen, die sie brachten, waren größtenteils nicht nur ortsbezogen, sondern auch funktional – sie standen in einem Zusammenhang mit den Problemen und Entscheidungen, mit denen es die Leser bei der Gestaltung ihres privaten und sozialen Lebens zu tun hatten.

Das alles veränderte der Telegraph, und zwar mit erstaunlicher Geschwindigkeit. Wenige Monate nach Morses erster öffentlicher Vorführung hatten das Lokale und Zeitlose ihre zentrale Stellung in den Zeitungen verloren, Distanz und Tempo hatten sie mit ihrem blendenden Glanz in den Schatten gestellt. Genau einen Tag, nachdem Morse die Funktionstüchtigkeit der Telegraphie unter Beweis gestellt hatte, bediente sich eine Zeitung zum erstenmal des Telegraphen. Über die gleiche Kabelverbindung zwischen Washington und Baltimore, die Morse errichtet hatte, informierte der *Baltimore Patriot* seine Leser über einen Beschluß, den das Repräsentantenhaus in der Oregon-Frage gefaßt hatte. Abschließend stellte die Zeitung in ihrem Bericht fest: »[...] auf diese Weise sind wir imstande, unseren Lesern bis zwei Uhr Informationen aus Washington zu liefern. Das ist praktisch die Aufhebung des Raumes.«[2]

Infolge praktischer Probleme (die sich vor allem aus der geringen Zahl von Telegraphenverbindungen ergaben) blieb die alte Definition der Nachricht als einer zweckbestimmten Information noch für kurze Zeit erhalten. Aber amerikanische Zeitungsverleger mit Weitblick erkannten sehr rasch, wo die Zukunft lag, und stellten die ihnen verfügbaren Mittel in den Dienst der Verkabelung des Kontinents. William Swain, der Besitzer des *Philadelphia Public Ledger,* investierte nicht nur große Summen in die Magnetic Telegraph Company, die erste kommerzielle Telegraphengesellschaft; er wurde 1850 auch ihr Präsident.

Es dauerte nicht lange, da hing das Schicksal der Zeitungen

nicht mehr von der Qualität oder Nützlichkeit der Meldungen ab, die sie lieferten, sondern davon, wie viele Informationen sie aus welchen Entfernungen in welchem Tempo herbeischaffen konnten. Voller Stolz erklärte James Bennett vom *New York Herald,* in der ersten Woche des Jahres 1848 habe sein Blatt 79 000 Worte telegraphischen Inhalts gebracht[3] – worin ihre Relevanz für seine Leser bestand, sagte er nicht. Nur vier Jahre, nachdem Morse am 24. Mai 1844 die erste Telegraphenverbindung Amerikas eröffnet hatte, wurde Associated Press gegründet, und Nachrichten aus dem Nirgendwo, ohne bestimmten Adressaten, begannen kreuz und quer im ganzen Land umzulaufen. Kriege, Verbrechen, Unfälle, Feuersbrünste, Überschwemmungen – häufig nichts weiter als das soziale oder politische Pendant zu Prinzessin Adelheids Keuchhusten – bildeten von nun an den Inhalt dessen, was man die »Tagesnachrichten« nannte.

Wie Thoreau angedeutet hatte, machte die Telegraphie die Relevanz irrelevant. Der Überfluß an Informationen hatte mit denen, an die er sich richtete, mit einem sozialen oder intellektuellen Kontext, in den ihr Leben eingebettet war, nichts oder nur wenig zu tun. Coleridges berühmter Vers »Wasser, Wasser überall, aber kein Tropfen zu trinken« liefert fast so etwas wie ein Motto für eine solche dekontextualisierte Informationsumwelt: eine Flut von Informationen, aber nur sehr wenig davon war brauchbar. Der Mann in Maine konnte sich nun zwar mit dem Mann in Texas austauschen, aber nicht über etwas, das ihnen beiden bekannt oder bedeutsam gewesen wäre. Vielleicht hat der Telegraph das Land tatsächlich in »eine einzige Nachbarschaft« verwandelt, allerdings in eine sehr merkwürdige, bevölkert von Fremden, die voneinander nur die oberflächlichsten Dinge wußten.

Da wir heute in einer ebensolchen Nachbarschaft leben (die man jetzt zuweilen auch als »Weltdorf« bezeichnet), kann sich der Leser eine Vorstellung davon machen, was kontextlose Information bedeutet, indem er sich die folgende Frage stellt: Wie oft kommt es vor, daß die Informationen, die ich morgens dem Radio, dem Fernsehen oder der Zeitung entnehme, mich dazu veranlassen, meine Pläne für den Tag zu ändern oder etwas zu tun, was ich sonst nicht getan hätte, und wie oft verhelfen mir diese Informationen zu Einsichten in Probleme, die ich lösen soll? Für die meisten von uns hat die Wettervorhersage zuweilen solche Konsequenzen; für Investoren sind die Börsenberichte folgenreich; und folgenreich ist manchmal auch die Meldung über ein Verbrechen, wenn es zufällig in unserer Umgebung geschehen ist oder jemand, den man kennt, davon betroffen ist. Doch der größte Teil der täglichen Nachrichten bleibt wirkungslos, besteht aus Informationen, über die wir reden können, die uns jedoch nicht zu sinnvollem Handeln veranlassen. Dies ist das wichtigste Vermächtnis des Telegraphen: Dadurch, daß er eine Fülle irrelevanter Informationen hervorbrachte, hat er das proportionale Verhältnis zwischen Information und Aktion drastisch verändert.

In mündlichen und vom Buchdruck geprägten Kulturen gewinnt die Information ihre Wichtigkeit aus den Handlungsmöglichkeiten. Gewiß, in jeder Kommunikationsumwelt übersteigt der Input (das, worüber man informiert wird) den Output (die Handlungschancen, die auf diesen Informationen beruhen). Aber in der Situation, die die Telegraphie erzeugt hat und die durch später entstandene Technologien weiter verschärft wurde, hat sich die Beziehung zwischen Information und Handeln verflüchtigt und ist ungreifbar geworden. Denn zum erstenmal in der Geschichte stehen die Menschen vor dem Problem, daß sie mit Informationen übersättigt sind, und damit gleichzeitig vor dem anderen Problem, daß sich ihre soziale und politische Handlungsfähigkeit verringert hat.

Was das bedeutet, kann man sich klarmachen, indem man die folgenden Fragen beantwortet: Welche Maßnahmen planen Sie zur Eindämmung des Konflikts im Mittleren Osten? Oder zur Senkung der Inflationsrate, der Kriminalitätsrate, der Arbeitslosenquote? Wie sehen Ihre Pläne für den Schutz der Umwelt oder die Verminderung der Gefahr eines Atomkriegs aus? Was planen Sie, im Hinblick auf die NATO, die OPEC, die CIA, die Bemühungen um eine stärkere Integration von ethnischen Minderheiten und Frauen in das öffentliche und wirtschaftliche Leben und die ungeheuerliche Behandlung der Bahais im Iran zu tun? Ich bin so frei und antworte an Ihrer Stelle: Sie planen gar nichts. Vielleicht geben Sie jemandem ihre Stimme, der behauptet, solche Pläne zu haben und sogar die Macht, sie zu verwirklichen. Aber das können Sie nur alle vier Jahre tun, nicht gerade ein befriedigendes Mittel, um die vielfältigen Ansichten zum Ausdruck zu bringen, die Sie vertreten. Man könnte das Wählen sogar die vorletzte Zuflucht der politischen Ohnmacht nennen. Die letzte Zuflucht besteht natürlich darin, die eigene Meinung einem Meinungsforscher zu offenbaren, der sich mit seinen dürren Fragen eine eigene Version von ihr zurechtlegt, sie in einen riesigen Topf, angefüllt mit ähnlichen Meinungen, kippt und schließlich eine neue Meldung daraus macht – was denn sonst? Das ist der große Kreislauf der Ohnmacht: Die Nachrichten entlocken uns eine Vielfalt von Meinungen, mit denen wir nur eines tun können – sie wiederum als Stoff für weitere Nachrichten anbieten, mit denen wir ebenfalls nichts anfangen können.

Vor dem Zeitalter der Telegraphie war die Verbindung zwischen Information und Handlungsfähigkeit noch so eng, daß die meisten Menschen glaubten, zumindest einige der Wechselfälle ihres Daseins beherrschen zu können. Worüber die Menschen Bescheid wußten, das hatte einen Handlungswert. In der Informationswelt, die die Telegraphie hervorgebracht hat, ist das Gefühl, handlungsfähig zu sein, gerade deshalb verloren gegangen, weil die ganze Welt zum Kontext für die Nachrichten geworden ist. Von nun an ging jeden alles an. Zum erstenmal wurden uns Informationen übermittelt, die lauter Antworten auf ungestellte Fragen gaben und die uns jedenfalls kein Recht zur Erwiderung einräumten.

Der Beitrag des Telegraphen zum öffentlichen Diskurs, so könnte man sagen, bestand darin, der Belanglosigkeit zu Ansehen zu verhelfen und die Ohnmacht zu verstärken. Aber das war nicht alles: Die Telegraphie machte den öffentlichen Diskurs auch seinem Wesen nach inkohärent. Sie brachte, mit Lewis Mumford zu reden, eine Welt der zerbrochenen Zeit und der zerbrochenen Aufmerksamkeit hervor. Die eigentliche Stärke des Telegraphen bestand darin, Informationen zu übermitteln, nicht darin, sie zu sammeln, zu erläutern oder zu analysieren. In dieser Hinsicht war die Telegraphie das genaue Gegenteil des Buchdrucks. Bücher zum Beispiel sind ausgezeichnete Behältnisse für die Anhäufung, die gelassene Sichtung und systematische Analyse von Informationen und Ideen. Ein Buch schreiben und ein Buch lesen, das braucht Zeit; es braucht Zeit, seinen Inhalt zu erörtern und sich ein Urteil über seinen Wert und über die Form seiner Darstellung zu bilden. Ein Buch ist der Versuch, dem Denken Dauer zu verleihen und einen Beitrag zu dem großen Gespräch zu leisten, das die Autoren der Vergangenheit mit der Gegenwart führen. Überall halten zivilisierte Menschen das Verbrennen von Büchern deshalb für einen der schlimmsten Exzesse von Anti-Intellektualismus. *Der Telegraph jedoch verlangt geradezu, daß wir seine Inhalte verbrennen.* Der Wert der Telegraphie wird unterhöhlt, wenn man sie im Hinblick auf die Dauerhaftigkeit, Kontinuität und Kohärenz ihrer Inhalte prüft. Der Telegraph eignet sich nur zur blitzartigen Übermittlung von Botschaften, die sogleich wieder von aktuelleren Botschaften verdrängt werden. Fakten drängen sich ins Bewußtsein und werden von anderen wieder verdrängt, und zwar mit einem Tempo, das eine eingehende Prüfung weder zuläßt noch fordert.

Der Telegraph brachte einen öffentlichen Diskurs in Gang, der einige seltsame Merkmale aufwies: Seine Sprache war die Sprache der Schlagzeilen – auf Sensationen versessen, bruchstückhaft, unpersönlich. Nachrichten nahmen die Form von Slogans an, die man voller Erregung aufnehmen soll, um sie unverzüglich wieder zu vergessen. Die Sprache dieses Diskurses war diskontinuierlich. Jede Botschaft hatte mit denen, die ihr vorausgingen oder folgten, nichts zu tun. Jede »Schlagzeile« stand für sich, war ihr eigener Kontext. Der Empfänger der Nachricht mußte ihr einen Sinn geben, wenn er dazu imstande war; der

Sender war dazu nicht verpflichtet. Die Welt, wie der Telegraph sie darstellte, erschien deshalb zusehends unlenkbar, sogar unentzifferbar. Die vom Ablauf der Zeilen bestimmte, sequentielle, kontinuierliche Gestalt der Druckseite verlor als Metapher und Muster für die Aneignung von Wissen und das Begreifen der Welt immer mehr von ihrer Bedeutung. »Bescheidwissen« erlangte ein neues Gewicht, und Folgen, Hintergründe, Zusammenhänge zu verstehen, gehörte jetzt nicht mehr dazu. Der telegraphische Diskurs ließ keine Zeit für Betrachtungen aus historischem Blickwinkel und gab dem Qualitativen keine Priorität. Für den Telegraphen bedeutete Intelligenz, von vielem »gehört zu haben«, und nicht, es zu »verstehen«.

So kam es, daß die ehrerbietige Frage, die Morse bei seiner ersten Demonstration des Telegraphen übermittelt hatte – »Was hat Gott geschaffen?« –, eine höchst irritierende Antwort fand: eine Nachbarschaft aus lauter Fremden und eine sinnlose Fülle; eine Welt aus Bruchstücken und Diskontinuitäten. Aber Gott hatte damit natürlich nichts zu tun. Und doch, hätte der Telegraph als Metapher für eine neue Form des Diskurses allein gestanden, so hätte die Buchdruckkultur seinen Ansturm wahrscheinlich abgewehrt oder zumindest ihre Stellung behauptet. Aber fast zur gleichen Zeit, da Morse der Information eine neue Bedeutung gab, schickte sich der Franzose Louis Daguerre an, der Natur, ja, man könnte fast sagen, der Wirklichkeit selbst eine neue Bedeutung zu geben. In einer Erläuterung seines Verfahrens, mit der er Geldgeber anlocken wollte, stellte er 1838 fest: »Die Daguerreotypie ist nicht nur ein Instrument zum Nachzeichnen der Natur, [...] sie verleiht ihr die Fähigkeit, sich selbst zu reproduzieren.«[4]

Mit dem Bedürfnis und der Fähigkeit, die Natur abzubilden, war natürlich schon immer die Reproduktion dieser Natur verbunden, ihre Neugestaltung mit dem Ziel, sie verstehbar und handhabbar zu machen. Die frühesten Höhlenbilder waren wahrscheinlich visuelle Vorgriffe auf eine Jagd, die noch nicht stattgefunden hatte, Wunscherfüllungen einer vorweggenommenen Unterwerfung der Natur. Mit anderen Worten, der Gedanke, die Natur zu reproduzieren, ist sehr alt. Aber für Daguerre bedeutete »Reproduzieren« etwas anderes. Er wollte ankündigen, daß die Photographie jedermann die Fähigkeit verleiht, die Natur, wo und wann es ihm gefällt, zu verdoppeln. Er wollte sagen, daß er das erste Verfahren zum »Klonen« der Realität erfunden habe, daß sich die Photographie zur visuellen Erfahrung so verhalte wie die Druckpresse zum geschriebenen Wort.

In Wirklichkeit wurde die Daguerreotypie (deren Bilder stets Unikate waren) dieser Gleichung noch nicht ganz gerecht. Erst als der englische Mathematiker und Sprachforscher William Henry Fox Talbot ein Verfahren zur Herstellung von Negativen erfunden hatte, von denen sich beliebig viele Positivabzüge herstellen ließen, wurde die Anfertigung und Verbreitung von Photographien in großen Massen möglich.[5] Es war der berühmte Astronom Sir John F. W. Herschel, der dieses Verfahren auf den Namen »Photographie« taufte. Ein merkwürdiger Name, denn eigentlich bedeutet er »Schreiben mit Licht«. Vielleicht meinte Herschel das ironisch, denn es muß von Anfang an klar gewesen sein, daß die Photographie und das Schreiben (wie überhaupt jede Form von Sprache) nicht im gleichen Diskursuniversum beheimatet sind.

Dennoch ist es, seit das Verfahren einen Namen bekommen hat, üblich geworden, die Photographie als eine »Sprache« zu bezeichnen. Diese Metapher ist riskant, denn sie neigt dazu, den fundamentalen Unterschied zwischen diesen beiden Modi des kommunikativen Austauschs zu verwischen. Die Photographie ist eine Sprache, die nur in Einzelheiten spricht. Ihr Bildvokabular beschränkt sich auf die konkrete Darstellung. Anders als Wörter und Sätze liefert uns das Photo keine Idee und keinen Begriff von der Welt, es sei denn, wir bedienen uns wiederum der Sprache, um das Bild in eine Idee zu verwandeln. Das Photo als solches kann mit dem Unsichtbaren, dem Entrückten, dem Inneren, dem Abstrakten nichts anfangen. Es spricht nicht vom »Menschen«, sondern von »einem Mann« oder »einer Frau«; es spricht nicht von »Baum«, sondern von *einem* Baum. Man kann von »der Natur« kein Photo machen, ebensowenig von »dem Meer«. Man kann nur ein bestimmtes Bruchstück des Hier und Jetzt photographieren – eine Klippe in einer bestimmten Gegend, unter bestimmten Lichtverhältnissen; eine Welle in einem Augenblick, aus einem bestimmten Blickwinkel. Und so wie man »die Natur« und »das Meer« nicht photographieren kann, so kann man im Lexikon der Bilder auch nicht über ausgreifende Abstraktionen, etwa Wahrheit, Ehre, Liebe, Falschheit, sprechen. Denn »etwas zeigen« und »über etwas sprechen« sind zwei ganz verschiedene Prozesse. »Bilder«, so hat Gavriel Salomon geschrieben, »muß man erkennen, Wörter muß man verstehen.«[6] Damit will er sagen, daß die Photographie die Welt als Gegenstand präsentiert, während die Sprache sie als Idee präsentiert. Denn noch das einfachste Benennen eines Dinges ist ein Denkakt – zu ihm gehört, daß man ein Ding mit anderen vergleicht, daß man bestimmte gemeinsame Merkmale auswählt, daß man das Unterscheidende außer acht läßt und in der Vorstellung Kategorien schafft. In der Natur gibt es weder »den Menschen« noch »den Baum«. Das Universum enthält solche Kategorien oder Allgemeinbegriffe nicht; es kennt nur ständigen Wandel und unendliche Vielfalt. Die Photographie dokumentiert und zelebriert die Einzelheiten dieser unendlichen Vielfalt; Sprache macht sie begreiflich.

Der Photographie fehlt auch eine Syntax, so daß sie nicht imstande ist, mit der Welt zu diskutieren. Als ein »objektives« Stück Raum-Zeit bezeugt sie, daß jemand an einem bestimmten Ort war oder daß dort etwas geschehen ist. Ihr Zeugnis ist gewichtig, doch es umfaßt keine Stellungnahme – keine Aussagen darüber, wie es hätte sein sollen oder wie es hätte sein können. Die Photographie hat es vor allem mit der Welt der Fakten zu tun, nicht mit Meinungsverschiedenheiten über diese Fakten oder mit Schlußfolgerungen, die man aus ihnen ziehen könnte. Damit ist nicht gesagt, daß die Photographie keine bestimmte epistemologische Tendenz oder Perspektive aufweise. Wie Susan Sontag gesagt hat, setzt eine Photographie voraus,

»daß wir über die Welt Bescheid wissen, wenn wir sie so hinnehmen, wie die Kamera sie aufzeichnet«.[7] Aber, so fährt sie fort, alles Begreifen fängt damit an, daß wir die Welt *nicht* so hinnehmen, wie sie uns erscheint. Natürlich ist die Sprache das Medium, mit dem wir das, was in den Blick kommt, was sich an der Oberfläche befindet, in Zweifel ziehen, bestreiten und ins Kreuzverhör nehmen. Die Wörter »wahr« und »falsch« kommen aus dem Universum der Sprache und aus keinem anderen. Im Hinblick auf ein Photo bedeutet die Frage »Ist es wahr?« nur, ob es die Wiedergabe eines wirklichen Stücks Raum-Zeit ist. Lautet die Antwort »ja«, so gibt es nichts weiter zu sagen, denn es hat keinen Sinn, ein Photo, das nicht gefälscht ist, zu bestreiten. Das Photo selbst macht keine Aussagen, über die sich diskutieren ließe, es gibt keine ausführlichen, unmißverständlichen Kommentare. Es stellt keine Behauptungen auf, die man widerlegen könnte, und ist insofern unwiderleglich.

Die Art, wie das Photo Erfahrung aufzeichnet, unterscheidet sich ebenfalls von der Art, in der die Sprache dies tut. Die Sprache ergibt nur dann Sinn, wenn sie als eine Abfolge von Sätzen präsentiert wird. Die Bedeutung wird verzerrt, wenn man ein Wort oder einen Satz »aus dem Zusammenhang reißt«; wenn man dem Leser oder Zuhörer vorenthält, was vorher gesagt worden ist und nachher gesagt wird. Aber so etwas wie eine aus dem Zusammenhang gerissene Photographie gibt es gar nicht, denn ein Photo verlangt keinen Zusammenhang, keinen Kontext. Der Witz der Photographie liegt geradezu darin, Bilder aus Zusammenhängen herauszulösen, um sie auf andere Weise sichtbar zu machen. In einer Welt der photographischen Bilder, so schreibt Susan Sontag, »erscheinen alle Grenzen [...] willkürlich. Alles kann von allem getrennt werden. Es ist lediglich erforderlich, jedesmal einen anderen Ausschnitt zu zeigen«.[8] Sie weist darauf hin, daß Photos die Realität auf eine eigenartige Weise zu zerstückeln, Augenblicke aus ihren Zusammenhängen herauszusprengen und Ereignisse und Dinge nebeneinanderzustellen vermögen, zwischen denen kein logischer oder historischer Zusammenhang besteht. Wie die Telegraphie erschafft auch die Photographie die Welt neu und macht aus ihr eine Reihe beliebiger, vereinzelter Ereignisse. In der Welt der Photographie gibt es genausowenig einen Anfang, eine Mitte und ein Ende wie in der Welt der Telegraphie. Ihre Welt ist atomisiert. Es gibt nur die Gegenwart, und sie braucht nicht Teil einer erzählbaren Geschichte zu sein.

Daß Bild und Wort unterschiedliche Funktionen haben, daß sie auf unterschiedlichen Abstraktionsebenen operieren und unterschiedliche Reaktionen herausfordern, dürfte niemandem neu sein. Die Malerei ist mindestens dreimal so alt wie das Schreiben, und darüber, daß dem Bild ein bestimmter Platz im Repertoire der Kommunikationswerkzeuge zukommt, war man sich im 19. Jahrhundert durchaus im klaren. Neu war um die Mitte des 19. Jahrhunderts das plötzliche, massive Eindringen der Photographie und anderer Bildformen in die symbolische Umwelt. In seinem wegweisenden Buch *The Image (Das Image oder Was wurde aus dem amerikanischen Traum?)* hat Daniel Boorstin dieses Ereignis als »optische Revolution« bezeichnet. Boorstin will mit diesem Begriff auf den heftigen Angriff aufmerksam machen, den verschiedene Formen von technisch reproduzierten Bildern, die sich in der amerikanischen Kultur ungehindert ausbreiteten – Photos, graphische Blätter, Plakate, Annoncen –, gegen die Sprache führten. Ich verwende das Wort »Angriff« hier mit Vorbedacht, um den Kern dessen, was Boorstin mit seiner »optischen *Revolution*« andeutet, noch mehr hervorzukehren. Die neuen Bildformen mit der Photographie in vorderster Linie traten nicht als bloße Ergänzung von Sprache auf, sie waren vielmehr bestrebt, die Sprache als unser wichtigstes Instrument zur Deutung, zum Begreifen und Prüfen der Realität zu ersetzen. Was Boorstin im Hinblick auf die optische Revolution nur andeutet, möchte ich hier ausdrücklich feststellen: Dadurch, daß das Bild in den Mittelpunkt des Interesses trat, wurden die überkommenen Definitionen der Information, der Nachricht und in erheblichem Umfang der Realität selbst untergraben. Zunächst auf Anschlagbrettern, auf Plakaten und in Annoncen, später in Nachrichtenmagazinen und Zeitungen wie *Life, Look, New York Daily Mirror* oder *New York Daily News* drängte das Bild die Erörterung in den Hintergrund und tilgte sie in einigen Fällen ganz und gar. Gegen Ende des 19. Jahrhunderts hatten Inserenten und Zeitungsleute erkannt, daß ein Bild nicht nur tausend Worte aufwog, sondern – wo es darum ging, etwas zu verkaufen – noch viel mehr wert war. Für zahllose Amerikaner wurde das Sehen, statt des Lesens, zur Grundlage ihrer Überzeugungen.

Auf eigentümliche Weise erwies sich das Photo als die vollkommene Ergänzung zu der Flut telegraphischer Nachrichten aus dem Nirgendwo, zu jenem Meer von Meldungen aus unbekannten Gegenden über unbekannte Menschen mit unbekannten Gesichtern, in dem die Leser zu ertrinken drohten. Denn das Photo verschaffte den fremdartigen Orts- und Datumszeilen eine konkrete Realität und verlieh den unbekannten Namen Gesichter. So erzeugte es zumindest die Illusion, daß »die Nachrichten« mit dem eigenen Erfahrungsbereich etwas zu tun hätten. Es schuf einen Scheinkontext für die »Tagesnachrichten«. Und die »Tagesnachrichten« ihrerseits schufen einen Kontext für das Photo.

Aber der Eindruck von Kontext, den die Partnerschaft von Photographie und Schlagzeile erzeugt, ist natürlich ganz und gar illusorisch. Der Leser kann sich das vielleicht eher verdeutlichen, wenn er sich vorstellt, ein Unbekannter würde ihn davon in Kenntnis setzen, daß der Illyx eine Unterart einer wurmförmigen Pflanze mit gerippten Blättern sei, die auf der Insel Aldononjes vorkomme und alle zwei Jahre blühe. Man stelle sich weiter vor, daß der Informant auf die Frage »Nun gut, aber wozu erzählen Sie mir das?« zur Antwort gibt: »Aber hier habe ich ein Photo, das ich Ihnen zeigen möchte«. Und nun zieht er ein Bild hervor, auf dem zu lesen ist *Illyx auf Aldononjes*. »Ach ja«, murmelt man dann vielleicht, »ich sehe.« Gewiß, das Photo liefert einen Kontext für den Satz, den man gehört hat, und der Satz liefert auch so etwas wie einen Kontext für das Photo, und vielleicht glaubt man auch einen Tag lang, man habe etwas gelernt. Aber wenn das Ereignis ganz für sich steht, ohne jede

Beziehung zu dem, was man schon weiß oder für die Zukunft plant, wenn die Beziehung zu dem Unbekannten damit beendet ist, dann ist der Anschein eines durch die Verbindung von Satz und Bild erzeugten Kontextes ebenso illusorisch wie der damit verknüpfte Eindruck von Bedeutungshaftigkeit. In Wirklichkeit hat man nichts »gelernt« (außer vielleicht, daß man Unbekannten mit Photographien aus dem Weg gehen sollte), und der Illyx verblaßt in der eigenen Vorstellungswelt, als hätte es ihn nie gegeben. Bestenfalls bleibt eine amüsante Belanglosigkeit, die man auf einer Cocktail Party zum besten geben oder zur Lösung eines Kreuzworträtsels verwenden kann, aber zu nichts anderem.

Es ist in diesem Zusammenhang aufschlußreich, daß sich das Kreuzworträtsel in Amerika genau um die Zeit zu einem populären Zeitvertreib entwickelte, als der Telegraph und die Photographie die Nachrichten verwandelt und aus funktionalen Informationen dekontextualisierte Fakten gemacht hatten. Dieses zeitliche Zusammentreffen deutet darauf hin, daß die neuen Technologien das jahrhundertealte Problem der Information auf den Kopf gestellt hatten: Während die Menschen früher nach Informationen suchten, um den realen Kontext ihres Daseins zu erhellen, mußten sie jetzt Kontexte erfinden, in denen sich sonst nutzlose Informationen scheinbar nutzbringend gebrauchen ließen. Das Kreuzworträtsel ist ein derartiger Pseudo-Kontext; die Cocktail Party ist ein anderer; wieder andere sind die Radioquizsendungen der dreißiger und vierziger Jahre und die heutigen Ratespiele im Fernsehen; den Extrempunkt markiert wohl das erfolgreiche Spiel »Trivial Pursuit«. Auf diese oder jene Weise beantworten sie alle die Frage: »Was soll ich mit all diesen zusammenhanglosen Fakten anfangen?« Und im Grunde genommen ist die Antwort immer die gleiche: Warum benutzt du sie nicht zur Zerstreuung? Zur Unterhaltung? Um dich damit zu amüsieren? In einem Spiel? Als wichtigste Hervorbringung der optischen Revolution bezeichnet Boorstin in *The Image* das »Pseudo-Ereignis«. Er versteht darunter ein Ereignis, das eigens inszeniert wird, damit darüber berichtet wird –

etwa die Pressekonferenz. Ich möchte darauf hinweisen, daß ein vielleicht noch bedeutsameres Vermächtnis des Telegraphen und der Photographie der Pseudo-*Kontext* ist. Der Pseudo-Kontext ist eine Struktur, die erfunden wird, um bruchstückhaften, belanglosen Informationen einen Scheinnutzen zuzuordnen. Aber die Nutzanwendung, die sich aus dem Pseudo-Kontext ergibt, zielt nicht auf Handeln, auf das Lösen von Problemen oder auf Veränderung. Sie zielt auf das einzige, was man mit Informationen ohne wirkliche Beziehung zu unserem Dasein tun kann – sich amüsieren. Der Pseudo-Kontext ist gleichsam die letzte Zuflucht einer von Belanglosigkeit, Inkohärenz und Ohnmacht überwältigten Kultur.
Natürlich haben Photographie und Telegraphie das weitläufige Gebäude der vom Buchdruck geprägten Kultur nicht auf einen Schlag niedergerissen. Die Gepflogenheiten der Erörterung hatten, wie ich zu zeigen versucht habe, eine lange Geschichte, und noch um die Jahrhundertwende bestimmten sie weitgehend das Denken der Amerikaner. Die ersten Jahrzehnte des 20. Jahrhunderts waren sogar durch eine Fülle großartiger sprachlicher und literarischer Leistungen gekennzeichnet. Auf den Seiten von Zeitschriften wie *American Mercury* und *The New Yorker,* in den Romanen und Erzählungen von Faulkner, Fitzgerald, Steinbeck und Hemingway und selbst in den Spalten der Zeitungsriesen – des *Herald Tribune,* der *New York Times* – konnte man eine Prosa lesen, die vor Spannkraft und Intensität bebte und Auge und Ohr entzückte. Aber das war der Abgesang auf das Zeitalter der Erörterung, der Nachtigallengesang, der am wundervollsten und lieblichsten dann klingt, wenn dem Sänger der Augenblick des Todes naht. Nicht von neuen Anfängen erzählte dieser Gesang, sondern vom Ende. Unter seiner ersterbenden Melodie erklang eine neue, und Photographie und Telegraphie bestimmten die Tonart. Ihre »Sprache« negierte jeden Zusammenhang, operierte ohne Kontext, behauptete die Irrelevanz von Geschichte, erklärte nichts und bot Faszination anstelle von Komplexität und Kohärenz. Sie formten ein Duett aus Bild und Augenblicklichkeit

und spielten die Melodie einer neuen Art von öffentlichem Diskurs in Amerika.

Alle Medien, die sich Ende des 19. und Anfang des 20. Jahrhunderts am elektronischen Austausch zu beteiligen begannen, schlugen den Weg ein, den ihnen der Telegraph und das Photo gewiesen hatten, und verstärkten deren Tendenz. Einige, etwa der Film, neigten schon aufgrund ihrer inneren Beschaffenheit dazu. Andere, deren Tendenz eher in Richtung einer Verstärkung der rationalen Sprache ging, etwa das Radio, erlagen dem Druck der neuen Epistemologie und trugen schließlich zu ihrer Stützung bei. Insgesamt brachte dieser Komplex elektronischer Technologien eine neue Welt hervor – eine Guckguck-Welt, in der mal dies, mal das in den Blick gerät und sogleich wieder verschwindet. In dieser Welt gibt es kaum Zusammenhänge, kaum Bedeutung; sie fordert uns nicht auf, etwas zu tun, ja, sie läßt es gar nicht zu; wie das Guckguck-Spiel der Kinder ruht sie abgeschlossen in sich. Und zugleich ist sie, wie das Guckguck-Spiel, überaus unterhaltsam.

Gegen das Guckguck-Spiel ist natürlich nichts einzuwenden. Und gegen die Unterhaltung ebensowenig. Oder wie ein Psychologe einmal gesagt hat: Luftschlösser bauen wir alle, problematisch wird es erst, wenn wir versuchen, in ihnen zu *wohnen*. Die Kommunikationsmedien des späten 19. und frühen 20. Jahrhunderts, mit der Telegraphie und der Photographie im Mittelpunkt, brachten die Guckguck-Welt hervor; doch erst mit dem Aufkommen des Fernsehens gingen wir daran, diese Welt zu beziehen und in ihr zu wohnen. Das Fernsehen verschaffte den epistemologischen Tendenzen des Telegraphen und des Photos ihren mächtigsten Ausdruck, indem es das Wechselspiel zwischen Bild und Augenblicklichkeit zur äußersten Perfektion trieb. Und es verschaffte ihnen Eingang in die Privatsphäre. Längst haben wir es mit einer zweiten Generation von Kindern zu tun, für die der Fernseher der erste und zugänglichste Lehrer und vielfach auch der verläßlichste Kamerad und Freund gewesen ist. Um es ganz deutlich zu sagen: Das Fernsehen ist die Leitstelle der neuen Epistemologie. Kein

Publikum ist so jung, daß es vom Fernsehen ausgeschlossen wäre. Keine Armut so tief, daß sie auf das Fernsehen verzichten müßte. Keine Erziehung so erhaben, daß sie vom Fernsehen nicht beeinflußt würde. Und es gibt vor allem kein Thema von öffentlichem Interesse – Politik, Nachrichten, Erziehung, Religion, Wissenschaft, Sport –, das im Fernsehen nicht vorkäme. Und dies bedeutet, daß das Verständnis der Öffentlichkeit für diese Themen durch die Perspektive des Fernsehens geprägt wird.

Auch auf subtilere Weise fungiert das Fernsehen als epistemologische Leitstelle. So wird zum Beispiel die Art, wie wir andere Medien nutzen, in starkem Maße vom Fernsehen bestimmt. Das Fernsehen sagt uns, welches Telephonsystem wir benutzen, welche Filme wir uns ansehen, welche Bücher, Schallplatten und Zeitschriften wir kaufen und welche Radiosendungen wir hören sollen. Kein anderes Medium hätte die Macht, unsere Kommunikationsumwelt so nachhaltig zu organisieren, wie es das Fernsehen tut.

Zur Veranschaulichung ein ironisches Beispiel: In den letzten Jahren haben wir erfahren, daß der Computer die Technologie der Zukunft ist. Man sagt uns, unsere Kinder würden in der Schule versagen und im Leben zurückbleiben, wenn sie nicht »computer-gebildet« sind. Man sagt uns, ohne Computer seien wir nicht imstande, unserem Beruf nachzugehen, unsere Einkaufsliste zusammenzustellen oder unser Scheckbuch in Ordnung zu halten. Vielleicht ist etwas Wahres daran. Aber das Wichtigste im Hinblick auf den Computer und seine Bedeutung für unser Leben ist, daß wir dies alles aus dem Fernsehen erfahren. Das Fernsehen hat den Status eines »Meta-Mediums« erlangt – es ist zu einem Instrument geworden, das nicht nur unser Wissen über die Welt bestimmt, sondern auch unser Wissen darüber, wie man Wissen erlangt.

Gleichzeitig hat das Fernsehen den Status eines »Mythos« im Sinne von Roland Barthes erreicht. Barthes versteht unter Mythos eine Form von Weltverständnis, die unproblematisch ist, deren wir uns nicht völlig bewußt sind, die uns, um es mit einem

Wort zu sagen, natürlich erscheint. Ein Mythos ist eine Denkfigur, die so tief in unserem Bewußtsein verankert ist, daß sie unsichtbar wird. So verhält es sich heute mit dem Fernsehen. Der Apparat als solcher fasziniert uns nicht mehr, setzt uns nicht mehr in Erstaunen. Wir machen kein großes Aufheben von diesem Wunderwerk der Technik. Wir stellen unsere Fernsehgeräte nicht in besonderen Zimmern auf. Wir zweifeln nicht an der Realität dessen, was wir im Fernsehen sehen, und sind uns seines speziellen Blickwinkels kaum bewußt. Selbst die Frage, welchen Einfluß das Fernsehen auf uns hat, ist in den Hintergrund getreten. Schon diese Frage wird manchem merkwürdig erscheinen, so wie die Frage, welchen Einfluß der Besitz von Ohren und Augen auf uns hat. Vor zwanzig Jahren weckte die Frage »Formt das Fernsehen die Kultur oder spiegelt es sie nur wider?« bei vielen Wissenschaftlern und Gesellschaftskritikern beträchtliches Interesse. Das hat sich in dem Maße geändert, wie das Fernsehen selbst zu unserer Kultur geworden ist. So sprechen wir kaum je über das Fernsehen, sondern nur darüber, was im Fernsehen gebracht wird – also über seinen Inhalt. Seine Ökologie dagegen, zu der nicht nur seine äußeren Merkmale und sein symbolischer Code gehören, sondern ebenso die Bedingungen, unter denen wir uns ihm normalerweise zuwenden, betrachtet man als selbstverständlich und nimmt sie wie naturgegeben hin.

Das Fernsehen ist gleichsam zur Hintergrundstrahlung unseres sozialen und intellektuellen Universums geworden, der kaum noch wahrnehmbare Rückstand des elektronischen »großen Knalls« aus dem letzten Jahrhundert; es ist uns so vertraut und in die amerikanische Kultur so ganz und gar integriert, daß wir das schwache Pfeifen im Hintergrund nicht mehr hören und das flackernde blaue Licht nicht mehr sehen. Das wiederum bedeutet, daß die Epistemologie des Fernsehens weitgehend unbemerkt bleibt. Und die Guckguck-Welt, die es um uns errichtet hat, kommt uns nicht einmal mehr seltsam vor.

Die beunruhigendste Konsequenz der elektronischen und optischen Revolution ist diese: daß uns die vom Fernsehen vermittelte Welt natürlich erscheint und nicht bizarr. Daß uns das Gefühl für die Seltsamkeit dieser Veranstaltung abhanden gekommen ist, ist ein Zeichen von Anpassung. Und daran, wie stark wir uns angepaßt haben, läßt sich ermessen, wie sehr wir uns verändert haben. Es ist durchaus nicht schwierig, die Anpassung unserer Kultur an die Epistemologie des Fernsehens zu erkennen; wir haben uns seine Definitionen von Wahrheit, Wissen und Wirklichkeit so gründlich zu eigen gemacht, daß uns die Belanglosigkeit von tiefem Sinn und die Inkohärenz von tiefer Vernunft erfüllt scheinen. Und wenn sich manche Institutionen in die Schablonen der Zeit nicht fügen wollen, nun, dann erscheinen *sie* uns gestört und seltsam, und nicht etwa die Schablonen.

In den folgenden Kapiteln möchte ich die Epistemologie des Fernsehens wieder sichtbar machen. Ich möchte an konkreten Beispielen zeigen, daß zwischen der Art, wie das Fernsehen mit Wissen umgeht, und der Art, wie der Buchdruck dies tut, eine unversöhnliche Gegnerschaft besteht; daß die Kommunikationsformen des Fernsehens der Inkohärenz und Trivialität Vorschub leisten; daß der Ausdruck »seriöses Fernsehen« ein Widerspruch in sich ist; und daß das Fernsehen immer im gleichen Tonfall spricht – im Tonfall der Unterhaltung. Außerdem möchte ich zeigen, daß in Amerika eine kulturelle Institution nach der anderen die Sprache der großen Fernsehkommunikation erlernt, um sich an ihr beteiligen zu können. Mit anderen Worten, das Fernsehen ist dabei, unsere Kultur in eine riesige Arena für das Showbusiness zu verwandeln. Es ist natürlich möglich, daß wir das am Ende ganz herrlich finden und es gar nicht mehr anders haben wollen. Genau das hat Aldous Huxley vor fünfzig Jahren befürchtet.

Zweiter Teil

6. Kapitel

Das Zeitalter des Showbusiness

Ein Bekannter von mir, ein eifriger Student, kam am Tag vor einer wichtigen Prüfung abends in seine kleine Wohnung zurück und mußte feststellen, daß seine einzige Lampe kaputtgegangen war und sich nicht reparieren ließ. Nach einem kurzen Anfall von Panik gelang es ihm, seinen Gleichmut ebenso wie seine Aussichten auf eine befriedigende Note wiederherzustellen: Er schaltete den Fernseher ein, drehte den Ton ab, und mit dem Rücken zum Gerät nutzte er dessen Licht, um noch einmal die wichtigsten Passagen nachzulesen, zu denen er befragt werden würde. So kann man den Fernseher benutzen – zur Beleuchtung einer Buchseite.
Der Bildschirm ist jedoch mehr als eine Lichtquelle. Er ist eine glatte, fast ebene Fläche, auf der auch gedruckte Wörter gezeigt werden können. Wir alle haben schon einmal in einem Hotel gewohnt, wo der Fernseher einen speziellen Kanal besitzt, auf dem die Tagesereignisse in endlos über den Bildschirm wandernden Buchstaben beschrieben werden. Auch so kann man den Fernseher benutzen – als elektronisches Schwarzes Brett.
Viele Fernsehgeräte sind groß und stabil genug, um das Gewicht einer kleinen Bibliothek auszuhalten. Auf einer altmodischen RCA-Fernsehtruhe kann man ohne weiteres 30 Bücher deponieren, und ich kenne eine Frau, die ihre ganze Sammlung

mit Werken von Dickens, Flaubert und Turgenjew auf einem 53 cm-Westinghouse untergebracht hat. Auch so kann man den Fernseher benutzen – als Bücherbord.

Ich erwähne diese verwegenen Varianten der Fernsehnutzung, um die von manchen gehegte Hoffnung ad absurdum zu führen, das Fernsehen könne durchaus zur Stützung der traditionellen Formen von Bildung gebraucht werden. Diese Hoffnung entspricht genau dem, was Marshall McLuhan »Rückspiegeldenken« genannt hat. Das »Rückspiegeldenken« geht davon aus, daß ein neues Medium lediglich die Fortsetzung oder Erweiterung eines älteren sei, und sieht im Auto nur ein schnelles Pferd oder in der Glühbirne eine besonders starke Kerze. In diesen Fehler zu verfallen hieße in unserem Zusammenhang, völlig zu verkennen, auf welche Weise das Fernsehen eine Neubestimmung des öffentlichen Diskurses vollbringt. Weder setzt das Fernsehen die Schriftkultur fort, noch erweitert es sie. Es attackiert sie. Wenn das Fernsehen überhaupt etwas fortführt, dann jene Tradition, die mit dem Telegraphen und der Photographie um die Mitte des 19. Jahrhunderts einsetzte, und nicht die, die im 15. Jahrhundert mit der Druckpresse begann.

Was ist das Fernsehen? Welche Arten von kommunikativem Austausch läßt es zu? Welche intellektuellen Tendenzen begünstigt es? Was für eine Kultur bringt es hervor?

Das sind Fragen, mit denen wir uns im folgenden beschäftigen wollen, und um dabei möglichst wenig Verwirrung aufkommen zu lassen, möchte ich zunächst den Unterschied zwischen einer Technik und einem Medium verdeutlichen. Man könnte es so formulieren: Die Technik verhält sich zum Medium wie das Gehirn zum Verstand oder zum Denken. So wie das Gehirn ist die Technik ein gegenständlicher Apparat. So wie der Verstand ist das Medium die Art und Weise, in der man einen solchen materiellen Apparat gebraucht. Die Technik wird zum Medium, indem sie sich eines bestimmten symbolischen Codes bedient, indem sie ihren Ort in einer bestimmten sozialen Umgebung findet und indem sie in bestimmten ökonomischen und politischen Kontexten Fuß faßt. Mit anderen Worten, die Technik ist bloß

eine Maschine; das Medium ist die soziale und intellektuelle Umwelt, die von einer Maschine hervorgebracht wird.
Nun weist jede Technik, wie das Gehirn selbst, eine bestimmte innere Tendenz oder Perspektive auf. In ihrer materiellen Form sind bestimmte Nutzungsmöglichkeiten angelegt und andere nicht. Nur wer nichts über die Geschichte der Technik weiß, kann annehmen, eine Technik sei neutral. Es gibt einen alten Witz, der diese naive Ansicht aufs Korn nimmt. Thomas Edison, so lautet er, hätte seine Erfindung der Glühbirne viel früher bekanntgegeben, wenn er sich die Glühbirne beim Einschalten nicht jedesmal vor den Mund gehalten und »Hallo? Hallo?« gesagt hätte.
Eher unwahrscheinlich! Jede Technik hat ihre eigene Logik. Sie ist, wie gesagt, eine Metapher, die darauf wartet, sich zu entfalten. Die Druckpresse zum Beispiel hatte offensichtlich eine Tendenz, die auf ihre Nutzung als sprachliches Medium hinauslief. Natürlich ist es *vorstellbar,* daß man sie ausschließlich zur Wiedergabe von Bildern verwendet. Und man kann sich vorstellen, daß die römisch-katholische Kirche im 16. Jahrhundert nichts dagegen gehabt hätte, sie so einzusetzen. Wäre dies geschehen, so hätte die protestantische Reformation vielleicht nie stattgefunden. Aber wenn jeder Christ Gottes Wort daheim auf dem Tisch haben konnte – und dafür kämpfte Luther –, dann war kein Papst vonnöten, um es zu deuten. In Wirklichkeit jedoch war es nie sehr wahrscheinlich, daß die Druckpresse allein oder auch nur vorrangig zur Vervielfältigung von Heiligenbildern gebraucht werden würde. Seit ihrer Erfindung im 15. Jahrhundert hat man in ihr eine hervorragende Chance erkannt, geschriebene Sprache zu veröffentlichen und in weiten Kreisen zu verbreiten. Alle ihre technischen Möglichkeiten wiesen in diese Richtung. Man könnte fast sagen, daß sie zu diesem Zweck erfunden wurde.
Auch die Technik des Fernsehens weist eine bestimmte Tendenz auf. Es ist vorstellbar, das Fernsehgerät als Lampe, als Fläche, auf der Texte gezeigt werden, als Bücherbord oder als Radio zu verwenden. Aber so ist das Fernsehen nicht verwen-

det worden, und so wird man es auch in Zukunft nicht verwenden. Jedenfalls nicht in Amerika. Wenn wir also die Frage »Was ist das Fernsehen?« beantworten wollen, müssen wir zunächst begreifen, daß es hier nicht um das Fernsehen als Technik, sondern um das Fernsehen als Medium geht. In vielen Ländern der Erde unterscheidet sich das Medium Fernsehen, obwohl die Technik überall die gleiche ist wie in Amerika, ganz erheblich von dem, was wir kennen. Ich meine Länder, in denen die meisten Leute kein Fernsehgerät besitzen oder allenfalls eines, mit dem man nur einen Sender empfangen kann, der nicht rund um die Uhr Programme ausstrahlt; Länder, in denen die meisten Sendungen dazu dienen, Ideologie und Politik der Regierung direkt zu unterstützen, in denen man kein Werbefernsehen kennt und »sprechende Köpfe« den Bildschirm beherrschen; Länder, in denen das Fernsehen hauptsächlich wie ein Radio benutzt wird. Aus diesen und anderen Gründen kann das Fernsehen dort nicht die gleiche Bedeutung und den gleichen Einfluß erlangen wie in Amerika – und das heißt, man kann eine Technik so nutzen, daß die Entfaltung ihrer Potentiale verhindert wird und ihre sozialen Auswirkungen auf ein Minimum beschränkt bleiben.

In Amerika ist dies jedoch nie der Fall gewesen. Eine freiheitliche Demokratie und eine relativ freie Marktwirtschaft boten dem Fernsehen einen Nährboden, auf dem seine Potentiale als Technologie der Bilder sich vollständig entfalten konnten. Das hat dazu geführt, daß amerikanische Fernsehsendungen auf der ganzen Welt sehr gefragt sind. Der Export von US-Fernsehsendungen liegt bei 100000 bis 200000 Stunden, die sich gleichmäßig auf Lateinamerika, Asien und Europa verteilen.[1] Im Laufe der Jahre sind Sendungen wie *Gunsmoke, Bonanza, Mission: Impossible, Star Trek, Kojak* und in jüngerer Zeit *Dallas* und *Denver Clan* in England, Japan, Israel und Norwegen genauso populär geworden wie in Omaha, Nebraska. Wie ich gehört (allerdings nicht nachgeprüft) habe, sollen die Lappen vor ein paar Jahren ihre alljährliche und vermutlich lebenswichtige Wanderung nach Norden um ein paar Tage verschoben haben, weil sie mitbekommen wollten, wer J. R. niedergeschossen hat. All dies geschieht, während gleichzeitig das moralische und politische Ansehen Amerikas in der ganzen Welt sinkt. Amerikanische Fernsehsendungen sind nicht deshalb gefragt, weil Amerika so beliebt ist, sondern weil das amerikanische Fernsehen so beliebt ist.

Warum das so ist, läßt sich unschwer erraten. Wenn man sich amerikanische Fernsehsendungen anschaut, kommt einem in den Sinn, was George Bernard Shaw sagte, als er zum erstenmal die flimmernden Neonlichter auf dem abendlichen Broadway und in der 42nd Street sah: »Es muß wundervoll sein, wenn man nicht lesen kann.« Das amerikanische Fernsehen ist tatsächlich ein Genuß fürs Auge, ein wundervolles Schauspiel, das an jedem Sendetag Tausende von Bildern verströmt. Die durchschnittliche Länge einer Kameraeinstellung in den Sendungen der großen Fernsehgesellschaften beträgt nur 3,5 Sekunden, so daß das Auge nie zur Ruhe kommt, stets etwas Neues zu sehen bekommt. Außerdem bietet das Fernsehen den Zuschauern eine Vielfalt von Themen, stellt minimale Anforderungen an das Auffassungsvermögen und will vor allem Gefühle wecken und befriedigen. Selbst die Werbespots, die mancher als lästig empfindet, sind raffiniert gemacht, stets angenehm fürs Auge und mit erregender Musik unterlegt. Die beste Photographie der Welt bekommt man heutzutage zweifellos in der Fernsehwerbung zu sehen. Mit anderen Worten, das amerikanische Fernsehen hat sich ganz und gar der Aufgabe verschrieben, sein Publikum mit Unterhaltung zu versorgen.

Wenn man sagt, das Fernsehen sei unterhaltsam, dann ist das zunächst nichts weiter als eine Banalität. Aus dieser Tatsache ergibt sich noch keine Bedrohung für die Kultur, und es würde sich nicht einmal lohnen, ein Buch darüber zu schreiben. Man könnte sich sogar darüber freuen. Unser Weg durchs Leben ist, wie man so sagt, nicht mit Blumen bestreut. Und der Anblick einiger Blüten hier und da macht uns die Reise leichter. So dachten gewiß auch die Lappen. Und so denken, wie man annehmen darf, auch die 90 Millionen Amerikaner, die Abend für

Abend fernsehen. Aber mir geht es hier nicht darum, daß das Fernsehen unterhaltsam ist, sondern darum, daß es die Unterhaltung zum natürlichen Rahmen jeglicher Darstellung von Erfahrung gemacht hat. Unser Fernsehapparat sichert uns eine ständige Verbindung zur Welt, er tut dies allerdings mit einem durch nichts zu erschütternden Lächeln auf dem Gesicht. Problematisch am Fernsehen ist nicht, daß es uns unterhaltsame Themen präsentiert, problematisch ist, daß es jedes Thema als Unterhaltung präsentiert.
Um es anders zu formulieren: Das Entertainment ist die Superideologie des gesamten Fernsehdiskurses. Gleichgültig, was gezeigt wird und aus welchem Blickwinkel – die Grundannahme ist stets, daß es zu unserer Unterhaltung und unserem Vergnügen gezeigt wird. Deshalb fordern uns die Sprecher sogar in den Nachrichtensendungen, die uns täglich Bruchstücke von Tragik und Barbarei ins Haus liefern, dazu auf, »morgen wieder dabeizusein«. Wozu eigentlich? Man sollte meinen, daß einige Minuten, angefüllt mit Mord und Unheil, Stoff genug für einen Monat schlafloser Nächte bieten. Aber wir nehmen die Einladung des Nachrichtensprechers an, weil wir wissen, daß wir die »Nachrichten« nicht ernstzunehmen brauchen, daß sie sozusagen nur zum Vergnügen da sind. Der ganze Aufbau einer Nachrichtensendung gibt uns das zu verstehen: das gute Aussehen und die Liebenswürdigkeit der Sprecher, die netten Scherze, die aufregende Anfangs- und Schlußmusik der Show, die abwechslungsreichen Filmbeiträge, die attraktiven Werbespots – das alles und manches mehr erweckt den Eindruck, daß das, was wir eben gesehen haben, kein Grund zum Heulen sei. Kurzum, die Nachrichtensendung ist ein Rahmen für Entertainment und nicht für Bildung, Nachdenken oder Besinnung. Und wir dürfen nicht zu hart über diejenigen urteilen, die sie so gestaltet haben. Sie stellen Nachrichten nicht zusammen, damit man sie liest, sie senden sie auch nicht im Radio, damit man sie hört. Sie übertragen sie im Fernsehen, damit man sie sieht. Sie müssen der Richtung folgen, die ihnen ihr Medium vorzeichnet. Dahinter steckt weder böse Absicht noch mangelnde Intelligenz, son-

dern die klare Erkenntnis, daß »gutes Fernsehen« nichts mit dem zu tun hat, was man im Hinblick auf Erörterung, Urteilsbildung oder andere Formen sprachlicher Kommunikation als »gut« bezeichnen würde, sehr viel dagegen mit der Wirkungsweise von Bildern.

Ich möchte diesen Punkt an der achtzigminütigen Diskussion veranschaulichen, die die Fernsehgesellschaft ABC im Anschluß an den umstrittenen Kinofilm *Der Tag danach* am 20. November 1983 brachte. Obwohl sich nur noch wenige an diese Sendung erinnern werden, wähle ich sie als Beispiel aus, denn hier zeigte sich das Fernsehen offenkundig von seiner »ernsthaften« und »verantwortungsbewußten« Seite. Alles an dieser Sendung legt es nahe, an ihr zu prüfen, inwiefern das Fernsehen in der Lage ist, sich vom Modus der Unterhaltung zu lösen und sich auf das Niveau einer ernsthaften Unterrichtung der Öffentlichkeit zu erheben. Erstens war ihr Thema die Möglichkeit eines atomaren Holocausts. Zweitens war der Film selbst von mehreren einflußreichen politischen Gruppierungen attackiert worden, unter ihnen auch Reverend Jerry Falwells »Moralische Mehrheit«. Deshalb kam es für die Fernsehanstalt darauf an, den Wert des Fernsehens als Medium für Information und kohärenten Diskurs und seine ernsthaften Absichten unter Beweis zu stellen. Drittens gab es während der Sendung selbst keine Hintergrundmusik – ein wesentlicher Punkt, denn fast alle Fernsehsendungen sind mit Musik untermalt, die dem Publikum zu verstehen gibt, welchen Gefühlen es nachgeben soll. Als Mittel der Regieführung ist die Musik so selbstverständlich, daß ihr Fehlen stets beunruhigend wirkt. Viertens gab es während der Diskussion keine Werbespots, wodurch eine von Ehrfurcht erfüllte Stimmungslage erzeugt wurde, wie sie normalerweise den Begräbnisfeierlichkeiten für ermordete Präsidenten vorbehalten bleibt. Und schließlich gehörten zu den Diskussionsteilnehmern Henry Kissinger, Robert McNamara und Elie Wiesel, jeder auf seine Weise ein Sinnbild ernsthafter Diskursführung. Obwohl Kissinger einige Zeit später einen Auftritt in der Erfolgsserie *Denver Clan* hatte, war er

damals ein Muster intellektueller Nüchternheit und ist es noch heute; und Wiesel ist im Grunde das leibhaftige soziale Gewissen. Auch die anderen in der Runde, Carl Sagan, William Buckley und General Brent Scowcroft, sind Männer mit intellektuellem Einfluß, von denen man nicht erwarten würde, daß sie sich an trivialen öffentlichen Veranstaltungen beteiligen.
Zu Beginn der Sendung erklärte Ted Koppel, gleichsam als Zeremonienmeister, das Folgende sei nicht als »Debatte«, sondern als »Diskussion« gedacht. Und wer sich für die Theorie des Diskurses interessierte, dem bot sich nun eine günstige Gelegenheit, herauszufinden, was seriöses Fernsehen unter dem Begriff »Diskussion« versteht. Es versteht darunter folgendes: Jeder der sechs Männer bekam ungefähr fünf Minuten, um etwas zum Thema zu sagen. Worin das Thema nun aber genau bestand, darüber hatte man sich nicht geeinigt, und niemand fühlte sich verpflichtet, auf das einzugehen, was die anderen gesagt hatten. Das wäre auch schwierig gewesen: Die Teilnehmer wurden nämlich wie die Finalisten bei einem Schönheitswettbewerb der Reihe nach aufgerufen, und jeder bekam die ihm zugestandene Redezeit vor der Kamera. Hätte also Elie Wiesel, der als letzter aufgerufen wurde, auf das eingehen wollen, was der zuerst aufgerufene William Buckley gesagt hatte, so hätten vier Stellungnahmen von insgesamt rund 20 Minuten Länge dazwischengestanden, und das Publikum (wenn nicht gar Elie Wiesel selbst) hätte gewiß Schwierigkeiten gehabt, sich an die Argumentation zu erinnern, die ihn zu seiner Erwiderung veranlaßte. Tatsächlich vermieden es die Teilnehmer – die fast alle nicht zum ersten Mal vor der Kamera standen – im großen und ganzen, sich auf die Thesen der anderen einzulassen. Sie verbrachten ihre ersten Minuten und auch die folgenden damit, ihre hohe Stellung ins Licht zu rücken oder Eindruck zu schinden. Dr. Kissinger zum Beispiel war offensichtlich bemüht, bei den Zuschauern Bedauern darüber hervorzurufen, daß sie ihn nicht mehr als Außenminister hatten, indem er ständig an Bücher erinnerte, die er einst geschrieben, an Vorschläge, die er einst unterbreitet, und an Verhandlungen,

die er einst geführt hatte. Mr. McNamara informierte das Publikum, daß er noch am selben Nachmittag in Deutschland gespeist habe, und fuhr dann fort, er habe mindestens 15 Vorschläge zur Reduzierung der Atomwaffen. Man sollte meinen, daß sich die Diskussion nun diesen Vorschlägen zuwandte; doch die anderen schienen an ihnen genausowenig interessiert wie an der Frage, was er in Deutschland zu essen bekommen hatte. (Später faßte er sich ein Herz und nannte drei seiner Vorschläge, sie wurden jedoch nicht diskutiert.) Elie Wiesel hob in einer Reihe gleichnishafter Einlassungen und Paradoxa die Tragik des menschlichen Daseins hervor; weil ihm aber nicht die Zeit blieb, seine Äußerungen in einen größeren Zusammenhang zu stellen, wirkte er weltfremd und verwirrt und hinterließ den Eindruck eines wandernden Rabbi, der unter die Heiden geraten ist.

Mit anderen Worten, dies war keine Diskussion im üblichen Sinne des Wortes. Selbst als der »Diskussionsteil« begann, gab es keine Argumente oder Gegenargumente, kein sorgfältiges Abwägen von Voraussetzungen, keine Erklärungen, keine ausführlichen Darlegungen, keine Definitionen. Die meiner Meinung nach kohärenteste Stellungnahme kam von Carl Sagan – eine vierminütige Begründung für das »Einfrieren von Atomwaffen« –, sie enthielt jedoch mindestens zwei fragwürdige Annahmen und wurde nicht sorgfältig geprüft. Offensichtlich wollte niemand von den eigenen wenigen Minuten etwas opfern, um auf das einzugehen, was die anderen in ihrer knapp bemessenen Zeit gesagt hatten. Ted Koppel seinerseits fühlte sich verpflichtet, die »Show« in Gang zu halten, und obwohl er gelegentlich etwas, das er als einen Gedankengang identifiziert hatte, aufgriff, ging es ihm doch vor allem darum, die Zeit zwischen den Gesprächsteilnehmern gerecht zu verteilen.

Aber die zeitlichen Beschränkungen allein bringen eine solche bruchstückhafte, diskontinuierliche Sprache nicht hervor. Es liegt schon beinahe außerhalb der Grenzen des Erlaubten, in einer Fernsehsendung zu sagen: »Lassen Sie mich darüber nachdenken«, »Ich weiß nicht«, »Was meinen Sie, wenn Sie

sagen...?« oder »Aus welcher Quelle stammt Ihre Information?« Diese Art von Diskurs verlangsamt nicht nur das Tempo der Show, sie erzeugt auch einen Eindruck von Unsicherheit oder »fehlendem Pfiff«. Sie zeigt Menschen, *während sie nachdenken* – und das ist im Fernsehen ebenso irritierend und langweilig wie auf einer Bühne in Las Vegas. Denken kommt auf dem Bildschirm nicht gut an, das haben die Programmdirektoren schon vor langer Zeit herausgefunden. Es gibt dabei nicht viel zu *sehen*. Mit einem Wort, Denken ist keine darstellende Kunst. Doch das Fernsehen erfordert die Kunst der Darstellung, und so führte uns die Fernsehanstalt ABC vor, wie das Bild, das man sich von sprachgewandten Männern mit großer politischer Urteilskraft macht, ins Wanken gerät, wenn ein Medium sie zwingt, einen Auftritt zu absolvieren, statt Gedanken zu entwickeln. So erklärt sich auch, warum diese 80 Minuten überaus unterhaltsam waren, so wie ein Stück von Samuel Bekket: Über allem schwebt ein gravitätischer Ernst, der Sinn übersteigt jedes Verständnis. Zweifellos waren die Auftritte höchst professionell. Sagan verzichtete auf den Rollkragenpullover, mit dem er sich in der Sendung *Kosmos* präsentiert hatte. Ja, er hatte sich sogar die Haare schneiden lassen. Er spielte die Rolle des rationalen Wissenschaftlers, der im Namen des Planeten spricht. Ob Paul Newman sie besser gespielt hätte, ist fraglich, obwohl Leonard Nimoy es vielleicht geschafft hätte. Scowcroft gab sich geziemend militärisch – präzise und distanziert, als der unermüdliche Verteidiger der nationalen Sicherheit. Kissinger brillierte wie immer in der Rolle des welterfahrenen Staatsmannes, der es müde ist, dem Unheil als einziger die Stirn zu bieten. Geradezu meisterhaft spielte Koppel den Moderator, tat so, als ordne und gliedere er Gedankengänge, während er in Wirklichkeit bloß für einen reibungslosen Ablauf der Vorstellung sorgte. Am Ende konnte man nur noch Beifall klatschen, und genau das will eine gute Fernsehsendung ja stets erreichen: Applaus, nicht Nachdenklichkeit.
Ich behaupte nicht, daß es unmöglich ist, kohärente Sprache oder Gedanken, die erst im Entstehen sind, im Fernsehen zu

übermitteln. William Buckleys eigene Sendung *Firing Line* zeigt gelegentlich Menschen, die sich im Visier der Kamera befinden, obwohl sie gerade nachdenken. Es gibt andere Sendungen, zum Beispiel *Meet the Press* oder *The Open Mind,* die sich offenkundig bemühen, intellektuellen Stil und die Tradition des Buchdrucks zu bewahren; sie werden allerdings so ins Programm eingebaut, daß sie mit Sendungen von großer optischer Anziehungskraft nicht konkurrieren, denn sonst würde sie niemand anschauen. Schließlich kommt es zuweilen vor, daß die Konzeption einer Sendung in einen Gegensatz zu dem Medium gerät, das sie überträgt. In der beliebtesten Radiosendung der frühen vierziger Jahre trat zum Beispiel ein Bauchredner auf, und mehr als einmal habe ich damals in *Major Bowe's Amateur Hour* die Sprünge von Steptänzern gehört. (Wenn ich mich nicht irre, wurde dort sogar einmal ein Pantomime vorgestellt.) Bauchreden, Tanz und Pantomime kommen im Radio jedoch genauso schlecht an wie längere, komplizierte sprachliche Darlegungen im Fernsehen. Eine leidlich gute Wirkung läßt sich erzielen, wenn man nur eine Kamera verwendet und die Einstellung nicht verändert – wie es geschieht, wenn der Präsident eine Rede hält. Aber in Höchstform ist das Fernsehen hier nicht, und es ist auch nicht die Art von Fernsehen, die die Leute gerne sehen möchten. Für das Fernsehen kommt es einzig und allein darauf an, daß die Leute *zusehen,* deshalb heißt es ja auch Fern*sehen.* Und was sie sehen und sehen wollen, sind laufende Bilder – Millionen laufender Bilder, in schnellem Wechsel und dynamischer Vielfalt. Aus dem Wesen dieses Mediums ergibt sich, daß es den Gehalt von Ideen unterdrücken muß, um den Ansprüchen optischer Anziehungskraft, das heißt: den Wertmaßstäben des Showgeschäfts, zu genügen.

Kino, Schallplatten und Radio (letzteres heutzutage ein Anhängsel der Musikindustrie) sind natürlich ebenfalls darauf aus, die Kultur mit Unterhaltung zu versorgen, und ihr Einfluß auf den Stilwandel des amerikanischen Diskurses ist nicht unerheblich. Aber mit dem Fernsehen verhält es sich noch anders, weil sich das Fernsehen auf alle Diskursformen erstreckt. Niemand geht ins Kino, um etwas über die Politik der Regierung oder über die jüngsten Fortschritte der Naturwissenschaften zu erfahren. Niemand kauft eine Schallplatte, weil er sich über die Baseball-Tabelle, die Wetteraussichten oder den neuesten Mordfall zu informieren wünscht. Kein Mensch schaltet heute noch das Radio ein, um sich eine »Seifenoper« oder eine Ansprache des Präsidenten anzuhören (sofern ein Fernseher in der Nähe ist). Aber alle setzen sich wegen dieser und vieler anderer Anlässe vor den Fernseher, und deshalb ist die Resonanz des Fernsehens innerhalb der gesamten Kultur so stark. Das Fernsehen ist für unsere Kultur zur wichtigsten Form der Selbstverständigung geworden. Deshalb – das ist der entscheidende Punkt – wird die Art, wie das Fernsehen die Welt in Szene setzt, zum Modell dafür, wie die Welt recht eigentlich aussehen sollte. Es geht nicht bloß darum, daß das Entertainment auf dem Bildschirm zur Metapher für jeglichen Diskurs wird. Es geht darum, daß diese Metapher auch jenseits des Bildschirms dominiert. Wo früher der Buchdruck den Stil im Umgang mit Politik, Religion, Wirtschaft, Bildung, Recht und anderen wichtigen Angelegenheiten der Gesellschaft vorschrieb, gebietet heute das Fernsehen. In Gerichtssälen, Klassenzimmern, Operationssälen, Sitzungssälen, Kirchen und selbst im Flugzeug sprechen die Amerikaner nicht miteinander, sie unterhalten einander. Sie tauschen keine Gedanken aus; sie tauschen Bilder aus. Sie argumentieren nicht mit Sätzen; sie argumentieren mit gutem Aussehen, Prominenz und Werbesprüchen. Denn die Botschaft des Fernsehens als Metapher besagt nicht nur, daß die Welt eine Bühne ist, sondern auch, daß diese Bühne in Las Vegas, Nevada, steht.

In Chicago zum Beispiel mischt Reverend Greg Sakowicz, ein katholischer Priester, seine religiösen Unterweisungen mit Rock'n Roll-Musik. Laut Associated Press ist Hochwürden Sakowicz sowohl Seelsorger an der Heilig-Geist-Kirche in Schaumberg (einem Vorort von Chicago) als auch Diskjockey beim Sender WKQX. In seiner Sendung *The Journey Inward* plaudert Vater Sakowicz über Themen wie familiäre Beziehun-

gen und Verantwortung und durchsetzt seine Predigten mit »den Klängen von Billboard's Top Ten«. Er wolle nicht »wie in der Kirche« predigen, erklärt er und fügt hinzu: »Frommsein heißt doch nicht, daß man langweilig sein muß.«
Unterdessen setzte sich in der St. Patricks Kathedrale von New York im Trubel seiner Einsetzung als Erzbischof von New York Vater John J. O'Connor eine Baseballkappe der New Yorker Yankees auf. Er ließ einige Witze vom Stapel, von denen zumindest einer speziell auf den Bürgermeister von New York, Edward Koch, gemünzt war, der sich unter den Zuhörern des Erzbischofs befand, d. h. Gemeindemitglied war. Bei seinem nächsten öffentlichen Auftritt stülpte sich der neue Erzbischof dann eine Mütze der Mets, des zweiten New Yorker Baseball-Teams, über. Das alles wurde selbstverständlich im Fernsehen gebracht, und es war überaus unterhaltsam, vor allem weil Erzbischof O'Connor noch einen Schritt weiterging als der priesterliche Diskjockey; während dieser gemeint hatte, man brauche nicht langweilig zu sein, um fromm zu sein, ist der Erzbischof offenbar der Meinung, man brauche überhaupt nicht fromm zu sein.
In Phoenix, Arizona, führte Dr. Edward Dietrich eine komplizierte Bypass-Operation bei Bernard Schuler aus. Zur Freude von Mr. Schuler war die Operation erfolgreich. Und zur Freude Amerikas wurde sie im Fernsehen übertragen. Mindestens fünfzig amerikanische Fernsehstationen und sogar die British Broadcasting Company zeigten die Operation. Ein zweiköpfiges Sprecherteam hielt die Zuschauer darüber auf dem laufenden, was auf dem Bildschirm zu sehen war. Warum dieses Ereignis im Fernsehen übertragen wurde, war nicht klar, jedenfalls machte es sowohl Dr. Dietrich als auch den Brustkasten von Mr. Schuler prominent. Vielleicht weil Mr. Schuler zu viele Ratgebersendungen mit Ärzten im Fernsehen gesehen hatte, war er im Hinblick auf den Ausgang des chirurgischen Eingriffs ungemein zuversichtlich: »Zum Teufel, bei einer Live-Sendung können sie mich einfach nicht hopsgehen lassen.«[2]
Wie sowohl WCBS-TV als auch WNBC-TV 1984 mit großer

Begeisterung berichteten, haben die Public Schools in Philadelphia ein Experiment begonnen, bei dem den Kindern der Lernstoff vorgesungen wird. Es wurde gezeigt, wie mit Walkmen ausgerüstete Schüler sich Rockmusik anhörten, deren Text von den acht Wortarten handelte. Mr. Jocko Henderson, der sich das ausgedacht hatte, beabsichtigt, die Schüler außerdem bald dadurch zu beglücken, daß er Mathematik, Geschichte und Englisch den strengen Formen der Rockmusik unterwirft. In Wirklichkeit stammt diese Idee allerdings gar nicht von Mr. Henderson. Die Pionierarbeit leistete der Children's Television Workshop, dessen Sendung *Sesam Straße* auf eine recht kostspielige Weise den Beweis antritt, daß Bildung und Unterhaltung sich nicht voneinander unterscheiden lassen. Dennoch kann Mr. Henderson einen Punkt für sich verbuchen: Während *Sesam Straße* nur versucht, aus dem Lesenlernen eine Form der leichten Unterhaltung zu machen, will der Versuch in Philadelphia das Klassenzimmer selbst in ein Rock-Konzert verwandeln.

In New Bedford, Massachusetts, wurde ein Prozeß wegen Vergewaltigung im Fernsehen übertragen – zur Freude der Zuschauer, die den Unterschied zwischen diesem Prozeß und ihrer Lieblingsfernsehserie im Nachmittagsprogramm wohl kaum hätten benennen können. In Florida werden Gerichtsverfahren wegen unterschiedlich schwerer Vergehen, auch Mordsachen, regelmäßig im Fernsehen gezeigt, und man hält sie allgemein für unterhaltsamer als die meisten fiktiven Gerichtsfernsehspiele. Das alles geschieht im Interesse der »Allgemeinbildung«. Mit der gleichen erhabenen Zielsetzung plant man, wie gerüchteweise verlautet, demnächst Beichten im Fernsehen zu übertragen. Als Titel ist »Geheimnisse des Beichtstuhls« vorgesehen, und gewiß würde bei dieser Sendung die Warnung eingeblendet, daß ihr Inhalt für Kinder teilweise nicht geeignet und deshalb die Anwesenheit von Eltern ratsam sei.

Auf einem Flug der United Airlines von Chicago nach Vancouver schlägt eine Stewardess den Passagieren ein Spiel vor: Der

Passagier mit den meisten Kreditkarten werde eine Flasche Sekt gewinnen. Ein Mann aus Boston mit zwölf Kreditkarten gewinnt. Bei einem zweiten Spiel sollen die Passagiere schätzen, wie alt die Angehörigen des Begleitpersonals zusammengenommen sind. Ein Mann aus Chicago schätzt 128 und gewinnt, diesmal eine Flasche Wein. Während des zweiten Spiels gerät das Flugzeug in Luftturbulenzen, und das *Fasten Seat Belt*-Signal leuchtet auf. Kaum einer bemerkt es, am allerwenigsten die Stewardessen, die die Passagiere über die Sprechanlage ununterbrochen mit allerlei witzigen Bemerkungen unterhalten. Als das Flugzeug an seinem Ziel angekommen ist, sind sich offenbar alle darin einig, daß es Spaß macht, von Chicago nach Vancouver zu fliegen.
Am 7. Februar 1985 berichtete die *New York Times,* das Council for the Support and Advancement of Education habe Professor Charles Pine von der Rutgers University (Campus Newark) zum Professor des Jahres ernannt. Warum er einen so starken Eindruck auf seine Studenten macht, erklärt Professor Pine so: »Ich habe da ein paar Späße, die ich immer wieder anwende. Wenn ich an den Rand der Tafel komme, schreibe ich auf der Wand weiter. Das bringt immer Lacher. Wenn ich zeigen will, wie sich ein Gasmolekül bewegt, renne ich auf die eine Wand zu, lasse mich von ihr abprallen, und renne zur anderen Wand hinüber.« Vielleicht sind seine Studenten zu jung, um sich daran zu erinnern, daß James Cagney diese »Molekularbewegung« schon in *Yankee Doodle Dandy* sehr wirkungsvoll demonstriert hat. Wenn ich mich nicht irre, hat sie dann Donald O'Connor in *Singin' in the Rain* nachgeahmt. In einem Hörsaal ist sie, soweit ich weiß, bisher erst einmal vorgeführt worden: Hegel soll auf diese Weise mehrmals die Funktionsweise der Dialektik veranschaulicht haben.
Die Amish in Pennsylvania versuchen ein Leben abseits der Hauptströmung der amerikanischen Kultur zu führen. Unter anderem verbietet ihnen ihre Religion die Verehrung von Götzenbildern; deshalb ist es den Amish untersagt, ins Kino zu gehen oder sich photographieren zu lassen. Doch offensichtlich

verbietet ihnen ihre Religion nicht das Zuschauen bei Filmaufnahmen. Im Sommer 1984 jedenfalls fiel ein Team von Paramount Pictures in Lancaster County ein, um Aufnahmen für den Film *Witness* zu drehen. In ihm spielt Harrison Ford einen Detektiv, der sich in eine Frau der Amish verliebt. Obwohl die Amish von ihrer Kirche ermahnt worden waren, sich nicht mit den Filmemachern einzulassen, ließen es sich einige Schweißer nicht nehmen, nach getaner Arbeit schnell den Schauplatz der Dreharbeiten aufzusuchen. Andere Gläubige hatten sich in einiger Entfernung im Gras niedergelassen und beobachteten das Geschehen durch Feldstecher. »Wir haben in der Zeitung von dem Film gelesen«, erklärte eine Angehörige der Amish. »Die Kinder schneiden sogar Bilder von Harrison Ford aus.« Und sie fügte hinzu: »Aber im Grunde bedeutet ihnen das nicht viel. Jemand hat uns erzählt, daß er in *Star Wars* mitgespielt hat, aber das sagt uns nichts.«[3] Der letzte, der zu derartigen Schlüssen gelangt ist, war der Vorsitzende des Verbandes der amerikanischen Hufschmiede, als er erklärte, er habe in der Zeitung vom Automobil gelesen, sei jedoch überzeugt, es werde keinerlei Folgen für die Zukunft seiner Organisation haben.

Die Winter-Ausgabe 1984 des *Official Video Journal* bringt eine ganzseitige Anzeige für das »Genesis-Projekt«. Ziel dieses Projektes ist es, die Bibel in eine Filmserie zu verwandeln. Das Endprodukt mit dem Namen *The New Media Bible* soll aus 225 Stunden Film bestehen und wird eine Viertelmilliarde Dollar kosten. Einer der Filmemacher, die sich am stärksten für dieses Vorhaben einsetzen, ist der Produzent John Heyman, dem wir unter anderem *Saturday Night Fever* und *Grease* verdanken. »Ich habe«, so soll er gesagt haben, »an der Bibel einfach einen Narren gefressen.« Der berühmte israelische Schauspieler Topol, vor allem durch seine Rolle als Tewje in dem Musical *Anatevka* bekannt geworden, soll den Abraham spielen. Wer die Rolle von Gottvater übernehmen wird, sagt die Anzeige nicht; aber wenn man sich die bisherigen Produkte dieses Produzenten ansieht, spricht manches für John Travolta.

Bei der feierlichen Verleihung der akademischen Grade an der Yale University im Jahre 1983 wurden auch einige Ehrendoktorhüte verliehen, unter anderem an Mutter Theresa. Während sie und einige andere Helfer der Menschheit und Gelehrte ihre Auszeichnungen entgegennahmen, applaudierte das Publikum artig, obschon mit einer gewissen Zurückhaltung und Ungeduld, denn es wollte sein Herz der letzten Empfängerin schenken, die befangen hinter der Bühne ausharrte. Als dann ihre Leistungen im einzelnen genannt wurden, verließen viele Zuschauer die Plätze und strebten der Bühne zu, um der großen Frau näher zu sein. Und als der Name Meryl Streep fiel, brach ein Sturm der Begeisterung los, dessen Getöse Tote hätte aufwecken können. Einer, der die Verleihung der Ehrendoktorwürde an Bob Hope durch eine andere Universität miterlebt hatte, meinte, der Beifall für Dr. Streep habe den für Dr. Hope noch übertroffen. Im Jahr darauf luden die leitenden Intellektuellen von Yale, die genausogut wie jeder andere wissen, was den Leuten Spaß macht, den Talk-Show-Master Dick Cavett ein, die Ansprache bei den Verleihungsfeierlichkeiten zu halten. Man munkelt, in diesem Jahr werde Don Rickles zum Doktor der Humanistischen Wissenschaften ernannt und Lola Falana solle die Festrede halten.
Vor den Präsidentschaftswahlen des Jahres 1984 traten die beiden Kandidaten Ronald Reagan und Walter Mondale in sogenannten Fernseh-»Debatten« gegeneinander an. Mit den Lincoln-Douglas-Debatten oder mit anderen Zusammenkünften, die diesen Namen verdient haben, hatten diese Veranstaltungen allerdings nicht das geringste zu tun. Jeder Kandidat bekam fünf Minuten, um sich zu verschiedenen Fragen zu äußern, etwa: Wie sieht Ihre Mittelamerikapolitik aus bzw. wie würde sie aussehen? Worauf der Gegner dann eine Minute für seine Erwiderung bekam. Unter solchen Bedingungen können Komplexität, das Belegen von Behauptungen und Logik keine Rolle spielen, und an mehreren Stellen blieb selbst die Syntax auf der Strecke. Aber das macht nichts. Die beiden Männer wollten ohnehin nicht so sehr ihre Argumente als vielmehr ihre »Aus-

strahlung« zur Geltung bringen, was nirgendwo besser gelingt als im Fernsehen. Auch die Kommentare nach den Debatten verzichteten weitgehend auf eine Bewertung der von den Kandidaten vorgebrachten Ideen – allein schon deshalb, weil es solche Ideen gar nicht gab. Statt dessen nahm man die Debatten als Boxkämpfe und beschäftigte sich mit der entscheidenden Frage: Wer hat wen k. o. geschlagen? Die Antwort ergab sich aus dem »Stil« der Kontrahenten – aus der Art, wie sie aussahen, wie fest ihr Blick war, wie sie lächelten und witzige Bemerkungen machten. In der zweiten Debatte reagierte Präsident Reagan auf die Frage nach seinem Alter mit einem kessen Satz, und am nächsten Tag meldeten mehrere Zeitungen, Ron habe »Fritz« mit diesem Witz k. o. geschlagen. So wird im Fernsehzeitalter der Führer der »freien Welt« vom Volk gewählt.
Dies alles deutet darauf hin, daß unsere Kultur begonnen hat, ihre Angelegenheiten, vor allem ihre wichtigen Angelegenheiten, auf eine neue Art und Weise zu regeln. Das Wesen ihres Diskurses verändert sich, wenn es mit jedem Tag schwieriger wird, zu erkennen, wo das Schaugeschäft aufhört und etwas anderes anfängt. Unsere Priester und Präsidenten, unsere Chirurgen und Anwälte, unsere Pädagogen und Nachrichtensprecher brauchen sich nicht sonderlich zu mühen, um den Anforderungen ihrer Fachgebiete zu genügen, sie müssen vor allem den Anforderungen gewachsen sein, die an eine gute Show gestellt werden. Hätte Irving Berlin im Titel seines berühmten Songs nur ein Wörtchen verändert, so wäre er zwar knapper, aber ebenso prophetisch gewesen wie Aldous Huxley. Er hätte nur zu schreiben brauchen: *There's No Business BUT Show Business.*

7. Kapitel
»Und jetzt...«

Der amerikanische Humorist H. Allen Smith hat gelegentlich behauptet, von allen bedrohlich klingenden Wörtern der englischen Sprache sei »*uh oh*« das bedrohlichste, zu deutsch ungefähr »Tja, hm« – etwa wenn der Arzt das Röntgenbild eines Patienten betrachtet und dann mit gerunzelter Stirn murmelt: »Uh, oh«. Ich behaupte, daß die Wörter, aus denen die Überschrift dieses Kapitels besteht, nicht minder unheilverkündend sind, zumal sie ganz ohne Stirnrunzeln, vielmehr mit einer Art von idiotischem Entzücken ausgesprochen werden. Diese Redewendung, falls man sie so nennen darf, erweitert unsere Grammatik um eine neue Wortklasse – die Klasse der Bindewörter, die nichts verbinden, sondern im Gegenteil alles von allem trennen. Als solche wirkt sie wie ein kompaktes Sinnbild für die Diskontinuitäten in weiten Bereichen dessen, was gegenwärtig in Amerika als öffentlicher Diskurs gilt.
Mit »Und jetzt...« wird in den Nachrichtensendungen von Radio und Fernsehen im allgemeinen angezeigt, daß das, was man soeben gehört oder gesehen hat, keinerlei Relevanz für das besitzt, was man als nächstes hören oder sehen wird, und möglicherweise für alles, was man in Zukunft einmal hören oder sehen wird, auch nicht. Der Ausdruck »Und jetzt...« umfaßt das Eingeständnis, daß die von den blitzschnellen elektronischen Medien entworfene Welt keine Ordnung und keine Bedeutung

hat und nicht ernst genommen zu werden braucht. Kein Mord ist so brutal, kein Erdbeben so verheerend, kein politischer Fehler so kostspielig, kein Torverhältnis so niederschmetternd, kein Wetterbericht so bedrohlich, daß sie vom Nachrichtensprecher mit seinem »Und jetzt...« nicht aus unserem Bewußtsein gelöscht werden könnten. Der Nachrichtensprecher will damit sagen, daß Sie jetzt lange genug über das vorige Thema nachgedacht haben (runde fünfundvierzig Sekunden), daß Sie sich in dieses Thema nicht verbeißen sollten (sagen wir, für neunzig Sekunden) und daß Sie Ihre Aufmerksamkeit jetzt einem anderen Nachrichtenbruchstück oder einem Werbespot zuwenden müssen.

Das Fernsehen hat die »Und jetzt...«-Weltanschauung nicht erfunden. Wie ich zu zeigen versuchte, ist sie aus der Verbindung von Telegraphie und Photographie hervorgegangen. Aber das Fernsehen hat diese Weltanschauung genährt und zu einer pervertierten Reife gebracht. Denn im Fernsehen haben wir es ungefähr alle halbe Stunde mit einem separaten Ereignis zu tun, das seinem Inhalt, seinem Kontext und seiner Gefühlslage nach mit dem Vorangegangenen und dem Folgenden nichts gemein hat. Einmal, weil das Fernsehen seine Zeit nach Sekunden und Minuten verkauft, sodann, weil das Fernsehen Bilder und nicht Wörter verwenden muß, und schließlich, weil sich die Zuschauer dem Fernseher ganz nach Belieben zuwenden oder von ihm abkehren können, sind die Sendungen so strukturiert, daß jedes Acht-Minuten-Segment als in sich geschlossenes Ereignis für sich stehen kann. Nur selten wird von den Zuschauern verlangt, einen Gedanken oder eine Empfindung von einem Segment ins andere mit hinüberzunehmen.

In der Art, wie das Fernsehen die »Tagesnachrichten« präsentiert, hat der Diskursmodus des »Und jetzt« seine dreisteste und peinlichste Gestalt angenommen. Denn die Nachrichten, die uns dort mitgeteilt werden, sind nicht nur zerstückelt, sie haben auch keinerlei Kontext, sie sind ebenso folgenlos wie wertlos, es fehlt ihnen also wirkliche Ernsthaftigkeit: Nachrichten als bare Unterhaltung.

Überlegen Sie einmal, was Sie tun würden, wenn Sie Gelegenheit bekämen, eine Fernsehnachrichtensendung für eine Station zu produzieren, die damit möglichst viele Zuschauer zu gewinnen sucht. Zunächst würden Sie die Sprecherrollen mit Leuten besetzen, deren Gesicht »liebenswürdig« und »glaubwürdig« wirkt. Die Bewerber würden ihre 18 × 24-Hochglanzbilder einreichen, und Sie würden jene aussortieren, deren Gesicht sich für eine abendliche Darbietung nicht eignet, also Frauen, die nicht hübsch oder älter als fünfzig sind, Männer mit Glatze, alle, die Übergewicht haben, deren Nase zu lang ist, deren Augen zu eng zusammenstehen. Mit anderen Worten, Sie würden versuchen, eine Truppe redender Frisuren zu versammeln. Und schließlich würden Sie diejenigen bevorzugen, die auch auf dem Umschlag einer Zeitschrift nicht unwillkommen wären.

Genau so ein Gesicht besitzt Christine Craft, und deshalb bewarb sie sich als Nachrichtenmoderatorin bei der Station KMBC-TV in Kansas City. Wie der Rechtsanwalt erklärte, der sie dann bei einem Verfahren wegen Sexismus vertrat, das sie später gegen den Sender anstrengte, habe dem Management von KMBC-TV »das Aussehen von Christine sehr gut gefallen«. Sie wurde also im Januar 1981 eingestellt – und im August 1981 wieder gefeuert, weil Umfragen ergeben hatten, daß ihre äußere Erscheinung »die Zuschauerakzeptanz beeinträchtigte«.[1] Aber was heißt das – »beeinträchtigte Zuschauerakzeptanz«? Und was hat sie mit den Nachrichten zu tun? Beeinträchtigte Zuschauerakzeptanz bedeutet bei den Fernsehnachrichten das gleiche wie bei jeder anderen Fernsehsendung: Die Zuschauer sehen den Fernsehsprecher oder die Sprecherin nicht gern. Es bedeutet ferner, daß sie ihm oder ihr nicht glauben, daß es ihm oder ihr an Glaubwürdigkeit mangelt. Im Falle einer Theateraufführung können wir uns vorstellen, was das bedeutet: Dem Schauspieler gelingt es nicht, das Publikum mit seiner Rolle zu überzeugen. Was bedeutet jedoch mangelnde Glaubwürdigkeit im Fall einer Nachrichtensendung? Was für eine Rolle spielt eine Moderatorin oder ein Moderator? Und wie kommen wir zu der Feststellung, daß es ihrem Auftritt an Wahrscheinlichkeit gebricht? Meint das Publikum, daß der Nachrichtensprecher lügt, daß das, worüber berichtet wird, in Wirklichkeit gar nicht passiert ist, daß ihm etwas Wichtiges verheimlicht wird?

Der Gedanke, daß es sich tatsächlich so verhalten könnte, daß also die Antwort auf die Frage, ob ein Bericht als wahr aufgenommen wird, weitgehend davon abhängt, ob der Nachrichtensprecher akzeptabel erscheint, kann einem Angst machen. In alten Zeiten gab es den Brauch, den Überbringer schlechter Nachrichten zu ächten oder zu töten. Hat das Fernsehen dieser Tradition auf eine merkwürdige Weise wieder zu neuem Leben verholfen? Ächten wir jene, die uns die Nachrichten überbringen, wenn uns ihr Gesicht nicht gefällt? Schlägt das Fernsehen alles in den Wind, was wir einmal über den Irrtum jener Argumente gelernt haben, die statt der Sache, die sie meinen, nur die Person treffen?

Wenn eine dieser Fragen auch nur mit einem eingeschränkten »Ja« beantwortet werden muß, dann haben wir es hier offenbar mit einem Problem zu tun, das die Aufmerksamkeit der Epistemologen verdient. Es besteht, einfach gesagt, darin, daß das Fernsehen eine neue Definition von Wahrheit hervorbringt (oder möglicherweise eine alte erneuert): Letztes Kriterium für die Wahrheit eines Satzes ist die Glaubwürdigkeit des Sprechers. »Glaubwürdigkeit« bezieht sich hier nicht etwa darauf, wie viele Aussagen des Sprechers schon früher eine strenge Prüfung ihrer Wahrheit bestanden haben. »Glaubwürdigkeit« meint hier nur den Eindruck von Aufrichtigkeit, Authentizität, Verletzlichkeit oder Attraktivität (der Leser suche sich eines oder mehrere dieser Attribute heraus), den der Darsteller/Reporter vermittelt.

Diese Problematik hat erhebliches Gewicht und weist über die Frage hinaus, auf welche Weise Wahrheit in den Nachrichtensendungen des Fernsehens wahrgenommen wird. Denn wenn die Glaubwürdigkeit als entscheidendes Wahrheitskriterium im Fernsehen an die Stelle der Realität tritt, dann brauchen sich

die Politiker um die Realität so lange nicht sonderlich zu kümmern, wie es ihnen mit ihren Auftritten gelingt, einen Eindruck von Wahrscheinlichkeit zu wecken. Ich glaube zum Beispiel, daß der Ruch der Ehrlosigkeit, der Richard Nixon heute umgibt, nicht daher rührt, daß er gelogen hat, sondern daher, daß er im Fernsehen wie ein Lügner ausgesehen hat. Worüber sich, wenn es zutrifft, keiner freuen sollte, auch kein altgedienter Nixon-Hasser. Denn die alternativen Möglichkeiten wären hier, daß einer wie ein Lügner aussieht, obwohl er die Wahrheit sagt, oder, noch schlimmer, daß einer aussieht, als würde er die Wahrheit sagen, während er in Wirklichkeit lügt.
Als Produzent einer Fernsehnachrichtensendung würden Sie das alles berücksichtigen und ihr Sprecherteam anhand jener Kriterien zusammenstellen, die auch David Merrick und andere erfolgreiche Impresarios verwendet haben. Auch Sie würden darauf bedacht sein, die Sendung so in Szene zu setzen, daß der Unterhaltungswert maximiert wird. Sie würden zum Beispiel eine bestimmte Erkennungsmelodie auswählen. Alle Nachrichtensendungen im Fernsehen beginnen mit Musik, enden mit Musik und werden von Zeit zu Zeit von Musik unterbrochen. Mir sind nur sehr wenige Amerikaner begegnet, denen diese Gepflogenheit seltsam vorkommt – wie mir scheint, ein deutliches Indiz für die Auflösung der Demarkationslinie zwischen ernsthaftem öffentlichen Diskurs und Unterhaltung. Was hat die Musik mit den Nachrichten zu tun? Wozu ist sie da? Sie dient vermutlich dem gleichen Zweck wie die Musik im Theater und im Film – sie erzeugt eine Stimmung und bildet das Leitmotiv der Unterhaltung. Würde die Musik fehlen – wie es der Fall ist, wenn das laufende Programm wegen einer Sondermeldung unterbrochen wird –, so würden die Zuschauer denken, es sei etwas wirklich Beunruhigendes, womöglich ihr Leben Veränderndes geschehen. Aber solange die Musik der Sendung einen Rahmen gibt, darf sich der Zuschauer in dem Glauben wiegen, daß nichts geschehen ist, worüber er sich ernstlich aufregen müßte, ja, daß die Ereignisse, die da berichtet werden, mit

der Wirklichkeit im Grunde nicht mehr zu tun haben als die Szenen eines Theaterstücks.
Der Eindruck, daß die Nachrichtensendung eine kunstvolle schauspielerische Darbietung ist, deren Inhalt so inszeniert wird, daß er unterhaltsam wirkt, wird noch durch mehrere andere Merkmale verstärkt, etwa dadurch, daß die durchschnittliche Dauer eines Berichts bei fünfundvierzig Sekunden liegt. Kürze bedeutet nicht immer Belanglosigkeit, in diesem Falle freilich ganz gewiß. Es ist schlechterdings nicht möglich, etwas Ernsthaftes über ein Ereignis mitzuteilen, dessen tiefere Bedeutung in weniger als einer Minute abgehandelt wird. Und es liegt ja auf der Hand, daß die Fernsehnachrichten gar nicht den Eindruck erwecken wollen, die einzelnen Berichte hätten eine tiefere Bedeutung, denn dann müßte der Zuschauer womöglich nach einem solchen Bericht eine Weile darüber nachdenken – was ihn hindern würde, sich dem nächsten Bericht zuzuwenden, der schon im Hintergrund wartet. In jedem Falle haben die Zuschauer kaum eine Chance, den nächsten Bericht unbeachtet zu lassen, denn auch er besteht aller Wahrscheinlichkeit nach aus Filmbildern, und für Bilder ist es ein Leichtes, sich gegen Worte durchzusetzen und die Besinnung kurzzuschließen. Als Fernsehproduzent würden Sie gewiß jene Ereignisse hervorheben und nach vorne stellen, die sich mit Bildern dokumentieren lassen. Ein Mordverdächtiger, der aufs Polizeirevier gebracht wird, das wütende Gesicht eines betrogenen Verbrauchers, ein Faß, das (angeblich mit einem Menschen darin) den Niagara-Fall hinabstürzt, der Präsident, der auf dem Rasen vor dem Weißen Haus einem Helikopter entsteigt – solche Bilder sind stets faszinierend oder amüsant und erfüllen die Forderungen, die man an eine unterhaltsame Sendung stellt. Selbstverständlich ist es nicht nötig, daß die Filmbilder tatsächlich den Kern einer Meldung dokumentieren. Und ebensowenig muß man erklären, warum das öffentliche Bewußtsein mit solchen Bildern behelligt wird. Filmbilder, das weiß jeder Fernsehproduzent, rechtfertigen sich selbst.
Außerordentlich hilfreich für die Aufrechterhaltung eines

hohen Grades an Irrealität ist es übrigens, daß die Nachrichtensprecher und -sprecherinnen, wenn sie die Vor- oder Nachreden zu den einzelnen Filmbeiträgen sprechen, in ihren Gesten und ihrem Gesichtsausdruck unbeteiligt wirken. Viele Sprecher scheinen die Bedeutung dessen, was sie sagen, überhaupt nicht zu erfassen, und manche von ihnen tragen auch dann einen unerschütterlichen, einnehmenden Enthusiasmus zur Schau, wenn sie von Erdbeben, Massenmorden und anderen Katastrophen berichten. Anzeichen von Besorgnis oder Schrecken bei den Nachrichtensprechern würden die Zuschauer wahrscheinlich ziemlich irritieren. In der »Und jetzt...«-Kultur sind die Zuschauer schließlich die Partner der Nachrichtensprecher und -sprecherinnen und erwarten von ihnen, daß sie ihre Rollen als Leute, die sich bei einem Minimum an Ernsthaftigkeit von jedem tieferen Verständnis freihalten, auch tatsächlich spielen. Und die Zuschauer ihrerseits wird man nicht dabei ertappen, daß sie ihre Reaktionen mit Wirklichkeitssinn infizieren, so wie ja auch der Theaterbesucher nicht aus dem Saal rennt und zu Hause anruft, wenn eine Figur auf der Bühne sagt, in der Nachbarschaft gehe ein Mörder um.

Die Zuschauer wissen auch, daß jedem Nachrichtenbruchstück, und mag es noch so bedeutungsschwer erscheinen (an dem Tag beispielsweise, da ich dies zu Papier bringe, hat ein General des Marine Corps erklärt, ein Atomkrieg zwischen den Vereinigten Staaten und Rußland sei unvermeidlich), schon bald eine Reihe von Werbespots folgen wird, die die Bedeutung der Nachrichtenmeldung augenblicklich entschärfen, sie gar belanglos machen werden. Es ist dies ein zentrales Element in der Struktur von Nachrichtensendungen und widerlegt an sich schon die Behauptung, Fernsehnachrichten zielten auf eine ernsthafte Form von öffentlichem Diskurs. Was würden Sie von mir und von diesem Buch halten, wenn ich an dieser Stelle innehielte und erklärte, ich würde nach einer kurzen Unterbrechung zu meinen Überlegungen zurückkehren, und wenn ich dann ein paar freundliche Worte über die United Airlines oder die Chase Manhattan Bank einschöbe? Sie würden mit Recht

denken, daß ich keinen Respekt vor Ihnen habe und gewiß auch nicht vor meinem Thema. Und wenn ich dies nicht nur einmal, sondern mehrmals in jedem Kapitel täte, würden Sie mit Gründen annehmen, daß die ganze Veranstaltung Ihre Aufmerksamkeit nicht wert ist. Warum denken wir so nicht auch über die Fernsehnachrichten? Das liegt meiner Ansicht nach daran, daß wir von Büchern und von anderen Medien (etwa vom Film) eine konsistente Tonlage und inhaltliche Kontinuität erwarten, während wir vom Fernsehen und speziell von den Fernsehnachrichten dergleichen nicht erwarten. So sehr haben wir uns an ihre Diskontinuitäten gewöhnt, daß wir auf das »Und jetzt...« nicht mehr wie Menschen mit gesundem Verstand reagieren, also maßlos verblüfft sind, wenn uns der Nachrichtensprecher, der eben noch erklärt hat, ein Atomkrieg sei unvermeidlich, nun zu verstehen gibt, er werde gleich wieder da sein, doch zunächst ein Wort von Burger King... Den Schaden, den solche Verquickungen unserer Vorstellung von der Ernsthaftigkeit der Welt zufügen, kann man kaum überschätzen. Besonders groß ist er bei jungen Zuschauern, die sich ihre Anregungen dafür, wie man auf diese unsere Welt reagieren kann, in einem erheblichen Umfang aus dem Fernsehen holen. Wenn sie sich die Nachrichten im Fernsehen ansehen, werden sie mehr als jede andere Zuschauergruppe in eine Epistemologie hineingezogen, die auf der Annahme beruht, daß alle Berichte über Grausamkeit und Tod stark übertrieben sind, daß man sie jedenfalls nicht ernst zu nehmen und sich nicht auf verständige Weise mit ihnen auseinanderzusetzen braucht.
Ich gehe so weit, zu behaupten, daß dem surrealistischen Rahmen der Fernsehnachrichten eine Theorie der Anti-Kommunikation zugrunde liegt, die einen Diskurstypus propagiert, der Logik, Vernunft, Folgerichtigkeit und Widerspruchslosigkeit preisgegeben hat. In der Ästhetik bezeichnet man diese Erscheinung zumeist als Dadaismus, in der Philosophie als Nihilismus, in der Psychiatrie als Schizophrenie. Die Theatersprache kennt sie unter dem Namen Varieté.

Für jene, die meinen, ich machte mich damit einer Übertreibung schuldig, hier die Beschreibung, die Robert MacNeil, der verantwortliche Redakteur und Ko-Moderator der *MacNeil-Lehrer Newshour,* von den Fernsehnachrichten gibt: Der Grundgedanke, so schreibt er, ist, »alles kurz zu halten, die Aufmerksamkeit der Zuschauer nicht zu belasten und sie statt dessen durch Abwechslung, Neuigkeit, Aktion und Bewegung ständig zu stimulieren. Keinem Begriff, keiner Gestalt, keinem Problem braucht man mehr als ein paar Sekunden seiner Aufmerksamkeit zu schenken.«[2] Die Komposition der Fernsehnachrichten, so erklärt er weiter, folgt dem Grundsatz, »daß der Happen die richtige Größe hat, daß Komplexität vermieden werden muß, daß man auf Nuancen verzichten kann, daß Einschränkungen die einfache Botschaft unnötig belasten, daß visuelle Stimulierung ein Ersatz für Denken und daß sprachliche Genauigkeit ein Anachronismus ist«.[3]
Robert MacNeil weiß besser als mancher andere, wovon er spricht, wenn er die Fernsehnachrichten als Varietéveranstaltung bezeichnet. Die *MacNeil-Lehrer Newshour* ist der ungewöhnliche und erfreuliche Versuch, im Fernsehen einige Elemente des vom Buchdruck geprägten Diskurses zur Geltung zu bringen. Die Sendung verzichtet auf visuelle Stimulierung, sie besteht hauptsächlich aus ausführlichen Kommentaren zu den einzelnen Ereignissen und aus gründlichen Interviews (die freilich auch hier nicht länger als fünf oder zehn Minuten dauern); sie grenzt die Zahl ihrer Berichte ein und legt großes Gewicht auf Hintergründe und Zusammenhänge. Aber das Fernsehen fordert seinen Preis dafür, daß MacNeil es ablehnt, sich dem Rahmen des Showbusiness anzupassen. Gemessen an anderen Sendungen ist die Zuschauerzahl verschwindend gering, die Sendung wird nur von den öffentlichen Fernsehstationen ausgestrahlt, und man darf wohl annehmen, daß MacNeil und ein Lehrer zusammen vielleicht ein Fünftel von dem verdienen, was Nachrichtensprecher wie Dan Rather oder Tom Brokaw kassieren.
Wenn hingegen Sie eine Nachrichtensendung für einen kom-

merziellen Sender produzieren würden, so stünden Sie gar nicht vor der Wahl, ob Sie sich den Anforderungen des Fernsehens widersetzen sollen oder nicht. Von Ihnen würde verlangt werden, möglichst hohe Einschaltquoten anzustreben, und deshalb würden Sie, ihren besten Absichten zum Trotz, schließlich zu einer Produktion gelangen, die der Beschreibung von MacNeil sehr nahekommt. Sie würden auch noch manches tun, was MacNeil gar nicht erwähnt. Sie würden versuchen, aus Ihren Nachrichtensprechern und -sprecherinnen Prominente zu machen. Sie würden in der Presse und im Fernsehen selbst Reklame für die Sendung machen. Sie würden eine »Nachrichtenvorschau« ausstrahlen, um Zuschauer anzulocken. Sie würden den Mann für die Wettervorhersage als komische Person auftreten lassen und einen Sportreporter mit einer derben Ausdrucksweise einstellen (um auf diese Weise Verbindung mit dem einfachen, biertrinkenden Mann aufzunehmen). Kurz, Sie würden die ganze Veranstaltung so »trimmen«, wie es jeder andere Produzent in der Unterhaltungsbranche ebenfalls tut.
So kommt es, daß die Amerikaner die am besten unterhalten und zugleich wahrscheinlich die am schlechtesten informierten Leute der westlichen Welt sind. Ich betone das deshalb, weil man sich bei uns vielfach einbildet, das Fernsehen als Fenster zur Welt habe die Amerikaner zu überaus gut informierten Zeitgenossen gemacht. Es kommt hier natürlich darauf an, was man unter Informiertsein versteht. Ich übergehe hier die inzwischen langweilig gewordenen Umfragen, die uns sagen, daß zu jedem beliebigen Zeitpunkt 70 Prozent unserer Mitbürger nicht wissen, wie der Außenminister der Vereinigten Staaten oder der Vorsitzende des Obersten Bundesgerichts heißt. Betrachten wir statt dessen den Fall des Iran während des sogenannten »Geiseldramas«. Ich glaube, es hat seit Jahren kein Ereignis mehr gegeben, dem sich das Fernsehen mit so beharrlicher Aufmerksamkeit zugewendet hat. Man sollte daher annehmen, daß die Amerikaner das meiste von dem wissen, was es über dieses unerfreuliche Ereignis zu wissen gibt. Und nun stelle ich Ihnen folgende Fragen: Wäre es übertrieben, zu be-

haupten, daß von hundert Amerikanern nicht einer weiß, welche Sprache die Iraner sprechen? Oder was das Wort »Ajatollah« heißt oder bedeutet? Daß nicht einer von hundert etwas Genaueres über die Glaubensgrundsätze der iranischen Religionen weiß? Oder die wichtigsten Umrisse persischer Geschichte kennt? Oder weiß, wer der Schah war und woher er kam?
Und doch hatte jeder eine Meinung zu diesem Ereignis, denn in Amerika hat jeder das Recht auf eine eigene Meinung, und es ist gewiß nützlich, sich die eine oder andere zurechtzulegen, falls ein Meinungsforscher auftaucht. Allerdings sind dies Meinungen von ganz anderem Rang als die des 18. und 19. Jahrhunderts. Nicht Meinungen sollte man sie nennen, sondern Gefühlsregungen, womit auch erklärt wäre, daß sie sich, wie uns die Meinungsforscher mitteilen, von Woche zu Woche verändern. Wir stehen hier vor der Tatsache, daß das Fernsehen die Bedeutung von »Informiertsein« verändert, indem es eine neue Spielart von Information hervorbringt, die man richtiger als *Desinformation* bezeichnen sollte. Ich gebrauche dieses Wort fast in demselben Sinne, wie Spione der CIA oder des KGB es benutzen. Desinformation ist nicht dasselbe wie Falschinformation. Desinformation bedeutet irreführende Information – unangebrachte, irrelevante, bruchstückhafte oder oberflächliche Information –, Information, die vortäuscht, man wisse etwas, während sie einen in Wirklichkeit vom Wissen weglockt. Damit will ich nicht behaupten, die Fernsehnachrichten seien bewußt darauf angelegt, den Amerikanern ein kohärentes, kontextuelles Verständnis ihrer Welt zu rauben. Ich will vielmehr sagen, daß dies, wenn die Nachrichten als Unterhaltung präsentiert werden, das unvermeidliche Ergebnis ist. Und wenn ich sage, daß die Fernsehnachrichten-Show Unterhaltung bietet, aber keine Information, dann heißt das nicht nur, daß uns authentische Informationen vorenthalten werden. Ich weise damit auf einen äußerst beunruhigenden Sachverhalt hin, nämlich darauf, daß wir das Gefühl dafür verlieren, was es bedeutet, gut informiert zu sein. Unwissenheit läßt sich allemal

beheben. Aber was sollen wir tun, wenn wir die Unwissenheit für Wissen halten?

Hier ein alarmierendes Beispiel dafür, wie uns dieser Vorgang in seinen Bann zieht. Ein Artikel aus der *New York Times* vom 15. Februar 1983 trägt die Überschrift: *Nachlassendes Interesse für Reagans Fehldarstellungen.* Der Artikel beginnt folgendermaßen:

»Berater von Präsident Reagan waren in der Vergangenheit des öfteren sichtlich beunruhigt, wenn darauf hingewiesen wurde, daß er seine Politik oder allgemeine Tagesereignisse in entstellender und vielleicht auch irreführender Weise dargestellt hatte. Solche Hinweise scheint es jetzt kaum noch zu geben.

Tatsächlich stellt der Präsident auch weiterhin anfechtbare Tatsachenbehauptungen auf, aber die Berichterstattung der Medien beschäftigt sich nicht mehr so ausführlich wie früher damit. Aus der Sicht der Beamten des Weißen Hauses spiegelt die nachlassende Berichterstattung ein *Nachlassen des Interesses in der breiten Öffentlichkeit* wider.« (Hervorhebung von mir.)

Diese Meldung ist keine Nachricht, sondern eine Nachricht über die Nachrichten, und unsere jüngere Vergangenheit läßt darauf schließen, daß sie nicht von Ronald Reagans Charme handelt. Sie handelt davon, wie man definiert, was Nachrichten sind, und *diese* Nachricht, so glaube ich, würde die Vorkämpfer der bürgerlichen Freiheiten ebenso wie die Tyrannen früherer Zeit einigermaßen verblüffen. Walter Lippmann z. B., der große amerikanische Publizist, schrieb im Jahre 1920: »Für eine Gemeinschaft, der die Mittel fehlen, um Lügen aufzudecken, kann es keine Freiheit geben.« Obwohl er die Chancen für eine Wiederbelebung des öffentlichen Diskurses auf dem Niveau des 18. und des 19. Jahrhunderts pessimistisch beurteilte, ging Lippmann, wie vor ihm Thomas Jefferson, doch davon aus, daß mit einer geübten, als Lügendetektor funktionierenden Presse ein Präsident, der die Wahrheit entstellt, in der Öffentlichkeit sowohl Interesse als auch Anstoß erregen würde. Sind die Mit-

tel zur Aufdeckung von Lügen vorhanden, meinte er, so kann sich die Öffentlichkeit gegenüber dem, was ihre Anwendung erbringt, nicht teilnahmslos verhalten.
Der hier beschriebene Fall widerlegt jedoch seine Hypothese. Die Reporter, die über das Weiße Haus berichten, sind willens und imstande, Lügen bloßzustellen, und schaffen so die Grundlage für informierte und entrüstete Meinungsäußerungen. Aber die Öffentlichkeit lehnt es offenbar dankend ab, sich dafür zu interessieren. Auf Presseberichte über Vertuschungsversuche im Weißen Haus hat die Öffentlichkeit mit dem berühmten Ausspruch der Königin Victoria geantwortet: *We are not amused.* Diese Worte haben allerdings heute eine Bedeutung, an die die Königin gewiß nicht dachte. Sie besagen, daß das, was nicht amüsant ist, auch keine Aufmerksamkeit verdient. Wenn man die Lügen des Präsidenten mit Bildern beweisen und mit Musik untermalen könnte – vielleicht würde die Öffentlichkeit dann neugierig aufblicken. Wenn man einen Film wie *All the President's Men* über seine irreführenden Darstellungen der Regierungspolitik drehen könnte, wenn es einen Einbruch gegeben hätte oder einige finstere Gestalten eine Geldwaschanlage betrieben, dann würde dies sehr wahrscheinlich zur Kenntnis genommen werden. Wir erinnern uns noch gut daran, daß es mit Präsident Nixon erst bergab ging, als man mit den Watergate-Hearings eine Bühne für seine Lügen errichtet hatte. Etwas Ähnliches ist in unserem Fall nicht in Sicht. Präsident Reagan tut offenbar nichts weiter als Dinge zu *sagen,* die nicht ganz wahr sind. Und daran ist nichts Unterhaltsames.
Aber es muß hier noch auf einen schwierigen Punkt hingewiesen werden. Viele »Fehldarstellungen« des Präsidenten gehören in die Kategorie der Widersprüche. Widersprüchlich sind zwei Aussagen, wenn sie einander ausschließen und unmöglich im selben Kontext beide wahr sein können. Die Betonung liegt hier auf »im selben Kontext« – denn dieser Kontext definiert den Widerspruch. Wenn jemand einmal behauptet, er möge lieber Äpfel als Apfelsinen, und ein andermal, er möge lieber Apfelsinen als Äpfel, dann ist das völlig unproblematisch, sofern

der Kontext in dem einen Fall die Wahl eines Tapetenmusters und im anderen Fall die Wahl eines Desserts ist. Solche Aussagen stehen in einem Gegensatz, nicht aber in einem Widerspruch zueinander. Werden diese Aussagen aber in einem einzigen kontinuierlichen und kohärenten Kontext gemacht, so widersprechen sie einander und können nicht beide wahr sein. Widersprüche kann es nur dort geben, wo Aussagen und Ereignisse als miteinander verknüpfte Elemente eines kontinuierlichen und kohärenten Kontextes wahrgenommen werden. Bringt man den Kontext zum Verschwinden oder löst man ihn in Bruchstücke auf, so verschwindet zugleich der Widerspruch. Nirgendwo wird mir das so klar, wie wenn ich mit meinen Studenten über ihre schriftlichen Arbeiten spreche. »Sehen Sie hier«, sage ich, »in diesem Abschnitt haben Sie das und das gesagt. Und hier nun sagen Sie das Gegenteil. Was gilt denn nun?« Sie sind höflich und wollen einen guten Eindruck machen, aber über meine Frage sind sie so verdutzt wie ich über ihre Antwort. »Ich weiß«, heißt es dann, »aber das steht *dort,* und dies steht *hier.*« Der Unterschied zwischen mir und ihnen besteht darin, daß ich darauf beharre, »dort« und »hier«, »jetzt« und »dann«, dieser Abschnitt und der nächste seien miteinander verknüpft, es gebe eine Kontinuität zwischen ihnen, sie seien Teile ein und derselben kohärenten Gedankenwelt. So verhält es sich in dem vom Buchdruck geprägten Diskurs, und aus dem Universum dieses Diskurses komme ich, wie man so sagt. Sie dagegen kommen aus einem völlig andersgearteten Diskursuniversum, aus der »Und jetzt...«-Welt des Fernsehens. Die Grundannahme dieser Welt ist nicht Kohärenz, sondern Diskontinuität. Und in einer Welt der Diskontinuitäten ist der Widerspruch als Wahrheitskriterium oder Wertmaßstab nutzlos, weil es in ihr keinen Widerspruch gibt.
Wir haben uns inzwischen so sehr an die »Und jetzt...«-Welt der Nachrichten angepaßt, an eine Welt der Bruchstücke, in der jedes Ereignis, bar jeder Verbindung zur Vergangenheit, zur Zukunft oder zu anderen Ereignissen, für sich steht, daß alle Kohärenzerwartungen verblaßt sind. Und damit notge-

drungen auch der Widerspruch. Im Kontext der Kontextlosigkeit verschwindet er. Und was soll, wenn der Widerspruch verschwunden ist, an einer Aufzählung neuer und älterer Aussagen des Präsidenten aufschlußreich sein? Das ist Schnee von gestern, und der ist weder interessant noch unterhaltsam. Unterhaltsam ist einzig und allein die Verwirrung der Reporter über die Gleichgültigkeit der Öffentlichkeit. Es liegt eine gewisse Ironie darin, daß gerade die Gruppe, die die Welt zerstückelt hat, sich nun bei dem Versuch, sie wieder zusammenzusetzen, darüber wundert, daß es keinem auffällt und niemand sich darum kümmert.

Trotz seines Scharfblicks hätte George Orwell mit dieser Situation wohl nicht viel anzufangen gewußt; sie hat nichts Orwellsches an sich. Der Präsident nimmt die Presse nicht an die Kandare. Die *New York Times* und die *Washington Post* sind nicht die *Prawda;* Associated Press ist nicht Tass. Und eine »Neusprache« gibt es nicht. Man hat die Lüge nicht als Wahrheit definiert, und die Wahrheit nicht als Lüge. Es ist nichts weiter geschehen, als daß die Öffentlichkeit sich an die Inkohärenz gewöhnt und in die Teilnahmslosigkeit hineinamüsiert hat. Worüber Aldous Huxley nicht im mindesten erstaunt gewesen wäre. Denn genau dies hatte er prophezeit. Er hielt es für weitaus wahrscheinlicher, daß sich die westlichen Demokratien aus eigenem Antrieb in die Gedankenlosigkeit hineintanzen und -träumen, als daß sie in Reih und Glied, mit Handschellen gefesselt, in sie hineinmarschieren. Anders als Orwell hat Huxley erfaßt, daß man vor einer Öffentlichkeit, die gegenüber dem Widerspruch unempfindlich geworden ist und sich mit technologischen Zerstreuungen betäubt, nichts zu verbergen braucht. Aldous Huxley hat zwar nicht prognostiziert, das Fernsehen würde unsere wichtigste Droge werden, aber er hätte Robert MacNeils Feststellung durchaus zustimmen können, das Fernsehen sei »das Soma aus Aldous Huxleys *Schöner neuer Welt*«. Der Große Bruder entpuppt sich als Howdy Doody.

Ich behaupte nicht, daß sich die Trivialisierung der öffentlichen Information ausschließlich im Fernsehen vollzieht. Wohl aber liefert das Fernsehen das Modell für unsere Vorstellung von öffentlicher Information. Wie früher die Druckpresse hat heute das Fernsehen die Macht erlangt, zu bestimmen, in welcher Form Nachrichten übermittelt werden sollen, und es bestimmt auch, wie wir darauf reagieren sollen. Indem das Fernsehen die Nachrichten in Form einer Varietéveranstaltung präsentiert, regt es andere Medien zur Nachahmung an, so daß die gesamte Informationsumwelt das Fernsehen widerzuspiegeln beginnt.

So ist beispielsweise Amerikas jüngste landesweit verbreitete Zeitung, das äußerst erfolgreiche Blatt *USA Today,* genau nach dem Schnittmuster des Fernsehens gestaltet. Auf der Straße wird es in Behältern verkauft, die wie Fernsehapparate aussehen. Die Artikel sind ungewöhnlich kurz, das Layout ist deutlich von Bildern, Tabellen und anderen Graphiken geprägt, manche davon in mehreren Farben gedruckt. Die Wetterkarten sind die reinste Augenweide; der Sportteil enthält eine solche Fülle sinnloser Statistiken, daß selbst ein Computer aus der Fassung geriete. Infolgedessen ist *USA Today,* das seit dem September 1982 erscheint, inzwischen (nach den Angaben des Audit Bureau of Circulations für Juli 1984) zur drittgrößten Tageszeitung der Vereinigten Staaten geworden und schickt sich an, die *Daily News* und das *Wall Street Journal* zu überholen. Journalisten vom alten Schlag haben die Zeitung wegen ihrer Oberflächlichkeit und ihrer Effekthascherei kritisiert, aber ihre Redakteure lassen sich in ihrer Mißachtung der alten, aus dem Buchdruck erwachsenen Maßstäbe nicht beirren. Der Chefredakteur John Quinn hat erklärt: »Wir sind nicht auf Projekte von der Größenordnung aus, mit der man Auszeichnungen gewinnt. Für die beste Kurzmeldung gibt es keine Preise.«[4] Eine erstaunliche Huldigung an die Epistemologie des Fernsehens! Im Fernsehzeitalter wird die Kurzmeldung zur Grundeinheit für die Nachrichten in den Print-Medien. Im übrigen wird sich Mr. Quinn nicht allzu lange über das Ausbleiben von Auszeichnung ärgern müssen; andere Zeitungen ziehen mit, und es kann nicht mehr lange dauern, bis Preise für die beste Ein-Satz-Meldung vergeben werden.

Man muß auch darauf hinweisen, daß neue, erfolgreiche Zeitschriften wie *People* und *Us* nicht nur Beispiele für fernsehorientierte Druckmedien sind, sondern zugleich einen Rückkoppelungseffekt auf das Fernsehen haben. Das Fernsehen hat den Zeitschriften beigebracht, daß Nachrichten nur Unterhaltung sind, aber die Zeitschriften haben dem Fernsehen beigebracht, daß nur die Unterhaltung Nachrichten abwirft. Sendungen wie *Entertainment Today* verwandeln Informationen über Unterhaltungskünstler und Prominente in »ernsthafte« kulturelle Zeichen. So schließt sich der Kreis: Sowohl die Form als auch der Inhalt der Nachrichten werden zur Unterhaltung.

Vom Radio sollte man gewiß am allerwenigsten erwarten, daß es sich dem Abstieg in Huxleys Welt der technologischen Narkotika anschließt. Schließlich ist es besonders gut zur Übermittlung von rationaler, komplexer Sprache geeignet. Aber selbst wenn wir außer acht lassen, wie sehr die Musikindustrie den Hörfunk mit Beschlag belegt, stehen wir vor der entmutigenden Tatsache, daß die Sprache, die wir im Radio vernehmen, zusehends primitiver und fragmentarischer wird und weitgehend darauf aus ist, viszerale Reaktionen auszulösen; mit anderen Worten, sie entwickelt sich zum sprachlichen Pendant der allgegenwärtigen Rockmusik, die die wichtigste Einnahmequelle des Radios ist. Während ich dies schreibe, geht der Trend in Sendungen, an denen sich die Hörer telefonisch beteiligen können, dahin, daß der »Gastgeber« in beleidigendem Ton mit Anrufern spricht, deren Sprache über ein menschenähnliches Grunzen kaum hinauskommt. Derartige Sendungen haben wenig Inhalt, wenn man dieses Wort in seiner alten Bedeutung nimmt, und sind allenfalls von archäologischem Interesse, insofern sie uns eine Vorstellung davon vermitteln, wie ein Dialog zwischen Neandertalern geklungen haben könnte. Wichtiger noch ist in unserem Zusammenhang, daß die Sprache der Radionachrichten unter dem Einfluß des Fernsehens immer stärker dekontextualisiert und immer diskontinuierlicher geworden ist, so daß die Möglichkeit, über das bloße Hören hinaus auch etwas zu begreifen, praktisch versperrt ist. Der Radiosender WINS in New York City fleht seine Hörer an: »Geben Sie uns 22 Minuten, und wir geben Ihnen die Welt«. Das ist ernst gemeint, und wir dürfen annehmen, daß auch die Hörer diesen Slogan nicht für die Ausgeburt eines verwirrten Hirns halten.

Und so bewegen wir uns mit hohem Tempo in eine Informationsumwelt hinein, die man mit vollem Recht als *trivial pursuit*, als trivialen Zeitvertreib, bezeichnen kann. Unsere Nachrichtenmedien gehen mit den Tatsachen genauso um wie das Spiel dieses Namens – sie benutzen sie zum Amüsement. Schon viele Male hat sich erwiesen, daß eine Kultur an Falschinformationen und irrigen Meinungen nicht zugrunde gehen muß. Aber es ist noch nicht erwiesen, daß eine Kultur überleben kann, wenn sie sich in zweiundzwanzig Minuten ihr Urteil über die Welt bildet und diese Welt daran mißt, wie viele Lacher dabei herauskommen.

8. Kapitel

Im Wiegeschritt nach Bethlehem

Im Fernsehen tritt eine evangelische Predigerin mit Namen Reverend Terry auf. Sie scheint Anfang fünfzig zu sein und zeichnet sich durch eine Frisur aus, von der manche sagen, sie könne nicht in Unordnung geraten, sondern nur zu Bruch gehen. Reverend Terry ist energisch, gibt sich volkstümlich und predigt in einem Stil, der sich am frühen Milton Berle orientiert. Wenn ihre Zuhörer von der Kamera gezeigt werden, dann fast immer lachend. Deshalb fällt es schwer, diese Leute etwa von den Gästen im Sands Hotel in Las Vegas zu unterscheiden, sie sehen lediglich gesitteter und gesünder aus. Reverend Terry will sie und die Zuschauer »an den Bildschirmen daheim« zu einer Änderung ihres Lebens bewegen, indem sie ihnen den Weg zu Jesus Christus zeigt. Dazu bietet sie als Unterstützung ein »Aufschwung-Programm« an, das offenbar einen doppelten Zweck erfüllen soll – es führt uns zu Jesus und liefert uns gleichzeitig Tips, wie wir unseren Kontostand erhöhen können. Das macht ihre Anhänger ungemein zufrieden und bestärkt sie in der Annahme, daß der »Aufschwung« das eigentliche Ziel der Religion sei.

Pat Robertson ist der Zeremonienmeister des äußerst erfolgreichen »700 Club«, einer Fernsehsendung und zugleich einer Art von Religionsgemeinschaft, der man dadurch beitreten kann, daß man 15 Dollar im Monat zahlt. (Wer über einen

Kabelanschluß verfügt, kann die Sendung selbstverständlich gebührenfrei empfangen.) Reverend Robertson gibt sich bei seinen Auftritten sehr viel zurückhaltender als Reverend Terry. Er ist bedächtig, intelligent und besitzt jenen Charme, der die Fernsehzuschauer vielleicht an den besonnenen Gastgeber einer Talkshow erinnert. Sein Appell an die Gottesfurcht ist erheblich anspruchsvoller als der von Reverend Terry, zumindest aus der Sicht des Fernsehens. Anscheinend hat er sich *Entertainment Tonight* zum Vorbild für seine Sendung genommen. Sie umfaßt Interviews, Gesangseinlagen und Filmstreifen mit Unterhaltungskünstlern, die eine christliche Wiedergeburt erlebt haben. So sind zum Beispiel alle Chorusgirls von Don Ho's Hawaii-Vorstellung wiedergeboren, und in einem kurzen Film werden sie uns beim Gebet und auf der Bühne (allerdings nicht gleichzeitig) vorgeführt. In der Sendung gibt es auch nachgestellte Szenen aus dem Leben von Leuten, die, nachdem sie an den Rand der Verzweiflung geraten waren, vom »700 Club« gerettet wurden. Sie spielen sich in diesen ausgefeilten Dokumentarstücken selbst. Da erscheint zum Beispiel eine Frau, die unter heftigen Angstzuständen leidet. Sie kann sich nicht auf ihre fraulichen Pflichten konzentrieren. Die Fernsehsendungen und Filme, die sie sieht, flößen ihr Angst vor der Außenwelt ein. Verfolgungswahn überwältigt sie. Sie fängt an zu glauben, ihre eigenen Kinder wollten sie umbringen. Eines Tages schaltet sie im Fernsehen zufällig den »700 Club« ein. Dessen Botschaft beginnt sie zu interessieren. Sie öffnet Jesus ihr Herz. Sie ist gerettet. Am Schluß des Stücks sehen wir, wie sie ihrer Arbeit nachgeht, gelassen und heiter, die Augen von innerem Frieden strahlend. Man könnte sagen, daß der »700 Club« sie auf doppelte Weise in die Sphäre der Transzendenz erhoben hat – erstens dadurch, daß er sie Jesus nähergebracht hat; zweitens dadurch, daß er aus ihr einen Fernsehstar gemacht hat. Unklar bleibt für den Nichteingeweihten, welche Sphäre die höhere ist.

Gegen Ende jeder »700 Club«-Sendung werden die Auftritte für den nächsten Tag angekündigt. Sie sind zahlreich und bunt gemischt. Die Sendung schließt mit den Worten: »Das alles und mehr... morgen im 700 Club.«

Jimmy Swaggart ist als Evangelist altmodischer. Zwar spielt er ganz gut Klavier, verfügt über eine ordentliche Stimme und nutzt das gesamte Arsenal der Mittel, die das Fernsehen bietet, aber wenn er in Fahrt kommt, dann neigt er dazu, Feuer und Schwefel auf die Häupter seiner Zuschauer regnen zu lassen. Doch weil das im Fernsehen geschieht, mildert er seine Botschaft oft mit einer Prise Ökumenismus. Seine Predigt über die Frage »Treiben die Juden Gotteslästerung?« zum Beispiel beginnt damit, daß er seinen Zuhörern versichert, dies sei nicht der Fall; er erinnert an die Bar-Mizwa Jesu und betont, daß die Christen den Juden viel zu verdanken haben. Am Ende erklärt er, mit dem Verlust ihres Tempels in biblischer Zeit seien die Juden aus der Bahn geraten. Mit dem, was er sagt, gibt er zu verstehen, daß man die Juden nicht verachten sollte, sondern bemitleiden muß und daß auf jeden Fall viele von ihnen nette Menschen sind.

Es ist die perfekte Fernsehpredigt – theatralisch, gefühlsbetont und auf eine eigenartige Weise erquickend, selbst für einen jüdischen Zuschauer. Denn das Fernsehen eignet sich – Gott sei dank – nicht für Botschaften, aus denen der blanke Haß spricht. Einerseits weiß man nie, wer zusieht, und deshalb gibt man sich am besten nicht ungebührlich aggressiv. Andererseits wirken Hasser mit geröteten Gesichtern und dämonischen Gesten im Fernsehen nur albern, was Marshall McLuhan schon vor Jahren festgestellt hat und was Senator Joseph McCarthy zu seinem Schrecken am eigenen Leibe erfahren mußte. Das Fernsehen begünstigt versöhnliche Stimmungen, und am nachhaltigsten wirkt es, wenn substantielle Positionen erst gar nicht hervortreten. (Eine Ausnahme muß man hier nur für die Fälle machen, in denen sich Prediger wie Swaggart dem Teufel und dem weltlichen Humanismus zuwenden. Dann sind sie in der Wut ihrer Angriffe ganz kompromißlos, teilweise wohl deshalb, weil weder der Teufel noch die weltlichen Humanisten in den Zuschauerstatistiken von

Nielsen auftauchen. Außerdem sitzen sie nur selten vor dem Fernseher.)

Zur Zeit gibt es in den Vereinigten Staaten fünfunddreißig Fernsehstationen, die sich im Besitz von Religionsgemeinschaften befinden und von diesen betrieben werden, doch sämtliche Fernsehsender bringen religiöse Programme dieser oder jener Art. Um mich auf die Arbeit an diesem Kapitel vorzubereiten, habe ich mir zweiundvierzig Stunden lang angesehen, wie das Fernsehen mit der Religion umgeht, insbesondere die Sendungen von Robert Schuller, Oral Roberts, Jimmy Swaggart, Jerry Falwell, Jim Bakker und Pat Robertson. Zweiundvierzig Stunden waren viel zuviel. Schon nach fünf Stunden hätte ich alle Schlüsse, zu denen ich gelangt bin, ziehen können. Zwei von ihnen scheinen mir besonders wichtig.

Der erste: Im Fernsehen wird auch die Religion einschränkungslos ohne jede Nachsicht als Unterhaltung präsentiert. Alles, was aus der Religionsausübung ein geschichtlich begründetes, innig erlebtes und geheiligtes Handeln macht, ist abgedunkelt; da gibt es kein Ritual und kein Dogma, keine Tradition und keine Theologie und vor allem keinen Sinn für spirituelle Transzendenz. In diesen Sendungen gibt der Prediger den Ton an. Der liebe Gott spielt die zweite Geige.

Die zweite Schlußfolgerung: Daß dies so ist, hat mehr mit der inneren Tendenz des Fernsehens als mit den Fehlern der »elektronischen Prediger«, wie man sie nennt, zu tun. Gewiß, manche von ihnen sind ungebildet, engstirnig und sogar bigott. Und im Vergleich mit bekannten Protestanten früherer Zeiten, mit Jonathan Edwards, George Whitefield und Charles Finney, allesamt Männer von tiefer Bildung, theologischem Scharfsinn und einer ausgeprägten Gabe zur Erörterung von Problemen, schneiden sie gewiß nicht gut ab. Dennoch unterscheiden sich die zeitgenössischen Fernsehprediger wahrscheinlich nicht sehr von der Mehrzahl früherer Prediger oder von vielen heutigen Geistlichen, die ihr Wirken auf Kirchen und Synagogen beschränken. Nicht ihre eigenen Schwächen machen die Fernsehprediger zu Feinden der Religiosität, sondern die Schwächen des Mediums, in dem sie arbeiten.

Den meisten Amerikanern, auch den Predigern, fällt es, falls sie je darüber nachdenken, schwer zu akzeptieren, daß man nicht jede Diskursform aus einem Medium in ein anderes übertragen kann. Es ist naiv, anzunehmen, daß man etwas, das in einem bestimmten Medium zum Ausdruck gebracht wurde, in einem anderen ausdrücken kann, ohne seine Bedeutung, seine Struktur und seinen Wert erheblich zu verändern. Prosatexte lassen sich meist recht gut von einer Sprache in eine andere übersetzen, aber für Gedichte gilt das bekanntlich nicht – vielleicht vermittelt uns die Übersetzung eine grobe Vorstellung von der Bedeutung eines Gedichts, doch das, was seine Schönheit begründet, geht dabei in aller Regel verloren. Die Übersetzung macht aus ihm etwas, das es vorher nicht war. Ein anderes Beispiel: Es mag uns bequem erscheinen, einem Freund, der einen Todesfall zu beklagen hat, eine Kondolenzkarte zu schicken; wir täuschen uns jedoch, wenn wir glauben, unsere Karte werde die gleiche Bedeutung übermitteln wie die gestammelten, geflüsterten Worte, die wir dem Freund sagen würden, wenn wir bei ihm wären. Die Karte verändert nicht nur diese Worte, sie eliminiert auch den Kontext, aus dem sie ihre Bedeutung ziehen. Genauso täuschen wir uns, wenn wir glauben, das meiste von dem, was ein Lehrer normalerweise tut, lasse sich mit höherer Effizienz mittels eines Microcomputers nachahmen, einiges vielleicht, doch immer stellt sich die Frage: Was geht bei der Übersetzung verloren? Und womöglich lautet die Antwort: Alles, worauf es bei der schulischen Erziehung ankommt.

Anders ausgedrückt: Das, was im Fernsehen übertragen wird, wird zugleich verwandelt, wobei der ursprüngliche Wesenskern entweder erhalten bleibt oder nicht. Die Fernsehprediger haben sich mit diesem Problem allerdings kaum ernsthaft auseinandergesetzt. Sie meinen, das, was sie früher in einer Kirche oder einem Zelt und im direkten Kontakt mit ihrer Gemeinde getan haben, lasse sich im Fernsehen ebenfalls tun, ohne daß sich der Charakter der religiösen Erfahrung veränderte. Daß sie sich mit dem Übersetzungsproblem nicht beschäftigt haben, rührt vielleicht aus der Selbstüberhebung, zu der sie die schwindelerregende Zahl von Menschen verleitet, die sie mit Hilfe des Fernsehens erreichen können.

»Das Fernsehen«, so hat Billy Graham geschrieben, »ist das machtvollste Kommunikationsinstrument, das der Mensch je ersonnen hat. Alle meine *specials* in der Hauptsendezeit werden jetzt von fast 300 Stationen überall in den USA und in Kanada übertragen, so daß ich mit einer einzigen Predigt im Fernsehen viele Millionen Menschen mehr erreiche, als Christus in seinem ganzen Leben erreicht hat.«[1] Und Pat Robertson fügt hinzu: »Zu sagen, daß sich die Kirche auf das Fernsehen nicht einlassen soll, ist ganz und gar töricht. Die Bedürfnisse sind dieselben, die Botschaft ist dieselbe, aber die Vermittlung kann sich ändern. [...] Es wäre töricht, wenn sich die Kirche um den stärksten Bildungsfaktor in Amerika nicht kümmern wollte.«[2]

Dahinter steht eine eklatante technologische Naivität. Wenn die Vermittlung nicht die gleiche ist, dann ist höchstwahrscheinlich auch die Botschaft nicht die gleiche. Und wenn der Kontext, in dem die Botschaft aufgenommen wird, sich von dem, wie er zu Lebzeiten Jesu war, ganz und gar unterscheidet, dann darf man wohl vermuten, daß auch seine soziale und psychologische Bedeutung eine ganz andere ist.

Der entscheidende Punkt ist, daß mehrere Eigentümlichkeiten des Fernsehens und seiner Umgebung zusammenkommen, die bewirken, daß authentisches religiöses Erleben verhindert wird. Es gehört zu den Grundvoraussetzungen jeder traditionellen religiösen Zeremonie, daß der Raum, in dem sie stattfindet, mit einer gewissen sakralen Weihe ausgestattet sein muß. Kirchen oder Synagogen sind natürlich Orte, die eigens für den Vollzug des Rituals geschaffen sind, so daß fast alles, was dort geschieht, selbst eine Bingo-Partie, eine religiöse Aura gewinnt. Religiöse Zeremonien sind jedoch nicht an eine Kirche oder eine Synagoge gebunden. Fast jeder Ort ist geeignet, vor-

ausgesetzt, daß er zuvor dekontaminiert, das heißt, seiner profanen Nutzung enthoben wird. Das kann geschehen, indem man ein Kreuz an die Wand hängt, indem man Kerzen auf den Tisch stellt oder einen heiligen Text öffentlich ausstellt. Auf diese Weise läßt sich eine Turnhalle oder ein Speisesaal oder ein Hotelzimmer in einen Ort der Andacht verwandeln; ein Stück Raum-Zeit wird aus der Welt der profanen Ereignisse herausgelöst und in eine neue Wirklichkeit transformiert. Damit diese Transformation möglich wird, gilt es, bestimmte Verhaltensregeln zu befolgen. Man soll zum Beispiel nicht essen und keine unnötigen Gespräche führen. Vielleicht ist man gehalten, ein Käppchen aufzusetzen oder in bestimmten Augenblicken niederzuknien oder in stiller Betrachtung zu verharren. Unser Verhalten muß jedenfalls mit der »Jenseitigkeit« des Ortes in Einklang stehen. Das aber ist normalerweise nicht der Fall, wenn wir eine religiöse Sendung im Fernsehen betrachten. Unser Tun und Treiben im Wohnzimmer oder im Schlafzimmer oder – der Herrgott steh uns bei – in der Küche bleibt das gleiche, gleichgültig, ob eine religiöse Sendung oder *The A-Team* oder *Dallas* läuft. Man ißt, man geht ins Bad, man macht Kniebeugen, wie man es auch sonst tut, wenn der Fernseher läuft. Wird das Publikum nicht in eine vom Mysterium und von symbolischer Jenseitigkeit erfüllte Atmosphäre hineingezogen, so findet es wahrscheinlich auch nicht zu jener Geisteshaltung, die uns für ein nicht-triviales religiöses Erlebnis öffnet.
Im übrigen hat der Bildschirm selbst eine starke Tendenz zu einer Psychologie der Diesseitigkeit. Er ist so sehr mit unseren Erinnerungen an profane Sendungen gesättigt, so eng mit der Welt der Werbung und der Unterhaltung verbunden, daß es schwerfällt, ihn in einen Rahmen für sakrale Vorgänge zu verwandeln. Der Zuschauer ist sich zum Beispiel jederzeit bewußt, daß er mit einem einfachen Tastendruck ein anderes, diesseitiges Ereignis auf den Bildschirm holen kann – ein Hokkeyspiel, einen Werbespot, einen Zeichentrickfilm. Und nicht nur das – sowohl vor als auch unmittelbar nach den meisten religiösen Sendungen werden Werbespots, Programmankündi-

gungen für beliebte Shows und eine Vielzahl anderer säkularer Bilder und Diskurse gesendet, so daß die eigentliche Botschaft des Bildschirms auf ein ständiges Unterhaltungsversprechen hinausläuft. Die Geschichte des Bildschirms sowie seine Möglichkeiten arbeiten der Vorstellung entgegen, Introspektion und geistige Versenkung seien in seiner Gegenwart wünschenswert. Der Zuschauer soll nie vergessen, daß ihm die Bildwelt des Fernsehens zu Amüsement und Vergnügen stets verfügbar ist.

Das alles wissen auch die Fernsehprediger. Sie wissen, daß ihre Sendungen keinen Bruch mit dem kommerziellen Fernsehen darstellen, sondern sich nahtlos in dieses einfügen. Viele ihrer Sendungen werden gar nicht zu den traditionellen Sonntagszeiten ausgestrahlt. Unter den beliebteren Predigern ist mancher durchaus bereit, sich mit weltlichen Programmen »anzulegen«, weil er meint, er könne eine attraktivere Show veranstalten. Das hierzu benötigte Geld ist übrigens leicht zu beschaffen. Die Gebührenzuwendungen für diese Sendungen gehen in die Millionen. Man hat die Gesamteinnahmen der »elektronischen Kirche« auf mehr als 500 Millionen Dollar im Jahr geschätzt.

Ich erwähne dies bloß, um anzudeuten, warum es diesen Predigern möglich ist, bei den hohen Produktionskosten mit jedem streng kommerziellen Programm mitzuhalten. Und fürwahr, da lassen sie sich nicht lumpen. Die meisten religiösen Sendungen präsentieren uns funkelnde Springbrunnen, Blumenarrangements, Chorgruppen und aufwendige Szenenbilder. Sie orientieren sich in ihrer Anlage an irgendeiner bekannten kommerziellen Sendung, Jim Bakker zum Beispiel an der *Merv Griffin Show*. Nicht selten werden die Sendungen »vor Ort« aufgenommen, an exotischen Plätzen mit attraktiven, ungewohnten Ausblicken.

Außerdem sind ständig überaus sympathische, freundliche Menschen im Bild, auf der Bühne wie im Publikum. Robert Schuller hat eine Vorliebe für Prominente, vor allem Filmstars wie Efrem Zimbalist Jr. und Cliff Robertson, die sich als seine Anhänger bekannt haben. Aber Schuller läßt Prominente nicht nur in seiner Sendung auftreten, in seinen Reklameankündigungen benutzt er ihre Anwesenheit auch, um Zuschauer anzulocken. Ja, man darf wohl sagen, das eigentliche Ziel dieser Sendungen genau wie das von *The A-Team* oder *Dallas* besteht darin, Zuschauer anzulocken.

Um das zu erreichen, macht man ausgiebigen Gebrauch von den modernsten Marketing- und Promotionmethoden – man verteilt Broschüren, Bibeln oder andere Geschenke oder im Falle Jerry Falwells zwei kostenlose »Jesus First«-Anstecknadeln. Die Prediger bekennen offen, wie sie den Inhalt ihrer Predigten so gestalten, daß sie möglichst hohe Einschaltquoten erzielen. Wer von einem Teleprediger etwas über die Schwierigkeiten des Reichen hören will, ins Himmelreich zu gelangen, der kann lange warten. Der Vorsitzende der National Religious Broadcasters Association faßt das ungeschriebene Gesetz aller Fernsehprediger, wie er es nennt, folgendermaßen zusammen: »Man bekommt seinen Publikumsanteil nur, wenn man den Menschen etwas bietet, was sie wollen.«[3]

Der Leser wird bemerken, wie ungewöhnlich dieses Glaubensbekenntnis ist. Kein einziger großer Religionsstifter – weder Buddha noch Moses, weder Jesus noch Mohammed, noch Luther – hat den Menschen je das geboten, was sie wollten. Sondern immer nur das, was ihnen nottat. Das Fernsehen jedoch ist nicht sonderlich geeignet, den Menschen das zu bieten, was ihnen nottut. Es ist »benutzerfreundlich«. Man kann es leicht abstellen. Am verlockendsten ist es, wenn es in dynamischen Bildern zu uns spricht. Eine komplexe Sprache oder gestrenge Forderungen passen nicht zu ihm. Infolgedessen hat das, was im Fernsehen gepredigt wird, mit der Bergpredigt nicht das Geringste zu tun. Religiöse Fernsehsendungen sind erfüllt von guter Laune. Sie feiern den Überfluß. Und ihre Hauptdarsteller werden gefeierte Berühmtheiten. Und obwohl das, was sie mitzuteilen haben, trivial ist, verzeichnen sie hohe Einschaltquoten – nein, gerade deshalb. Das Christentum ist eine anspruchsvolle, ernsthafte Religion. Wenn man es als leichte Unterhaltung darbietet, dann wird aus ihm eine ganz andere Art von Religion.

Natürlich gibt es Argumente, die sich gegen die These richten, das Fernsehen führe zu einer Verflachung der Religion, etwa der Hinweis, daß das Schauspiel der Religion keineswegs fremd ist. Sieht man einmal von den Quäkern und ein paar anderen strengen Sekten ab, so kann man feststellen, daß jede Religion bestrebt ist, durch Kunst, Musik, Kultbilder und ein ehrfurchteinflößendes Ritual zu faszinieren. In der ästhetischen Dimension der Religion gründet für viele Menschen ihre Anziehungskraft. Das gilt vor allem für den Katholizismus und die jüdische Religion, die ihre Gläubigen mit ergreifenden Gesängen, prächtigen Gewändern und Umhängen, magischen Hüten, Hostien und Wein, bunten, in Blei gefaßten Fenstern und dem geheimnisvollen Klang alter Sprachen beeindrucken. Der Unterschied zwischen diesem religiösen Beiwerk und den Blumenarrangements, den Springbrunnen und den aufwendigen Szenenbildern, die wir im Fernsehen beobachten, besteht darin, daß jenes Beiwerk nicht bloß Staffage, sondern fester Bestandteil der Geschichte und der Lehre dieser Religionen selbst ist; es verlangt von den Gläubigen eine entsprechende Einstellung. Ein Jude bedeckt sein Haupt nicht deshalb mit einer Kappe, weil das im Fernsehen gut aussieht. Ein Katholik zündet eine Weihekerze nicht an, damit der Altar ein schöneres Aussehen erhält. Rabbis, katholische Priester oder presbyterianische Geistliche lassen nicht während des Gottesdienstes Filmstars Zeugnis darüber ablegen, warum sie religiöse Menschen sind. Das Schauspiel, dem wir in authentischen Religionen begegnen, zielt auf Verzauberung, nicht auf Unterhaltung. Ein entscheidender Unterschied. Indem die Verzauberung den Dingen Magie verleiht, ist sie das Mittel, Zugang zum Heiligen zu erlangen; die Unterhaltung ist das Mittel, uns von ihm zu entfernen.

Man könnte dem Hinweis auf das spektakuläre Element der traditionellen Religion entgegenhalten, daß gerade die Religion, die uns im Fernsehen geboten wird, größtenteils »fundamentalistisch« ist; sie verschmäht ausdrücklich Ritual und Theologie zugunsten einer direkten Kommunikation mit der Bibel, das heißt, mit Gott. Ohne mich hier auf theologische Überlegungen einlassen zu wollen, worauf ich nicht vorbereitet bin, halte ich es doch für angemessen und naheliegend, zu sagen, daß Gott im Fernsehen eine schemenhafte, untergeordnete Gestalt ist. Sein Name wird zwar ständig angerufen, aber das Erscheinungsbild des Predigers vermittelt in seiner konkreten, beharrlichen Präsenz die deutliche Botschaft, daß er, und nicht ER, angebetet werden soll. Ich will damit nicht behaupten, daß der Prediger dies beabsichtigt, sondern nur, daß die Eindringlichkeit eines in Großaufnahme auf dem Bildschirm gezeigten Gesichts in Farbe die Götzendienerei zu einer ständigen Gefahr macht. Ich vermute (obwohl ich keine direkten Beweise dafür habe), daß die von katholischer Seite erhobenen Einwände gegen die Fernsehauftritte von Bischof Fulton Sheen (vor einigen Jahren) dem Eindruck entsprangen, daß die Zuschauer ihrer Andacht eine falsche Richtung gaben, daß sie sie nicht Gott, sondern Bischof Sheen zulenkten, der mit seinem durchdringenden Blick, seinem ehrfurchtgebietenden Umhang und seinem würdevollen Ton dem Erscheinungsbild einer Gottheit so nahe kam, wie es das Charisma nur zuließ.

Die Stärke des Fernsehens besteht darin, unser Herz den »Persönlichkeiten« zu öffnen, nicht unseren Kopf den abstrakten Vorstellungen. Deshalb hießen die Sendungen von CBS über das Weltall *Walter Cronkite's Universe*. Man sollte meinen, das Weltall bedürfe des Beistandes von Walter Cronkite nicht. Man irrt sich. CBS weiß, daß Walter Cronkite im Fernsehen besser ankommt als die Milchstraße. Und Jimmy Swaggart kommt besser an als Gott. Denn Gott existiert nur in unseren Köpfen, während Swaggart *da* ist, man kann ihn sehen, bewundern, anbeten. Deshalb ist er der Star der Sendung. Deshalb ist Billy Graham eine Berühmtheit, deshalb hat Oral Roberts eine eigene Universität, und deshalb hat Robert Schuller eine Kristallkathedrale ganz für sich allein. Wenn ich mich nicht irre, nennt man so etwas Blasphemie.

Ein letztes Argument zugunsten der Fernsehreligion weist auf die Tatsache hin, daß sie bei aller eventuell berechtigten Kritik jedenfalls Millionen von Zuschauern anzieht. Das besagen, wie es scheint, auch die weiter oben zitierten Bemerkungen von Billy Graham und Pat Robertson, es gebe bei der großen Menge ein Bedürfnis nach ihr. Die beste Erwiderung hierauf, die ich kenne, stammt von Hannah Arendt, die im Hinblick auf die Erzeugnisse der Massenkultur geschrieben hat:

»Diesen Zustand, der tatsächlich nirgendwo auf der Welt seinesgleichen hat, kann man wohl zutreffend als Massenkultur bezeichnen; gefördert und propagiert wird er nicht von den Massen und auch nicht von den Unterhaltungskünstlern, sondern von denen, die versuchen, die Massen mit Dingen zu unterhalten, welche früher einmal authentische Kulturobjekte waren, und die ihnen einreden, *Hamlet* könne genauso unterhaltsam sein wie *My Fair Lady* und außerdem auch noch zur Bildung beitragen. Die Gefahr solcher Bildungsangebote für die Massen besteht gerade darin, daß sie möglicherweise wirklich sehr unterhaltsam sein werden; viele bedeutende Autoren der Vergangenheit haben Jahrhunderte der Vergessenheit und der Vernachlässigung überlebt, aber noch ist die Frage nicht beantwortet, ob sie auch eine unterhaltsame Version dessen, was sie gesagt haben, überleben werden.«[4]

Wenn wir »Hamlet« durch das Wort »Religion« und »bedeutende Autoren der Vergangenheit« durch »bedeutende religiöse Traditionen« ersetzen, dann liefert uns dieses Zitat die entscheidende Kritik an der Fernsehreligion. Mit anderen Worten, es besteht kein Zweifel, daß man die Religion unterhaltsam machen kann. Die Frage ist nur: Zerstören wir sie damit als »authentisches Kulturobjekt«? Und verwandelt die Popularität einer Religion, die die Mittel des Varietés voll ausschöpft, traditionelle religiöse Vorstellungen in triviale Versatzstücke einer hektischen Show? Auf die peinlichen Bemühungen von Erzbischof O'Connor, sich beliebt zu machen und amüsant zu wirken, und auf den Pfarrpriester, der die Rockmusik freudestrahlend der katholischen Liturgie einzuverleiben versucht, habe ich schon hingewiesen. Ich weiß von einem Rabbi, der seiner Gemeinde allen Ernstes vorgeschlagen hat, Luciano Pavarotti bei einem Gottesdienst zum Jom Kippur-Fest das Kol Nidre singen zu lassen. Er glaubt, dieser Auftritt werde die Synagoge füllen wie niemals zuvor. Wer mag das bezweifeln? Aber, so würde Hannah Arendt sagen, genau darin liegt das Problem, nicht die Lösung. Als Mitglied des Ausschusses für Medientheologie, Bildung und elektronische Medien des National Council of the Churches of Christ weiß ich, mit welcher Besorgnis die »etablierten« protestantischen Religionen Tendenzen beobachten, den protestantischen Gottesdienst »fernsehgerecht« zu machen. Wie man im National Council erkannt hat, besteht die Gefahr nicht darin, daß die Religion zum Inhalt von Fernsehshows wird, sondern darin, daß Fernsehshows zum Inhalt der Religion werden.

9. Kapitel

Sie haben die freie Wahl

In *The Last Hurrah,* dem großartigen Roman von Edwin O'Connor über die hemdsärmelige Parteipolitik in Boston, will Bürgermeister Frank Skeffington seinen jungen Neffen mit der Wirklichkeit der politischen Maschinerie vertraut machen. Die Politik, so erklärt er ihm, ist der größte Zuschauersport in Amerika. 1966 gebrauchte Ronald Reagan eine andere Metapher. »Die Politik«, so sagte er, »ist genau wie das Showbusiness.«[1]
Zwar ist der Sport heute zu einem wichtigen Zweig des Showbusiness geworden, aber er enthält immer noch einige Elemente, die Skeffingtons Ansicht von der Politik hoffnungsvoller erscheinen lassen als diejenige Reagans. In jeder Sportart ist der Leistungsstandard sowohl den Spielern als auch den Zuschauern bekannt, und das Ansehen eines Sportlers oder einer Sportlerin steigt und fällt damit, wie nahe er oder sie diesem Standard kommt. Es läßt sich nur schwer verbergen, wo der Sportler im Verhältnis zu diesem Standard steht, und falsche Angaben lassen sich nicht vortäuschen. Das bedeutet, daß ein Baseball-Außenfeldspieler wie David Garth mit einer durchschnittlichen Schlagquote von 0,218 zur Verbesserung seines Images wenig tun kann. Es bedeutet auch, daß eine Meinungsumfrage darüber, wer die beste Tennisspielerin der Welt sei, sinnlos ist. Die Meinung der Öffentlichkeit hat damit nichts zu

tun. Martina Navratilovas Aufschlag liefert die entscheidende Antwort.
Man kann noch hinzufügen, daß die Zuschauer bei einer Sportveranstaltung die Spielregeln und die Bedeutung jeder Aktion innerhalb des Spielverlaufs meist genau kennen. Ein Libero, der einen im Abseits stehenden Stürmer anspielt, kann die Zuschauer um nichts in der Welt glauben machen, er habe seiner Mannschaft einen Dienst erwiesen (allenfalls erinnert er sie daran, daß er zu einem gezielten Paß imstande *wäre*). Der Unterschied zwischen einem Treffer und einem »Aus«, zwischen einem Tor und einem Fehlpaß, zwischen Assen und Doppelfehlern läßt sich nicht verwischen, mag der eine oder andere Sportler noch so viel Mundwerk darauf verwenden. Gliche die Politik einer Sportveranstaltung, so würden sich mit ihrem Namen einige Tugenden verbinden: Klarheit, Redlichkeit, überragende Leistung.
Aber welche Tugenden verbinden sich mit der Politik, wenn Ronald Reagan recht hat? Auch dem Showbusiness ist eine Vorstellung von überragender Leistung nicht gänzlich fremd, aber in erster Linie geht es ihm darum, der Menge zu gefallen, und sein wichtigstes Werkzeug ist der Kunstgriff. Wenn die Politik dem Showbusiness gleicht, dann kommt es nicht darauf an, überragende Leistungen, Klarheit und Redlichkeit anzustreben, sondern darauf, den Eindruck zu erwecken, man täte es – und das ist etwas ganz anderes. Was dieses ganz andere ist, läßt sich mit einem Wort sagen: Reklame. In seinem Buch über Richard Nixons Wahlkampf von 1968, *The Selling of the President,* hat Joe McGinnis im Titel ebenso wie im Text vieles von dem ausgesprochen, was über das Verhältnis von Politik und Reklame gesagt werden muß. Freilich nicht alles. Denn obwohl der »Verkauf« eines Präsidenten eine erstaunliche und erniedrigende Sache ist, ist er doch nur Teil eines größeren Zusammenhangs: Die elementare Metapher für den politischen Diskurs und für die öffentliche Urteilsbildung in Amerika liefert der Werbespot im Fernsehen.
Die Fernsehwerbung ist die eigenartigste und zugleich am wei-

testen verbreitete Kommunikationsform, die man aus der Steckdose beziehen kann. Ein Amerikaner hat mit vierzig Jahren in der Regel weit mehr als eine Million Werbespots im Fernsehen gesehen und muß noch fast eine weitere Million hinter sich bringen, bevor der erste Scheck der Sozialversicherung bei ihm eintrifft. Wir dürfen daher mit Gründen annehmen, daß die Fernsehwerbung die Denkgewohnheiten der Amerikaner nachhaltig geprägt hat. Unschwer läßt sich nachweisen, daß sie zu einem wichtigen Modell für die Struktur von öffentlichen Diskursen jeder Art geworden ist. Hier möchte ich vor allem zeigen, wie sie den politischen Diskurs verwüstet hat. Zunächst jedoch sollen ihre Auswirkungen auf das Wirtschaftsleben selbst kurz dargestellt werden.
Indem sie alle Genres des Showbusiness – Musik, Dramatik, Bild, Humor, Prominenz – in einer kompakten Form zusammenfaßt, hat die Fernsehwerbung den schwersten Angriff auf die kapitalistische Ideologie seit dem Erscheinen des *Kapitals* gestartet. Um zu verstehen, warum, müssen wir uns in Erinnerung rufen, daß der Kapitalismus genau wie die Wissenschaft und die freiheitliche Demokratie eine Folgeerscheinung der Aufklärung war. Seine wichtigsten Theoretiker und selbst seine erfolgreichsten Praktiker waren der Ansicht, der Kapitalismus beruhe auf der Idee, daß sowohl Käufer als auch Verkäufer hinreichend erwachsen, informiert und verständig sind, um sich auf Geschäftsbeziehungen einzulassen, die im beiderseitigen Eigeninteresse liegen. Wenn man in der Habgier den Brennstoff für die kapitalistische Lokomotive erblickte, dann war jedenfalls die Rationalität der Maschinist. Eine der Voraussetzungen für die Konkurrenz auf dem Markt besteht der Theorie nach darin, daß der Käufer nicht nur weiß, was ihm nützt, sondern auch, was überhaupt nützlich ist. Wenn der Verkäufer nichts produziert, was, gemessen an den Standards eines rationalen Marktes, Wert besitzt, dann erleidet er Schiffbruch. Die Annahme, daß sich die Käufer von ihrer Rationalität lenken lassen, spornt die Konkurrenten an, Sieger zu werden, und die Sieger spornt sie an, Sieger zu bleiben. Wo man annimmt,

daß der Käufer unfähig sei, rationale Entscheidungen zu treffen, werden Gesetze erlassen, die solche Geschäfte ungültig machen, etwa jene, die es Kindern untersagen, Verträge zu schließen. In Amerika gibt es sogar eine gesetzliche Vorschrift, daß der Verkäufer über seine Produkte die Wahrheit sagen muß, denn wenn der Käufer falschen Behauptungen schutzlos ausgesetzt ist, wird seine Möglichkeit, rational zu entscheiden, ernsthaft beeinträchtigt.

Natürlich weist die kapitalistische Praxis innere Widersprüche auf. Kartelle und Monopole zum Beispiel haben die Theorie untergraben. Aber die Fernsehwerbung macht sie vollends zunichte. Hierfür ein ganz simples Beispiel: Soll eine Behauptung – im Geschäftsleben oder anderswo – rational überprüfbar sein, so muß sie eine sprachliche Form haben, genauer gesagt, sie muß die Form eines Aussagesatzes annehmen, denn aus dem Diskursuniversum solcher Sätze stammen Wörter wie »wahr« und »falsch«. Sobald man dieses Diskursuniversum verläßt oder entwertet, vermögen empirische Tests, logische Analysen und alle anderen Werkzeuge der Vernunft nichts mehr auszurichten.

Die Abkehr vom Aussagesatz in der kommerziellen Werbung setzte gegen Ende des 19. Jahrhunderts ein. Aber erst im Laufe der fünfziger Jahre unseres Jahrhunderts hat der Fernsehwerbespot den sprachlichen Diskurs als Grundlage von Produktentscheidungen überflüssig gemacht. Indem sie Behauptungen durch Bilder ersetzte, machte die Bildwerbung den emotionalen »Appeal« statt einer rationalen Prüfung zur Basis der Verbraucherentscheidungen. Inzwischen haben sich Rationalität und Reklame weit voneinander entfernt, ja, man kann sich kaum noch vorstellen, daß zwischen ihnen einmal ein Zusammenhang bestand. In der Fernsehwerbung von heute begegnet man Aussagesätzen genauso selten wie unattraktiven Menschen. Wahrheit oder Falschheit einer Reklameaussage stehen nicht zur Debatte. Eine McDonalds-Werbung zum Beispiel liefert nicht eine Reihe von überprüfbaren, logisch geordneten Aussagen. Sie inszeniert ein Schauspiel – eine Mythologie, wenn man so will –, in dem nette Menschen Hamburger verkaufen, kaufen und verzehren und dabei vor lauter Glück fast in Ekstase geraten. Es werden keine Behauptungen aufgestellt, ausgenommen jene, die der Zuschauer selbst in das Schauspiel hineinprojiziert oder aus ihm erschließt. Gewiß, man kann einen Werbespot mögen oder nicht mögen. Widerlegen jedoch kann man ihn nicht.

Wir können noch weiter gehen: Die Fernsehwerbung handelt gar nicht von den Produkten, die konsumiert werden sollen; sie handelt vom Charakter der Konsumenten. Bilder von Filmstars und berühmten Sportlern, von ruhigen Seen und Macho-Fischern auf einer Hochseeyacht, von einem eleganten Dinner oder einem romantischen Intermezzo, von fröhlichen Familien, die ihren Kombi für ein Picknick auf dem Lande packen – sie sagen nichts über die Produkte, die da verkauft werden sollen. Doch sie sagen alles über die Ängste, die Phantasien und Träume derer, die sie kaufen sollen. Wer einen Werbespot in Auftrag gibt, der muß nicht die Stärken seines Produkts, sondern die Schwächen des Käufers kennen. Deshalb gibt die Wirtschaft heute mehr Geld für Marktforschung als für Produktforschung aus. Die Fernsehwerbung hat dazu beigetragen, daß die Wirtschaft auf die Steigerung des Eigenwertes ihrer Produkte heute weniger bedacht ist als auf die Steigerung des Selbstwertgefühls ihrer potentiellen Kunden, mit anderen Worten, sie hat sich eine Pseudo-Therapie zur Aufgabe gemacht. Der Verbraucher ist zum Patienten geworden, dem man mit Psycho-Dramen Sicherheit vermittelt.

Das alles würde einen Adam Smith ebenso verblüffen, wie die Wandlungsprozesse der Politik einen George Orwell mit seinen Schreckensvisionen in Erstaunen setzen würden. Es stimmt zwar, daß, wie George Steiner feststellt, Orwell glaubte, die »Neusprache« werde zum Teil aus den »Sprachhülsen der kommerziellen Werbung« hervorgehen. Doch als Orwell in seinem berühmten Aufsatz »The Politics of the English Language« schrieb, Politik habe es fortan vor allem damit zu tun, »das nicht zu Verteidigende zu verteidigen«, ging er davon aus, daß

die Politik ein zwar korrumpierter, aber eigenständiger Diskursmodus bleiben werde. Seine Verachtung richtete sich gegen jene Politiker, die sich der jahrhundertealten Kunstgriffe des »Zwiedenkens«, der Propaganda und der Täuschung in verfeinerter Form bedienen würden. Daß die Verteidigung des nicht zu Verteidigenden als Amüsement betrieben werden könnte, kam ihm nicht in den Sinn. Er fürchtete im Politiker den Betrüger, nicht den Entertainer.
Der Fernsehwerbespot ist das wichtigste Instrument bei der Entwicklung der modernen Methoden zur Präsentation politischer Ideen gewesen, und zwar auf zweifache Weise. Zunächst dadurch, daß man seine Form in Wahlkämpfen zu verwenden begann. Es ist, glaube ich, unnötig, hier ausführlich auf diese Methode einzugehen. Jeder kennt sie, und jeder hat sich mehr oder weniger heftig über sie geärgert, auch der frühere Bürgermeister von New York, John Lindsay, der vorgeschlagen hat, politische Werbespots im Fernsehen zu verbieten. Sogar Fernsehkommentatoren haben unsere Aufmerksamkeit auf die politische Fernsehwerbung gelenkt, etwa Bill Moyers in seinem Dokumentarfilm *The Thirty-second President (Der Dreißig-Sekunden Präsident)* innerhalb seiner hervorragenden Fernsehserie *A Walk Through the 20th Century*. Mir selbst wurde die Macht, die der Fernsehspot als politischer Diskurs besitzt, aufgrund persönlicher Erfahrungen klar, als ich vor ein paar Jahren eine winzige Rolle im Wahlkampfteam von Ramsey Clark spielte, der sich gegen Jacob Javits im Bundesstaat New York um einen Senatssitz bewarb. Als überzeugter Verfechter der überlieferten Formen des politischen Diskurses stellte sich Clark eine kleine Bibliothek von sorgfältig ausgearbeiteten Positionspapieren über eine Vielzahl von Themen zusammen, angefangen bei den Rassenbeziehungen, über die Atomenergie bis hin zum Mittleren Osten. Jedes Papier reicherte er mit historischen Hintergrundinformationen, mit ökonomischen und politischen Fakten an und versah es mit einer, wie mir schien, aufgeklärten soziologischen Perspektive. Genausogut hätte er Karikaturen zeichnen können. Jacob Javits jedenfalls zeichne-

te, wenn man so will, Karikaturen. Falls er in irgendeiner Frage eine klar umrissene Position gehabt haben sollte, ist diese Tatsache jedenfalls weitgehend unbekannt geblieben. Er baute seinen Wahkampf auf einer Reihe von Dreißig-Sekunden-Werbespots im Fernsehen auf, in denen er sich – ähnlich wie es in einem McDonalds-Spot geschieht – mit Hilfe von Bildern als ein Mann von Erfahrung, Rechtschaffenheit und Frömmigkeit darbot. Soweit ich weiß, glaubte Javits genauso fest an die Vernunft wie Ramsey Clark. Aber noch fester glaubte er daran, daß er seinen Sitz im Senat behalten müsse. Und er wußte genau, in welchem Jahrhundert wir leben. Er wußte, daß in der Epoche des Fernsehens und anderer visueller Medien »politisches Wissen« vornehmlich zu Bildern und nicht zu Worten oder Ideen gerinnt. Er täuschte sich nicht. Mit der größten Mehrheit in der Geschichte des Bundesstaates New York gewann er die Wahl. Im übrigen ist es längst eine Binsenweisheit, daß jeder, der sich in Amerika ernsthaft um ein hohes politisches Amt bewirbt, der Dienste eines Image-Managers bedarf, der plant und gestaltet, welche Bilder sich im öffentlichen Bewußtsein festsetzen sollen. Auf die Folgen dieser »Image-Politik« werde ich noch zurückkommen. Zuvor ist es nötig, etwas über die zweite Methode zu sagen, durch die der Werbespot den politischen Diskurs formt.

Weil die Fernsehwerbung die Kommunikationsform mit der größten Breitenwirkung in unserer Gesellschaft ist, war es unvermeidlich, daß sich die Amerikaner an ihre Philosophie anpaßten. Mit »anpassen« meine ich, daß wir die Fernsehwerbung als normale und einleuchtende Diskursform akzeptieren. Mit »Philosophie« meine ich, daß der Fernsehwerbung bestimmte Annahmen über das Wesen von Kommunikation zugrunde liegen, die denen anderer Medien, insbesondere denen des gedruckten Worts, zuwiderlaufen. Der Werbespot besteht auf einer nie zuvor dagewesenen, man könnte sagen blitzartigen Kürze des Ausdrucks. Ein Werbespot von sechzig Sekunden Länge ist weitschweifig; dreißig Sekunden ist mehr, als die meisten brauchen; fünfzehn bis zwanzig Sekunden sind die Regel. Es ist dies eine ungestüme und geradezu bestürzende Kommunikationsstruktur, richtet sich der Werbespot doch, wie gesagt, an die psychologischen Bedürfnisse des Betrachters. Er ist also nicht lediglich eine Therapie; er ist eine Soforttherapie. Und er verficht eine psychologische Theorie mit höchst eigenartigen Axiomen: Der Werbespot will uns glauben machen, daß alle Probleme lösbar sind, daß sie schnell lösbar sind, und zwar schnell lösbar durch das Eingreifen von Technologie, Fachwissen und Chemie. Es ist dies natürlich eine ganz unsinnige Theorie über die Wurzeln innerer Unzufriedenheit, und jedem, der sie hörte oder läse, würde dies auffallen. Doch der Werbespot verschmäht die Erörterung, denn sie erfordert Zeit und fordert Einwände heraus. Das wäre ein miserabler Werbespot, der den Zuschauer veranlaßt, nach der Gültigkeit der vorgetragenen Behauptungen zu fragen. Deshalb verwenden die meisten Werbespots das literarische Mittel des Pseudo-Gleichnisses. Solche »Gleichnisse«, etwa das vom schmutzigen Kragenrand, das von den verlorenen Reiseschecks oder das vom Telephonanruf des Sohns in der Ferne, besitzen nicht nur eine unabweisbare emotionale Eindringlichkeit, sie enthalten, wie die Gleichnisse der Bibel, auch eine unmißverständliche Lehre. Um die Produkte geht es in den Werbespots nur in dem Sinne, wie es in der Geschichte von Jonas um die Anatomie der Wale geht, nämlich gar nicht. Statt dessen handeln sie davon, wie man sein Leben führen soll. Im übrigen haben die Werbespots den Vorteil anschaulicher, bildhafter Symbole, mit deren Hilfe wir die Lehren, die uns erteilt werden, leicht aufnehmen können. Diese Lehren besagen unter anderem, daß kurze, einfache Botschaften langen und komplexen vorzuziehen sind; daß die Dramatik der Erörterung vorzuziehen ist; daß es besser ist, wenn einem Lösungen verkauft werden, als wenn man mit Fragen oder Problemen konfrontiert wird. Solche Ansichten wirken sich natürlich auf unsere Einstellung zum politischen Diskurs aus; so kann es sein, daß wir anfangen, bestimmte Annahmen über die Beschaffenheit der politischen Sphäre als selbstverständlich hinzunehmen, die entweder aus der Fern-

sehwerbung stammen oder von ihr verstärkt werden. Jemand, der eine Million Werbespots gesehen hat, könnte durchaus zu der Meinung gelangen, daß es für alle politischen Probleme schnelle Lösungen mit einfachen Mitteln gibt – oder geben sollte. Oder daß einer komplizierten Sprache nicht zu trauen sei und daß sich alle Probleme in bühnenwirksame Dramatik umsetzen lassen. Oder daß alles Argumentieren geschmack- und taktlos sei und nur in unerträgliche Unsicherheit münde. Ja, daß es unnötig sei, zwischen Politik und anderen Formen des gesellschaftlichen Lebens zu trennen. So wie das Werbefernsehen einen Sportler, einen Schauspieler, einen Musiker, einen Romanschriftsteller, einen Naturwissenschaftler oder eine Gräfin »einsetzt«, um uns die Vorzüge eines Produkts darzustellen, für das sie gar nicht sachverständig sind, so befreit das Fernsehen auch den Politiker aus dem begrenzten Bereich seiner Sachkenntnisse. Politische Gestalten können überall und jederzeit auftauchen und irgend etwas Beliebiges tun, ohne komisch, anmaßend oder auch nur deplaziert zu wirken. Mit anderen Worten, sie haben sich als Prominente der allgemeinen Fernsehkultur angeglichen.
Prominent sein ist etwas anderes als bekannt sein. Harry Truman war bekannt, aber er war nicht prominent. Wann immer Präsident Truman in der Öffentlichkeit zu sehen oder zu hören war – stets sprach er von Politik. Man muß viel Phantasie aufbieten, um sich Harry Truman oder seine Frau bei einem Gastauftritt in Sendungen wie *The Goldbergs* oder *I Remember Mama* vorzustellen. Politik und Politiker hatten nichts mit derlei Sendungen zu tun, die sich die Leute zu ihrem Vergnügen ansahen, nicht aber um politische Kandidaten und Probleme kennenzulernen.
Es ist schwer zu sagen, wann genau Politiker damit anfingen, sich absichtlich als Quelle von Amüsement in den Vordergrund zu schieben. In den fünfziger Jahren trat Senator Everett Dirksen als Gast in der Sendung *What's My Line?* auf. Als sich John F. Kennedy um das Präsidentenamt bewarb, gestattete er den Kameras von Ed Murrows Sendung *Person to Person*, in sein

Haus einzudringen. In einer Zeit, da er sich nicht um die Präsidentschaft bewarb, trat Richard Nixon für ein paar Sekunden in *Laugh-In* auf, einer einstündigen Unterhaltungssendung nach dem Muster des Werbefernsehens. Im Laufe der siebziger Jahre gewöhnte sich das Publikum langsam daran, daß es politische Gestalten als Teil der Welt des Showbusiness wahrzunehmen hatte. In den achtziger Jahren kam dann die Springflut. William Miller, Kandidat für das Amt des Vizepräsidenten, machte einen Werbespot für American Express. Der Star der Watergate Hearings, Senator Sam Ervin, ebenfalls. Der frühere Präsident Gerald Ford tat sich mit dem ehemaligen Außenminister Henry Kissinger zusammen, und beide übernahmen kleine Rollen in *Denver Clan*. Der Gouverneur von Massachusetts, Mike Dukakis, trat in der Sendung *St. Elsewhere* auf, der Sprecher des Repräsentantenhauses, Tip O'Neill, in *Cheers*. Der Verbraucheranwalt Ralph Nader, George McGovern und Bürgermeister Edward Koch fungierten als Gastgeber in *Saturday Night Life*. Koch spielte außerdem die Rolle eines Box-Managers in einem Fernsehfilm mit James Cagney in der Hauptrolle. Mrs. Nancy Reagan trat in *Diff'rent Strokes* auf. Und würde es irgendwen verwundern, wenn Gary Hart in *Hill Street Blues* auftauchte oder wenn Geraldine Ferraro eine kleine Rolle als Hausfrau aus Queens in einem Film von Francis Coppola übernähme?

Vielleicht geht es zu weit, wenn man sagt, der »prominente« Politiker habe die politischen Parteien bedeutungslos gemacht. Doch zweifellos gibt es einen auffälligen Zusammenhang zwischen dem Aufstieg des prominenten Politikers und dem Niedergang der Parteien. Einige Leser erinnern sich vielleicht noch an die Zeiten, in denen die Wähler kaum wußten, wer ihr Kandidat war, und sich jedenfalls nicht um seinen Charakter und sein Privatleben kümmerten. Als junger Mann weigerte ich mich einmal, für einen Bürgermeisterkandidaten der Demokraten zu stimmen, der mir dumm und korrupt erschien. »Was hat das denn damit zu tun?« protestierte mein Vater. »*Alle* Kandidaten der Demokraten sind dumm und korrupt. Willst

du vielleicht, daß die Republikaner gewinnen?« Er wollte damit sagen, daß einsichtige Wähler derjenigen Partei den Vorzug geben, die ihre wirtschaftlichen Interessen und ihre soziologische Perspektive am besten artikuliert. Für den »besten Mann« zu stimmen, schien ihm naiv und sinnlos. Er bezweifelte nicht, daß es bei den Republikanern gute Leute gab. Er wußte aber auch, daß sie nicht für seine Klasse sprachen. Mit untrüglichem Gespür vertrat er die gleiche Auffassung wie Big Tim Sullivan, einer der Führer der New Yorker »Tammany Hall« in ihrer glorreichen Zeit. In seinem Aufsatz »Politics 1984« erzählt Terence Moran, wie sich Sullivan einmal über die Nachricht ärgerte, bei einer Wahl seien in seinem Bezirk 6382 Stimmen für die Demokraten und 2 für die Republikaner abgegeben worden. Bei der Auswertung dieses enttäuschenden Resultats meinte Sullivan: »Na ja, ist Kelly nicht zu mir gekommen und hat erzählt, daß der Vetter seiner Frau zu den Republikanern hält, und habe ich ihm um des lieben Friedens in der Gemeinde willen nicht die Erlaubnis gegeben, republikanisch zu wählen? Aber ich möchte wissen, wer sonst noch für die Republikaner gestimmt hat!«[2]
Die Weisheit dieser Argumentation möchte ich hier nicht erörtern. Es mag manches dafür sprechen, ohne Rücksicht auf die Parteizugehörigkeit den besten Mann zu wählen (obwohl mir keiner einfällt). Entscheidend jedoch ist, daß uns das Fernsehen jedenfalls nicht offenbart, wer der Beste ist. Das Fernsehen macht es sogar unmöglich, zu bestimmen, ob einer besser als ein anderer ist, sofern man unter »besser« versteht, daß er über größeres Verhandlungstalent, mehr Organisationskraft, mehr außenpolitische Erfahrung, mehr Verständnis für die Wechselbeziehungen innerhalb des Wirtschaftssystems und dergleichen verfügt. Daß dem so ist, hängt vor allem mit der Rolle, die das Image im Fernsehen spielt, zusammen. Allerdings nicht etwa damit, daß die Politiker bemüht sind, sich in möglichst gutem Licht zu zeigen. Wer will das nicht? Das müßte ein sehr merkwürdiger, seelisch erheblich gestörter Mensch sein, der nicht den Wunsch hätte, ein günstiges Bild von sich zu

hinterlassen. Aber das Fernsehen bringt dieses Bild und diesen Wunsch in Verruf. Denn im Fernsehen bietet der Politiker dem Publikum nicht so sehr ein Bild von sich an, er macht sich vielmehr zu einem Bild, das die Zuschauer gerne sehen. Und darin liegt einer der stärksten Einflüsse begründet, die die Fernsehwerbung auf den politischen Diskurs ausübt.

Um zu begreifen, wie die Image-Politik im Fernsehen funktioniert, können wir bei den in Amerika sehr bekannten Werbespots von Bell Telephone ansetzen, jenen von Steve Horn geschaffenen Romanzen, in denen wir aufgefordert werden, zum Hörer (und in die Ferne) zu greifen und jemanden zu berühren (oder Kontakt mit ihm aufzunehmen) – *Reach Out and Touch Someone*. Dieser »jemand« ist meist ein Verwandter, der in Denver oder Los Angeles oder Atlanta lebt, jedenfalls weit weg, und den wir, wenn wir Glück haben, in einem guten Jahr am Thanksgiving Day wiedersehen werden. Dieser »jemand« spielte früher eine wesentliche Rolle in unserem täglichen Leben, mit anderen Worten, er war Familienangehöriger. Die amerikanische Kultur steht der Idee der Familie zwar entschieden ablehnend gegenüber, aber noch hat uns das bohrende Gefühl nicht verlassen, daß uns etwas Wesentliches verlorengeht, wenn wir sie aufgeben. Da tritt Mr. Horn mit seinen Werbespots auf, Moralpredigten von dreißig Sekunden Länge, die uns eine neue Definition von Intimität vermitteln sollen, in der die Telephonleitung an die Stelle des altmodischen Beisammenseins tritt. Mehr noch, für eine Nation von Verwandten, die von Autos, Düsenjets und anderen Werkzeugen des Familienselbstmords in alle Winde versprengt wurden, deuten diese Werbespots eine neue Vorstellung von familialer Zusammengehörigkeit an. Jay Rosen hat sie näher analysiert: »Horn ist nicht daran interessiert, irgend etwas zu sagen; es gibt keine Botschaft, die er übermitteln will. Es ist nicht sein Ziel, Informationen über Bell zu liefern, er will vielmehr aus den zerbrochenen Bindungen im Dasein von Millionen von Amerikanern ein Gefühl hervortreten lassen, das sich auf das Telephon richten könnte. [...] Horn sagt nicht, was er

meint. Sie sagen nicht, was Sie meinen. Er sagt, was Sie meinen.«[3]
Dies ist die Lehre aller wichtigen Fernsehwerbespots: Sie liefern einen Slogan, ein Symbol, das für die Zuschauer ein umfassendes, unwiderstehliches Bild ihrer selbst hervorbringt. Der Übergang von der Parteipolitik zur Fernsehpolitik richtet sich auf das gleiche Ziel. Man läßt uns nicht herausfinden, wer als Präsident, als Gouverneur, als Senator der Beste wäre, statt dessen können wir in Erfahrung bringen, wessen Image die Tiefenschichten unserer Unzufriedenheit am ehesten erreicht und diese Unzufriedenheit am ehesten beschwichtigt. Wir schauen auf den Bildschirm und fragen uns genauso unersättlich wie die Königin in *Schneewittchen und die sieben Zwerge:* »Spieglein, Spieglein an der Wand, wer ist am schönsten im ganzen Land?« Und wir neigen dazu, unsere Stimme denen zu geben, deren Persönlichkeit, deren Familienleben und deren Lebensstil, so wie sie uns auf dem Bildschirm gezeigt werden, uns eine erfreulichere Antwort geben, als die Königin erhielt. Schon vor 2500 Jahren stellte Xenophanes fest, daß die Menschen sich ihre Götter nach ihrem eigenen Bild schaffen. Dem hat die Fernsehpolitik eine neue Wendung gegeben: Jene, die Götter sein möchten, verwandeln sich in Bilder, die sie so zeigen, wie die Zuschauer sie sehen wollen.
Die Image-Politik hält also zwar an der Vorstellung fest, daß der Wähler bei seiner Entscheidung dem Eigeninteresse folgt, aber sie verwandelt die Bedeutung dieses »Eigeninteresses«. Big Tim Sullivan und mein Vater stimmten für die Partei, die ihre Interessen repräsentierte; »Interessen« freilich waren für sie etwas Greifbares – Protektion, bevorzugte Behandlung, Schutz vor der Bürokratie, Unterstützung ihrer Gewerkschaft oder ihrer Gemeinde, Truthähne zum Thanksgiving Day für mittellose Familien. Hieran gemessen sind die Schwarzen die einzigen vernünftigen Wähler, die es in Amerika heute noch gibt. Wir anderen wählen meist gemäß unseren Interessen, aber diese Interessen sind weitgehend symbolischer, genauer: psychologischer Art. So wie die Fernsehwerbung ist auch die

Image-Politik eine Form von Therapie, und deshalb besteht sie in so großem Maße aus Charme, gutem Aussehen, Prominenz und persönlicher Offenbarung. Der Gedanke ist ernüchternd, daß es von Abraham Lincoln keine Fotos gibt, auf denen er lächelt, daß seine Frau aller Wahrscheinlichkeit nach eine Psychopathin war und daß er selbst unter langwierigen Anfällen von Depression zu leiden hatte. Für die Image-Politik hätte er sich wohl kaum geeignet. Wir wollen nicht, daß unsere Spiegel so dunkel und so wenig unterhaltsam sind. Kurz: So wie sich der Werbespot im Fernsehen, um seine psychologische Arbeit leisten zu können, aller authentischen Informationen über das Produkt entledigt, so entledigt sich – und zwar aus demselben Grund – die Image-Politik aller authentischen politischen Substanz.

Hieraus folgt, daß die Geschichte in der Image-Politik keine maßgebliche Rolle spielen kann. Denn Geschichte besitzt nur für den einen Wert, der die Vorstellung ernst nimmt, daß die Vergangenheit Strukturen aufweist, aus denen sich für die Gegenwart nutzbringende Traditionen ergeben. »Die Vergangenheit«, so hat Thomas Carlyle gesagt, »ist eine Welt und kein graues Dunstloch.« Er schrieb dies allerdings zu einer Zeit, in der das Buch noch das wichtigste Medium eines ernsthaften öffentlichen Diskurses war. Ein Buch ist durch und durch Geschichte. Mit allem, was es ist, versetzt es uns in eine vergangene Zeit zurück – durch die Art, wie es hergestellt wird, durch die lineare Form der Erörterung, dadurch, daß in ihm das Tempus der Vergangenheit die bequemste Form der Aussage ist. Wie kein anderes Medium vorher oder nachher fördert das Buch den Sinn für eine kohärente, nutzbare Vergangenheit. Im Gespräch der Bücher ist die Geschichte, wie Carlyle sie verstand, nicht nur eine Welt, sondern eine lebendige Welt. Im Schatten liegt die Gegenwart.

Das Fernsehen hingegen ist ein lichtgeschwindes, gegenwartszentriertes Medium. Seine Grammatik, wenn man so sagen darf, gewährt keinen Zugang zur Vergangenheit. Alles, was in laufenden Bildern dargestellt wird, erlebt man so, als geschehe es »jetzt«, weshalb man uns in Worten mitteilen muß, daß der Video-Streifen, den wir gerade sehen, Monate zuvor aufgenommen worden ist. Mehr noch, wie sein Vorfahre, der Telegraph, kann das Fernsehen lediglich Informationsbruchstücke transportieren, es kann sie nicht sammeln und organisieren. Carlyle war noch prophetischer, als er sich hätte ausmalen können: Das graue Dunstloch, von dem er spricht und das den Hintergrund aller Fernsehbildschirme bildet, ist eine treffende Metapher für die Geschichtsvorstellung, die dieses Medium propagiert. Im Zeitalter des Showbusiness und der Image-Politik wird die politische Urteilsbildung nicht nur ihres gedanklichen und ideologischen, sondern auch ihres historischen Inhalts beraubt.

Czewsław Miłosz, der Nobelpreisträger für Literatur des Jahres 1980, stellte in seiner Ansprache bei der Verleihungsfeier in Stockholm fest, unser Zeitalter sei gekennzeichnet von der »Weigerung, sich zu erinnern«, er verwies unter anderem auf die erschütternde Tatsache, daß heute mehr als hundert Bücher vorliegen, die bestreiten, daß sich der Holocaust je ereignet habe. Der Historiker Carl Schorske kommt der Wahrheit meiner Ansicht nach näher, wenn er erklärt, dem modernen Bewußtsein sei die Geschichte gleichgültig geworden, weil sie für dieses Bewußtsein nutzlos geworden sei. Mit anderen Worten, nicht Starrsinn oder Unwissenheit, sondern ein Gefühl der Belanglosigkeit führt zur Verkümmerung der Erfahrung und des Begriffs von Geschichte. Bill Moyers, selbst ein Mann des Fernsehens, kommt der Wahrheit noch näher: »Ich fürchte, das, was ich tue, [...] trägt dazu bei, unsere Epoche in ein ängstliches Zeitalter von Leuten zu verwandeln, die allesamt das Gedächtnis verloren haben. [...] Wir Amerikaner wissen anscheinend alles über die letzten vierundzwanzig Stunden, aber nur sehr wenig über die letzten sechs Jahrhunderte oder die letzten sechzig Jahre.«[4] Terence Moran trifft, wie ich glaube, ins Schwarze, wenn er sagt, unter der Vorherrschaft von Medien, die ihrer Struktur nach so angelegt sind, Bilder und Bruchstücke zu liefern, sei uns der Zugang zu einer historischen Perspektive versperrt. Wo es keine Kontinuität und keinen Kontext gibt, so Moran, »können Bruchteile von Informationen nicht zu einem verständigen und konsistenten Ganzen integriert werden«.[5] Wir weigern uns nicht, uns zu erinnern; wir halten es, genau genommen, auch nicht für nutzlos, uns zu erinnern; wir werden unfähig gemacht, uns zu erinnern. Denn wenn Erinnerung mehr ist als Nostalgie, dann erfordert sie eine kontextuelle Basis – eine Theorie, eine Vision, eine Metapher –, etwas, worin Tatsachen organisiert und Strukturen erkannt werden können. Die Image-Politik und die blitzartigen Nachrichten liefern einen solchen Kontext nicht; sie verhindern geradezu, einen solchen Kontext zu erzeugen. Ein Spiegel zeigt nur, was man am heutigen Tag trägt. Über gestern schweigt er sich aus. Mit dem Fernsehen hüllen wir uns in eine kontinuierliche, inkohärente Gegenwart. »Geschichte«, so hat Henry Ford gesagt, »ist Quatsch.« Aber Henry Ford war ein Optimist des Buchdruckzeitalters. »Geschichte«, entgegnet die Steckdose, »gibt es gar nicht.«

Wenn diese Vermutungen Sinn machen, dann hatte Orwell auch in diesem Punkt unrecht, zumindest im Hinblick auf die westlichen Demokratien. Er sah die Zerstörung der Geschichte voraus, doch er glaubte, der Staat werde sie vollbringen; eine Art von Wahrheitsministerium werde unliebsame Tatsachen systematisch unterdrücken und die Dokumente der Vergangenheit vernichten. Gewiß, so macht es die Sowjetunion, unser heutiges Ozeanien. Aber wie Huxley dargelegt hat, ist ein derartig grobschlächtiges Verfahren gar nicht erforderlich. Scheinbar harmlose Technologien, die der breiten Menge eine Politik aus Image, Augenblicklichkeit und Therapie zu vermitteln suchen, können die Geschichte genauso wirksam und vielleicht dauerhafter zum Verschwinden bringen – und ohne auf Widerspruch zu treffen.

An Huxley, und nicht an Orwell, sollten wir uns deshalb halten, wenn wir verstehen wollen, auf welche Weise das Fernsehen und andere Bildformen die Grundlage der freiheitlichen Demokratie, nämlich die Informationsfreiheit, bedrohen. Orwell nahm aus guten Gründen an, der Staat werde den Fluß der Informationen mit Gewalt unter seine Kontrolle bringen, insbesondere durch das Verbot von Büchern. Bei dieser Prophezeiung hatte Orwell die Geschichte durchaus auf seiner Seite. Denn überall, wo Bücher ein wichtiger Bestandteil der Kommunikationszusammenhänge waren, sind sie stets einer mehr oder minder strengen Zensur unterworfen worden. Im alten China wurden die *Ausgewählten Schriften* des Konfuzius auf Befehl des Kaisers Chi Huang Ti verbrannt. Ovid wurde von Augustus nicht zuletzt deshalb aus Rom verbannt, weil er die *Ars Amatoria* geschrieben hatte. Sogar in Athen, das erhebliche Maßstäbe für Intellektualität entwickelt hat, beobachtete man Bücher mit Unruhe. In seiner *Areopagitica* gibt Milton einen vorzüglichen Überblick über die vielen Fälle von Buchzensur im klassischen Griechenland, unter ihnen auch der Fall des Protagoras, dessen Bücher verbrannt wurden, weil er eine seiner Abhandlungen mit dem Eingeständnis begann, er wisse nicht, ob es Götter gebe oder nicht. Aber Milton stellt ausdrücklich fest, daß es vor seiner Zeit stets nur zwei Arten von Büchern waren, denen, wie er es ausdrückt,»die Obrigkeit ihre Aufmerksamkeit zuwendete«, nämlich blasphemische Bücher und Schmähschriften. Milton betont diesen Punkt, weil er fast zweihundert Jahre nach Gutenberg sehr genau wußte, daß die Obrigkeiten in seiner eigenen Epoche, wenn man sie gewähren ließe, Bücher über jedes erdenkliche Thema verbieten würden. Mit anderen Worten, Milton wußte, daß die Zensur erst mit dem Aufkommen der Druckpresse ihre eigentliche Aufgabe gefunden hatte, daß Informationen und Ideen erst mit der Entfaltung des Buchzeitalters zu einem schwerwiegenden Problem für die Kultur geworden waren. Denn wie gefährlich ein geschriebenes Wort auch sein mag, es wird hundertmal gefährlicher, sobald es von einer Druckpresse vervielfältigt wird. Und das Problem, das der Buchdruck aufwarf, wurde früh erkannt; von Heinrich VIII., dessen Sternkammer bevollmächtigt war, sich mit widerspenstigen Büchern zu befassen, ebenso wie von Elisabeth I., den Stuarts und vielen anderen Monarchen in der Zeit nach Gutenberg, auch von Papst Paul IV., in dessen Ponti-

fikat die Abfassung des ersten *Index Librorum Prohibitorum* fällt. David Riesmans These abwandelnd, könnte man sagen, daß in der Welt des Buchdrucks die Informationen das Schießpulver des Geistes sind; deshalb treten die Zensoren in ihren kargen Gewändern auf, um die Explosion zu dämpfen.
So sah Orwell voraus, die staatliche Kontrolle über alles Gedruckte werde die westlichen Demokratien ernsthaft bedrohen. Er irrte sich. (Was Rußland, China und andere noch nicht in die Ära der Elektronik eingetretene Kulturen angeht, hatte er natürlich recht.) Orwell hatte ein Problem vor Augen, das im Grunde dem Zeitalter des Buchdrucks angehört – das gleiche Problem übrigens, das auch die Schöpfer der amerikanischen Verfassung vor Augen hatten. Diese Verfassung entstand zu einer Zeit, in der sich die meisten Menschen mit einem Flugblatt, einer Zeitung oder mit dem gesprochenen Wort an ihre Mitbürger wenden konnten. Sie waren durchaus imstande, ihre politischen Ideen einander in Formen und Kontexten mitzuteilen, die sie mit Sachverstand handhabten. Ihre größte Sorge galt deshalb der Möglichkeit einer Tyrannei des Staates. Die *Bill of Rights* ist in weiten Teilen eine Verordnung, die den Staat daran hindern soll, den Fluß der Informationen und Ideen einzuschränken. Die Gründerväter ahnten allerdings nicht, daß die Tyrannei des Staates von einem Problem ganz anderer Art überlagert werden könnte, von dem Problem des korporativen Staates, der durch das Fernsehen den Fluß des öffentlichen Diskurses im heutigen Amerika kontrolliert. Ich habe (zumindest an dieser Stelle) nicht die Absicht, in die bekannten Anklagen gegen den korporativen Staat einzustimmen. Ich möchte nur mit Besorgnis auf die Tatsache selbst hinweisen, so wie dies auch George Gerbner, der Dekan der Annenberg School of Communication, getan hat:

»Das Fernsehen ist die neue Staatsreligion, gelenkt von einem privaten Kulturministerium (den drei großen Fernsehgesellschaften), das einen universellen Lehrplan für jedermann bietet, finanziert durch eine Form von heimlicher *taxation without representation* – also einer Besteuerung ohne parlamentarische Vertretung. Man zahlt beim Geschirrabwaschen, nicht beim Fernsehen, und unabhängig davon, ob man nun fernsieht oder nicht.«[6]

An einer früheren Stelle im selben Aufsatz heißt es:
»Eine Befreiung kommt nicht dadurch zustande, daß man [den Fernseher] abschaltet. Für die meisten Menschen ist das Fernsehen das Attraktivste, was zu jeder Tages- und Nachtzeit vor sich geht. Wir leben in einer Welt, in der die große Mehrheit nicht abschalten wird. Wenn wir die Botschaft nicht aus der Bildröhre beziehen, dann wird sie uns von anderen Menschen zuteil.«

Ich glaube nicht, daß Professor Gerbner mit diesen Sätzen sagen wollte, die Leute, die das »Kulturministerium« leiten, hätten sich verschworen, um unsere symbolische Welt in ihre Hand zu bringen. Er würde mir vermutlich sogar darin zustimmen, daß, wenn die Fakultät der Annenberg School of Communication die drei großen Fernsehgesellschaften übernähme, den Zuschauern der Unterschied wahrscheinlich kaum auffiele. Ich glaube, er wollte sagen – und *ich* jedenfalls will es –, daß unsere Informationsumwelt im Fernsehzeitalter eine völlig andere ist als die von 1783; daß wir staatliche Übergriffe weniger zu fürchten brauchen als das Überangebot an Fernsehen; daß wir keine Chance haben, uns vor den Informationen, die das korporative Amerika verbreitet, zu schützen; und daß deshalb der Kampf um die Freiheit auf anderen Gebieten geführt werden muß als früher.

Ich wage zu behaupten, daß der traditionelle Widerstand der Verfechter bürgerlicher Freiheiten gegen den Ausschluß bestimmter Bücher aus Schulbibliotheken und Lehrplänen heutzutage weitgehend irrelevant geworden ist. Solche Zensurakte sind natürlich empörend und dürfen nicht hingenommen werden. Aber sie sind trivial. Noch schlimmer, sie lenken die Verfechter bürgerlicher Freiheiten davon ab, sich mit den Fragen auseinanderzusetzen, die sich aus den Ansprüchen der neuen Technologien ergeben. Um es klar und deutlich zu sagen: Ein Student wird in seiner Lesefreiheit nicht ernstlich beeinträch-

tigt, wenn in Long Island oder sonstwo jemand ein Buch verbietet. Aber das Fernsehen beeinträchtigt, wie Gerbner zu verstehen gibt, die Lesefreiheit dieses Studenten ganz offensichtlich, und es tut dies sozusagen mit unschuldigen Händen. Das Fernsehen verbietet die Bücher nicht, es verdrängt sie.
Der Kampf gegen die Zensur ist ein Problem des 19. Jahrhunderts, im 20. Jahrhundert wurde er im großen und ganzen gewonnen. Heute stehen wir vor dem Problem, das sich aus der ökonomischen und der symbolischen Struktur des Fernsehens ergibt. Diejenigen, die das Fernsehen betreiben, engen unseren Zugang zu Informationen nicht ein, sie erweitern ihn sogar. In unserem »Kulturministerium« regiert der Geist, den Huxley, nicht Orwell, beschrieben hat. Auf alle erdenkliche Weise ermuntert es uns, ständig fernzusehen. Aber das Fernsehen ist ein Medium, das uns Informationen in einer Form präsentiert, die sie versimpelt, die sie substanzlos und unhistorisch macht und ihres Kontextes beraubt, ein Medium, das die Informationen auf das Format von Unterhaltung zurechtstutzt. Niemandem wird in Amerika je eine Gelegenheit vorenthalten, sich zu amüsieren.
Tyrannen jeder Couleur haben stets gewußt, wie nützlich es ist, den Massen Vergnügen und Zerstreuung zu bieten, um ihre Unzufriedenheit zu besänftigen. Kaum einer von ihnen hätte sich freilich auch nur träumen lassen, daß es einmal eine Situation geben könnte, in der die Massen alles, was nicht vergnüglich ist, massiv ignorieren. Deshalb haben Tyrannen immer wieder bei der Zensur Zuflucht genommen und tun es auch heute noch. Die Zensur ist gleichsam der Tribut, den die Tyrannen einer Öffentlichkeit entrichten, die den Unterschied zwischen ernsthaftem Diskurs und Unterhaltung kennt – und ernst nimmt. Wie sehr hätte es die Könige, Zaren und Führer der Vergangenheit (und die Kommissare von heute) gefreut, wenn sie geahnt hätten, daß Zensur nicht mehr nötig ist, sobald der gesamte politische Diskurs die Gestalt des Amüsements annimmt.

10. Kapitel

Unterricht als Unterhaltung

Als im Jahre 1969 die erste Folge von *Sesam Straße* gesendet wurde, schien ausgemacht, daß sie bei Kindern, Eltern und Erziehern begeisterte Aufnahme finden würde. Den Kindern gefiel die Sendung, weil sie mit Werbespots großgeworden waren und intuitiv wußten, daß sie die am besten gemachte Unterhaltung im Fernsehen sind. Diejenigen, die noch nicht zur Schule gingen, und auch die, die gerade in die Schule gekommen waren, fanden nichts Komisches dabei, daß der Unterricht aus einer Serie von Werbespots bestand. Und daß das Fernsehen zu ihrer Unterhaltung da war, war für sie ohnehin selbstverständlich.

Die Eltern begrüßten *Sesam Straße* aus mehreren Gründen – nicht zuletzt deshalb, weil die Sendung ihre Schuldgefühle angesichts der Tatsache dämpfte, daß sie nicht imstande oder nicht willens waren, den Zugang ihrer Kinder zum Fernsehen zu beschränken. *Sesam Straße* schien zu rechtfertigen, daß man Vier- und Fünfjährigen erlaubte, während langer Zeitspannen reglos vor dem Bildschirm zu verharren. Die Eltern gaben sich der Hoffnung hin, das Fernsehen werde ihren Kindern noch etwas anderes beibringen als die Antwort auf die Frage, welche Cornflakes die knusprigsten sind. Gleichzeitig enthob *Sesam Straße* sie der Verpflichtung, ihren Kindern, soweit sie noch im Vorschulalter waren, das Lesen beizubringen – gewiß keine

Kleinigkeit in einer Kultur, in der Kinder häufig als lästig empfunden werden. Außerdem war deutlich erkennbar, daß *Sesam Straße* trotz einiger Mängel dem amerikanischen Zeitgeist ganz und gar entsprach. Die Art, wie *Sesam Straße* niedliche Puppen, Prominente, eingängige Melodien und ein Schnellfeuer rasch wechselnder Szenen einsetzte, mußte den Kindern Vergnügen bereiten und war deshalb zur Vorbereitung auf ihren Eintritt in eine vergnügungslustige Kultur vorzüglich geeignet.

Auch die Lehrer hatten zumeist eine gute Meinung von *Sesam Straße*. Im Gegensatz zur landläufigen Auffassung sind sie durchaus bereit, neue Methoden zu akzeptieren, vor allem, wenn man ihnen sagt, daß der Unterricht mit Hilfe der neuen Technologien wirksamer vonstatten gehen kann. (Deshalb hat man neue Ideen wie das »lehrer-unabhängige« Lesebuch, standardisierte Tests und jetzt auch Mikrocomputer in den Klassen begrüßt.) *Sesam Straße* erschien als eine phantasievolle Hilfe bei der Lösung des immer größer werdenden Problems, den Amerikanern das Lesen beizubringen, und gleichzeitig schien es die Kinder zu ermuntern, die Schule zu lieben.

Heute wissen wir, daß *Sesam Straße* die Kinder nur dann ermuntert, die Schule zu lieben, wenn es in der Schule zugeht wie in *Sesam Straße*. Mit anderen Worten, wir wissen, daß *Sesam Straße* die herkömmliche Idee des Schulunterrichts untergräbt. Während das Klassenzimmer ein Ort sozialer Interaktionen ist, bleibt der Platz vor dem Bildschirm Privatgelände. Während man in einem Klassenzimmer den Lehrer etwas fragen kann, kann man dem Bildschirm keine Fragen stellen. Während es in der Schule hauptsächlich um die Sprachentwicklung geht, verlangt das Fernsehen Aufmerksamkeit für Bilder. Während der Schulbesuch vom Gesetz vorgeschrieben wird, ist fernsehen ein freiwilliger Akt. Während man in der Schule eine Strafe riskiert, wenn man nicht auf den Lehrer acht gibt, wird fehlende Aufmerksamkeit vor dem Bildschirm nicht geahndet. Während man mit dem Verhalten in der Schule zugleich gewisse Regeln des Sozialverhaltens beachtet, braucht man sich beim Fernsehen an solche Regeln nicht zu halten, das Fernsehen hat keinen Begriff von Sozialverhalten. Während der Spaß im Klassenzimmer immer nur Mittel zum Zweck ist, wird er im Fernsehen zum eigentlichen Zweck.

Dennoch sollte man *Sesam Straße* oder ihrem Abkömmling *The Electric Company* nicht vorwerfen, sie brächten das traditionelle Klassenzimmer in Gelächter zum Verschwinden. Wenn das Klassenzimmer als Lernumgebung heute fade und trist zu wirken beginnt, dann muß man dies den Erfindern des Fernsehens selbst vorwerfen und nicht dem Children's Television Workshop. Von Leuten, die gute Fernseh-Shows machen wollen, kann man schwerlich verlangen, sich mit der Frage zu befassen, wozu das Klassenzimmer da ist. Sie befassen sich mit der Frage, wozu das Fernsehen da ist. Damit will ich nicht sagen, daß *Sesam Straße* nicht bildend wäre. Diese Sendung ist sogar ungemein bildend – so wie auch jede andere Fernsehsendung bildend ist. Das Lesen eines Buches – irgendeines Buches – fördert eine ganz bestimmte Einstellung zum Lernen, und genauso verhält es sich, wenn man eine Fernsehsendung anschaut. Ebenso wirksam wie *Sesam Straße* fördern *The Little House in the Prairie*, *Cheers* und *The Tonight Show* einen bestimmten Lernstil, den man als fernsehtypisch bezeichnen könnte. Und dieser Lernstil steht seinem Wesen nach quer zur Büchergelehrsamkeit oder ihrer Magd, der Schulweisheit. Wenn man der Serie *Sesam Straße* etwas vorwerfen kann, dann dies: daß sie vorgibt, ein Verbündeter des Klassenzimmers zu sein. Immerhin hat sie damit ihre Entstehung und ihren Anspruch auf öffentliche Gelder gerechtfertigt. Als Fernseh-Show, und zwar als gute, ermuntert *Sesam Straße* die Kinder durchaus nicht, die Schule oder irgend etwas an der Schule zu lieben; die Sendung ermuntert sie, das Fernsehen zu lieben.

Im übrigen muß man hinzufügen, daß es völlig unerheblich ist, ob *Sesam Straße* den Kindern die Buchstaben und die Zahlen beibringt oder nicht. Wir können uns hier an John Deweys Feststellung orientieren, der Inhalt einer Lektion sei beim Lernen das Unwichtigste. In *Erfahrung und Erziehung* schreibt er:

»Die Meinung, man lerne jeweils den besonderen Gegenstand, den man gerade studiert, ist vielleicht der fatalste aller pädagogischen Irrtümer. Das gleichsam nebenbei sich vollziehende Lernen, etwa die Herausbildung dauerhafter Haltungen, [...] kann viel wichtiger sein und ist es häufig auch, als der Rechtschreibeunterricht oder die Lektion in Geographie oder Geschichte. [...] Denn auf diese Haltungen kommt es in der Zukunft an.«[1] Mit anderen Worten: Beim Lernen lernt man vor allem, *wie* man lernt. An anderer Stelle schrieb Dewey: »Man lernt, was man tut.« Das Fernsehen erzieht die Kinder, indem es ihnen beibringt, das zu tun, was beim Fernsehen von ihnen verlangt wird. Und das ist von dem, was im Klassenzimmer von ihnen verlangt wird, genauso weit entfernt wie das Lesen eines Buches vom Besuch einer Varietévorstellung.

Man käme nicht darauf, wenn man die neueren Vorschläge zur Verbesserung des Erziehungswesens zu Rate zöge – doch die These, daß Bücherlesen und Fernsehen völlig unterschiedliche Konsequenzen für das Lernen haben, markiert das zentrale pädagogische Problem im heutigen Amerika. Amerika liefert heute ein besonders deutliches Beispiel für das, was man als die dritte große Krise im abendländischen Bildungswesen bezeichnen könnte. Die erste ereignete sich im 5. Jahrhundert v. Chr., als Athen den Übergang von einer mündlichen Kultur zur Schriftkultur vollzog. Man muß Platon lesen, will man wirklich verstehen, was das bedeutete. Die zweite Krise trat im 15. Jahrhundert n. Chr. ein, als die Druckpresse in Europa zu einer radikalen Umwälzung führte. Man muß John Locke lesen, will man wirklich verstehen, was das bedeutete. Die dritte Krise ereignet sich heute, in Amerika – sie ist eine Folge der elektronischen Revolution und insbesondere der Erfindung des Fernsehens. Man muß Marshall McLuhan lesen, will man wirklich verstehen, was das bedeutet.

Wir haben es heute mit dem raschen Zerfall der Grundlagen einer Bildung, in deren Mittelpunkt das langsame gedruckte Wort stand, und mit dem ebenso raschen Aufstieg einer neuen Bildung zu tun, die auf dem lichtgeschwinden elektronischen

Bild beruht. Noch ist das Klassenzimmer dem gedruckten Wort verbunden, obwohl diese Bindung sehr schnell schwächer wird. Unterdessen schiebt sich das Fernsehen nach vorne, und ohne seinem großen technologischen Vorgänger irgendwelche Konzessionen zu machen, schafft es ganz neue Vorstellungen von Wissen und davon, wie man es erwirbt. Mit Fug und Recht kann man behaupten, daß gegenwärtig in den Vereinigten Staaten die größte pädagogische Initiative nicht von den Klassenzimmern ausgeht, sondern von den Bildschirmen daheim, und dies nicht unter der Aufsicht von Schulleitern und Lehrern, sondern unter der von Fernsehmanagern und Unterhaltungskünstlern. Ich behaupte nicht, daß diese Situation das Resultat einer Verschwörung ist, oder auch nur, daß diese Leute, die das Fernsehen kontrollieren, diese Verantwortung wollen. Ich sage nur, daß das Fernsehen – wie vorher das Alphabet oder die Druckpresse – dadurch, daß es die Zeit, die Aufmerksamkeit und die Wahrnehmungsgewohnheiten unserer Jugend zu kontrollieren vermag, die Macht erlangt, ihre Erziehung zu kontrollieren.

Deswegen halte ich es für zutreffend, wenn man das Fernsehen als Curriculum bezeichnet. Ein Curriculum ist nach meinem Verständnis ein eigens erstelltes System der Information und Unterweisung, das zum Ziel hat, den Verstand und die Persönlichkeit junger Menschen zu beeinflussen, zu unterrichten, zu schulen und zu kultivieren. Genau dies tut das Fernsehen natürlich – und zwar schonungslos. Dadurch tritt es mit Erfolg in Konkurrenz zum Schulunterricht, will sagen, es ist verdammt nahe daran, ihn zu zerstören.

Nachdem ich schon in einem früheren Buch, *Teaching as a Conserving Activity,* die Widersprüchlichkeit dieser beiden Curricula – Fernsehen und Schule – eingehend untersucht habe, möchte ich hier weder mir noch dem Leser eine Wiederholung dieser Analysen zumuten. Ich will jedoch auf zwei Punkte aufmerksam machen, die ich in jenem Buch meiner Meinung nach nicht deutlich genug hervorgehoben habe und die, wie sich herausstellt, gerade für meine jetzige Argumentation zentral sind.

Der wesentliche Beitrag des Fernsehens zur Bildungstheorie besteht in dem Gedanken, daß Unterricht und Unterhaltung untrennbar miteinander verbunden sind. Dieser absolut originellen Auffassung begegnet man nirgendwo sonst in pädagogischen Abhandlungen, weder bei Konfuzius noch bei Platon und nicht bei Cicero, Locke oder John Dewey. Sieht man sich die pädagogische Literatur an, so wird man hier und da die Meinung finden, daß Kinder am besten lernen, wenn sie sich für das, was sie lernen sollen, interessieren. Man wird auch finden – Platon und Dewey haben es ausdrücklich gesagt –, daß der Verstand am besten gedeiht, wenn er in einer gefestigten emotionellen Grundlage wurzelt. Man wird sogar finden, daß es sich am leichtesten unter einem liebevollen und gütigen Lehrer lernt. Aber noch nie hat jemand behauptet oder angedeutet, daß sinnvolles Lernen wirksam, dauerhaft und wirklich bewerkstelligt werden kann, wenn der Unterricht zur Unterhaltung wird. Die Bildungstheoretiker sind stets davon ausgegangen, daß die Akkulturation ein schwieriger, weil notwendigerweise mit der Hinnahme von Einschränkungen verbundener Prozeß ist. Sie haben darauf hingewiesen, daß Lernen in einer bestimmten Abfolge von Schritten erfolgen muß, daß Ausdauer und ein gewisses Maß an Schweißarbeit unerläßlich sind, daß persönliches Vergnügen häufig hinter den Interessen des Zusammenhalts der Gruppe zurückstehen muß und daß den jungen Menschen Kritikfähigkeit und die Fähigkeit zu logischem, strengem Denken nicht in den Schoß fallen, sondern erarbeitet werden müssen. Cicero erklärt, Zweck der Erziehung sei es, den Schüler von der Tyrannei des Augenblick zu befreien, was denen keinen Spaß machen kann, die sich, wie die Kinder, mit aller Kraft um das Gegenteil bemühen, nämlich darum, sich an die Gegenwart anzupassen.

Das Fernsehen bietet eine wunderbare und, wie gesagt, höchst originelle Alternative zu alledem. Man könnte sagen, daß die vom Fernsehen propagierte Bildungstheorie im wesentlichen drei Gebote umfaßt. Der Einfluß dieser Gebote läßt sich an Fernsehsendungen aller Art beobachten – an *Sesam Straße* genauso wie an den Dokumentarfilmen von *Nova* und *The National Geographic* oder an *Fantasy Land*. Diese Gebote lauten:

1. Du sollst nichts voraussetzen.
Jede Fernsehsendung muß eine in sich geschlossene Einheit sein. Vorwissen darf nicht verlangt werden. Nichts darf darauf hinweisen, daß Lernen ein Gebäude ist, das auf einem Fundament errichtet ist. Dem Lernenden muß jederzeit Zutritt gewährt werden, ohne daß er dadurch benachteiligt wäre. Deshalb wird man es nie erleben, daß eine Sendung mit dem Hinweis beginnt, für diejenigen Zuschauer, die die früheren Sendungen nicht gesehen haben, sei die nun folgende sinnlos. Das Fernsehen ist ein ungestuftes Curriculum, und nie und aus keinem Grund würde es einen Zuschauer ausschließen. Mit anderen Worten, indem es die Idee der Folgerichtigkeit und Kontinuität von Bildungsprozessen beiseite schiebt, untergräbt das Fernsehen die Vorstellung, Folgerichtigkeit und Kontinuität hätten irgend etwas mit dem Denken zu tun.

2. Du sollst nicht irritieren.
Im Fernsehunterricht ist die Irritation der kürzeste Weg zu niedrigen Einschaltquoten. Ein irritierter Fernsehschüler ist ein Schüler, der auf einen anderen Sender umschaltet. Die Sendungen dürfen also nichts enthalten, was man behalten, studieren, mit Fleiß verfolgen oder – das Schlimmste überhaupt – geduldig erarbeiten müßte. Man geht davon aus, daß jede Information, jeder Bericht, jeder Gedanke unmittelbar zugänglich gemacht werden kann, denn nicht die Entwicklung des Lernenden, sondern seine Zufriedenheit ist entscheidend.

3. Du sollst die Erörterung meiden wie die Zehn Plagen, die Ägypten heimsuchten.
Von allen Feinden des Fernsehunterrichts, zu denen auch die Kontinuität und die Irritation gehören, ist die Erörterung der furchtbarste. Argumente, Hypothesen, Darlegungen, Gründe, Widerlegungen und all die anderen traditionellen Instrumente

eines vernünftigen Diskurses lassen das Fernsehen zum Radio werden, schlimmer, sie machen aus ihm ein drittklassiges Druckerzeugnis. Deshalb erfolgt der Fernsehunterricht stets in der Form von Geschichtenerzählen, geleitet von dynamischen Bildern und von Musik unterstützt. Das ist für *Star Trek* genauso kennzeichnend wie für *Cosmos*, für *Sesam Straße*, für die Werbespots und für *Nova*. Im Fernsehen wird nichts gelehrt, was sich nicht visualisieren und in den Kontext einer dramatischen Handlung stellen läßt.

Einen Unterricht ohne Voraussetzungen, ohne Irritation und ohne Erörterung darf man wohl als Unterhaltung bezeichnen. Und wenn man bedenkt, daß amerikanische Kinder und Jugendliche für keine Beschäftigung, vom Schlafen abgesehen, mehr Zeit aufwenden als für das Fernsehen, dann drängt sich der Schluß auf, daß sich auf dem Gebiet des Lernens heute eine einschneidende Neuorientierung vollzieht. Und damit bin ich bei dem zweiten Punkt, den ich hervorheben möchte: Die Folgen dieser Neuorientierung lassen sich nicht nur am Autoritätsverlust des Klassenzimmers ablesen, sondern paradoxerweise ebenso an den Versuchen, aus dem Klassenzimmer einen Ort zu machen, an dem das Unterrichten und das Lernen amüsante Tätigkeiten sein sollen.
Das Experiment in Philadelphia, bei dem der Schulunterricht in ein Rock-Konzert verwandelt wurde, habe ich schon erwähnt. Es ist dies nur der einfältigste unter einer Vielzahl von Versuchen, Erziehung als Unterhaltung zu definieren und zu praktizieren. Von den Grundschulen bis hinauf zum College sind die Lehrer bemüht, die visuelle Stimulanz ihrer Stunden zu erhöhen; das Ausmaß an Erörterung, mit dem die Schüler zurechtkommen sollen, zu reduzieren; die Schulaufgaben, die mit Lesen und Schreiben zu tun haben, einzuschränken; und widerstrebend gelangen alle diese Lehrer zu dem Schluß, daß die Unterhaltung das wichtigste Mittel ist, um das Interesse der Schüler zu wecken. Ohne Schwierigkeiten könnte ich die restlichen Seiten dieses Kapitels mit Beispielen dafür füllen, wie

Lehrer – in einigen Fällen, ohne es zu merken – aus ihrem Unterricht eine zweitklassige Fernseh-Show zu machen suchen. Aber ich will mich hier auf *The Voyage of the Mimi (Die Fahrt der Mimi)* beschränken, ein Projekt, in dem man wohl eine Synthese, wenn nicht Apotheose der Neuen Erziehung sehen darf. *The Voyage of the Mimi* ist der Name eines kostspieligen naturwissenschaftlichen und mathematischen Projekts, zu dem sich einige der angesehensten Institutionen des Erziehungswesens zusammengetan haben – das Erziehungsministerium der Vereinigten Staaten, das Bank Street College of Education, das öffentliche Fernsehen (Public Broadcasting System) und der Verlag Holt, Rinehart and Winston. Ermöglicht wurde das Projekt durch einen Zuschuß in Höhe von 3,65 Millionen Dollar vom Erziehungsministerium, das stets sofort bereit ist, sein Geld dorthin zu geben, wo die Zukunft liegt. Und die Zukunft liegt bei *The Voyage of Mimi*. Eine knappe Beschreibung des Projekts entnehme ich der *New York Times* vom 7. August 1984:

»[Das Projekt], in dessen Mittelpunkt eine sechsundzwanzigteilige Fernsehserie steht, die die Abenteuer einer schwimmenden Walforschungsstation schildert, verbindet das Anschauen von Fernsehsendungen mit großzügig illustrierten Büchern und Computerspielen, die die Arbeit von Naturwissenschaftlern und Navigatoren simulieren. [...]

Das Kernstück von ›The Voyage of the Mimi‹ bilden Fernsehsendungen von fünfzehn Minuten Länge, die die Abenteuer von vier jungen Leuten schildern, die zwei Naturwissenschaftler und einen bärbeißigen Kapitän bei einer Fahrt begleiten, auf der das Verhalten von Buckelwalen vor der Küste von Maine beobachtet werden soll. Die Mannschaft des umgebauten Thunfisch-Trawlers lenkt das Schiff, spürt die Wale auf und kämpft auf einer unbewohnten Insel um ihr Überleben, nachdem der Rumpf des Schiffes bei einem Sturm beschädigt worden ist. [...]

Im Anschluß an die spannenden Episoden folgt jeweils ein Dokumentarfilm von fünfzehn Minuten Länge über verwandte Themen. In einem dieser Filme besucht einer der jungen Schauspieler den Atomphysiker Ted Taylor in Greenport, Long Island, der eine Methode zur Reinigung von Meerwasser durch Gefrieren erfunden hat.

Die Fernsehsendungen, die von Lehrern kostenlos mitgeschnitten und nach eigenem Ermessen verwendet werden können, werden von einer Reihe von Büchern und Computerübungen begleitet, in denen vier wissenschaftliche Themenbereiche aufgegriffen werden, die sich aus dem Handlungsverlauf ergeben: Umgang mit Landkarten und Navigation, Wale und ihre Umwelt, ökologische Systeme und Computerkenntnisse.«

Die Fernsehsendungen sind vom Public Broadcasting System ausgestrahlt worden; die Bücher und die Computer-Software steuerte Holt, Rinehart and Winston bei, den pädagogischen Sachverstand die Fakultät des Bank Street College. Daher ist *The Voyage of the Mimi* durchaus ernst zu nehmen. Frank Withrow vom Erziehungsministerium erklärt: »Es ist ein Modell, dem sicher bald andere folgen werden.« Alle am Projekt Beteiligten sind begeistert und äußern sich entzückt über seine Vorzüge. Janice Trebbi Richards vom Verlag Holt, Rinehart and Winston versichert: »Es ist wissenschaftlich nachgewiesen, daß der Lernerfolg steigt, wenn man die Informationen in einem spannenden Rahmen präsentiert, und daß das Fernsehen hierzu besser geeignet ist als jedes andere Medium.« Beamte des Erziehungsministeriums behaupten, das Faszinierende an der Integration dreier Medien – Fernsehen, Buch und Computer – sei die damit gegebene Möglichkeit, Denkfertigkeiten auf einer höheren Stufe zu entwickeln. Und Mr. Withrow wird mit der Erklärung zitiert, daß Projekte wie *The Voyage of the Mimi* auf lange Sicht »billiger sind als alles andere, was wir tun«. Mr. Withrow hat auch darauf hingewiesen, daß es viele Möglichkeiten gibt, solche Projekte zu finanzieren. »Bei ›Sesam Straße‹«, so meinte er, »hat es fünf oder sechs Jahre gedauert, aber schließlich kann man doch anfangen, das Geld mit T-Shirts und Keksdosen wieder hereinzuholen.«

Wenn wir über die Bedeutung von *The Voyage of the Mimi* nachzudenken beginnen, dann sollten wir uns zunächst klarmachen, daß die Idee dazu keineswegs originell ist. Was hier als »Integration dreier Medien« oder als »Multi-Media-Präsentation« bezeichnet wird, nannte man früher »audio-visuelle Hilfsmittel«, und die Lehrer bedienen sich ihrer seit Jahren zu dem bescheidenen Zweck, das Interesse ihrer Schüler am Lehrstoff zu beflügeln. Im übrigen hat das Erziehungsministerium schon vor mehreren Jahren der Fernsehgesellschaft WNET Gelder für ein ähnlich angelegtes Projekt mit dem Titel *Watch Your Mouth (Paß auf, was du sagst)* zur Verfügung gestellt, einer Serie von Fernsehspielen, in denen junge Leute, bei denen es mit der englischen Sprache hapert, in alle möglichen problematischen Situationen geraten. Linguisten und Pädagogen stellten dazu Unterrichtsmaterial zusammen, das die Lehrer in Verbindung mit den einzelnen Sendungen verwenden konnten. Die Fernsehspiele als solche waren bestechend – wenn auch nicht annähernd so gut wie *Welcome Back, Kotter,* das mit dem Charisma von John Travolta über einen nicht zu überbietenden Vorteil verfügte –, aber nichts deutet darauf hin, daß die Schüler, die sich *Watch Your Mouth* ansehen mußten, ihre Fertigkeiten im Umgang mit der englischen Sprache gesteigert hätten. Und da im alltäglichen Werbefernsehen wahrlich kein Mangel an verderbtem Englisch herrscht, hat man damals auch die Frage gestellt, warum die Regierung der Vereinigten Staaten jemanden dafür bezahlt, zusätzliche Ungereimtheiten als Material für den Schulunterricht zu ersinnen. Ein Videoband mit einer Sendung von David Susskind liefert so viele sprachliche Entgleisungen, daß jeder Englischlehrer damit ein halbes Jahr Sprachanalyse bestreiten könnte.

Doch das Erziehungsministerium ließ sich nicht beirren – offenbar in der Annahme, daß es – um Mrs. Richards noch einmal zu zitieren – zahlreiche Beweise dafür gibt, »daß der Lernerfolg steigt, wenn man die Informationen in einem spannenden Rahmen präsentiert, und daß das Fernsehen hierzu besser geeignet ist als jedes andere Medium«.

Wollte man Nachsicht walten lassen, so könnte man diese Behauptung irreführend nennen. George Comstock und seine Mitarbeiter haben 2800 Untersuchungen über den Einfluß des Fernsehens auf das Verhalten, unter anderem auch auf die kognitive Verarbeitung, gesichtet und sind nicht imstande, überzeugende Beweise dafür vorzulegen, »daß der Lernerfolg steigt, wenn man die Informationen in einem spannenden Rahmen präsentiert«.[2] Die Untersuchungen von Cohen und Salomon, von Meringoff, von Jacoby, Hoyer und Sheluga, von Stauffer, Frost und Rybolt, von Stern, von Wilson, von Newman, von Katz, Adoni und Parness und von Gunter rechtfertigen sogar den entgegengesetzten Schluß.[3] Jacoby u. a. zum Beispiel stellten fest, daß nur 3,5 Prozent der Zuschauer in der Lage waren, zwölf Fragen zu zwei dreißig Sekunden langen Ausschnitten aus Sendungen im kommerziellen Fernsehen und im Werbefernsehen richtig mit »wahr« oder »falsch« zu beantworten. Stauffer u. a. haben die Reaktion von Studenten auf Nachrichten untersucht, die ihnen durch das Fernsehen, das Radio und in gedruckter Form übermittelt wurden, und dabei festgestellt, daß die gedruckte Form die Zahl der richtigen Antworten auf Fragen zu Personennamen und Zahlen, die in dem Nachrichtenmaterial vorkamen, wesentlich erhöhte. Stern hat berichtet, daß 51 Prozent der Zuschauer sich wenige Minuten, nachdem sie eine Nachrichtensendung im Fernsehen gesehen hatten, an keine einzige Meldung mehr erinnern konnten. Wilson hat nachgewiesen, daß der durchschnittliche Fernsehzuschauer nur 20 Prozent der in einem fiktiven Fernsehnachrichtenbericht enthaltenen Informationen behalten kann. Katz u. a. fanden heraus, daß sich 21 Prozent der Zuschauer eine Stunde nach einer Nachrichtensendung an keine Meldung mehr erinnern konnten. Auf der Grundlage dieser und anderer Studien ist Salomon zu dem Schluß gelangt, daß »die Bedeutungsinhalte, die man dem Fernsehen entnimmt, eher segmentiert und konkret und so wahrgenommen werden, daß aus ihnen weniger leicht Schlußfolgerungen abgeleitet werden, während Bedeutungsinhalte, die man der Lektüre entnimmt, mit höherer Wahrscheinlichkeit mit dem bereits gespeicherten Wissen verknüpft werden, so daß aus ihnen auch eher Schlußfolgerungen abgeleitet werden können.«[4] Mit anderen Worten, wenn man diesen und vielen anderen ernstzunehmenden Untersuchungen Glauben schenken darf, erhöht das Fernsehen den Lernerfolg nicht wesentlich, es ist dem gedruckten Material unterlegen und jedenfalls weniger als dieses geeignet, ein komplexes, schlußfolgerndes Denken zu fördern.

Doch man sollte die Rhetorik von Projektantragstellern nicht überbewerten. Wir alle neigen dazu, unsere Hoffnungen in vordergründige Behauptungen zu verwandeln, wenn ein wichtiges Projekt auf dem Spiele steht. Im übrigen zweifele ich nicht daran, daß Mrs. Richards uns mehrere Untersuchungen nennen kann, die ihrer Begeisterung Beistand leisten. Wenn man Gelder für den überflüssigen Zweck lockermachen will, Kinder zu veranlassen, noch mehr fernzusehen, als dies ohnehin schon der Fall ist – und ausgerechnet Fernsehspiele – , dann bedarf es allerdings einer Beredsamkeit von herkulischen Graden.

Von größter Bedeutung im Hinblick auf *The Voyage of the Mimi* ist, daß deren Gegenstände offensichtlich ausgewählt wurden, weil sie sich im Fernsehen hervorragend darstellen lassen. Warum untersuchen diese Schüler das Verhalten von Buckelwalen? Wie entscheidend ist es, daß sie sich mit »wissenschaftlichen Themenbereichen« wie Navigation und Kartenkunde beschäftigen? Bislang galt die Navigationskunst nicht als »wissenschaftlicher Themenbereich«, und für die meisten Schüler in den Großstädten scheint sie in der Tat völlig belanglos zu sein. Wie kommt man zu der Einschätzung, daß »Wale und ihre Umwelt« ein Thema von herausragendem Interesse ist, so daß man ihm ein ganzes Schuljahr widmen sollte?

Ich behaupte, daß *The Voyage of the Mimi* von jemandem ersonnen wurde, der sich die Frage gestellt hat: Wozu ist das Fernsehen da? und nicht die Frage: Wozu ist Erziehung da? Das Fernsehen ist für Fernsehspiele, Schiffbrüche und Seefahrerabenteuer da, für bärbeißige Kapitäne und Physiker, die sich von prominenten Schauspielern interviewen lassen. Und genau das haben wir in *The Voyage of the Mimi* bekommen. Die Tatsache, daß diese Abenteuerserie von großzügig illustrierten Büchern und Computerspielen begleitet wird, unterstreicht nur, daß die Fernsehpräsentation das Curriculum bestimmt. Die Bücher, deren Bilder die Schüler überfliegen sollen, und die Computerspiele, die sie spielen sollen, werden vom Inhalt der Sendungen diktiert, nicht umgekehrt. Die Bücher, so scheint es, sind heute zum audio-visuellen Hilfsmittel geworden; der wirkliche Träger der Bildungsinhalte ist die Fernsehshow, und ihren Anspruch auf einen bevorzugten Platz im Lehrplan rechtfertigt sie damit, daß sie unterhaltsam ist. Natürlich kann man Fernsehproduktionen dazu gebrauchen, das Interesse am Unterricht anzuregen, man kann sie sogar in den Mittelpunkt des Unterrichts stellen. Aber hier geschieht etwas anderes: Der Inhalt des Lehrplans wird vom Charakter des Fernsehens bestimmt, schlimmer noch, dieser Charakter steht selber nicht auf dem Lehrplan. Man sollte meinen, das Klassenzimmer sei der geeignete Ort, an dem die Schüler sich Gedanken darüber machen können, wie die verschiedenen Medien – auch das Fernsehen – die Einstellungen und die Wahrnehmungen der Menschen beeinflussen. Da unsere Schüler, wenn sie von der High School abgehen, annähernd sechzehntausend Stunden lang ferngesehen haben werden, hätte man – sogar im Erziehungsministerium – sich einmal die Frage stellen können, wer unseren Schülern beibringt, wie man fernsieht, wann man es besser nicht tut, und welche Kritikfähigkeit vorhanden sein sollte, wenn man es tut. Das Projekt *The Voyage of the Mimi* umgeht solche Fragen, ja, es hofft, daß sich die Schüler auf die Fernsehspiele in der gleichen Geistesverfassung einlassen, in der sie sich auch *St. Elsewhere* oder *Hill Street Blues* ansehen. (Man darf wohl vermuten, daß die sogenannten »Computerkenntnisse« ebenfalls keine Fragen nach den wahrnehmungsprägenden Strukturen und den sozialen Auswirkungen des Computers umfassen, die doch, wie ich behaupten möchte, zu den wichtigsten Fragen gehören, die man an die neuen Technologien richten muß.)

The Voyage of the Mimi hat also, um es anders auszudrücken, 3,65 Millionen Dollar dafür ausgegeben, die Medien so zu benutzen, wie die Medienhändler es wollen – gedankenlos und ohne sie selbst in den Blick zu nehmen, so als gäbe es die epistemologischen und politischen Tendenzen, die den Medien innewohnen, gar nicht. Und was haben die Schüler am Ende gelernt? Gewiß etwas über Wale, vielleicht etwas über Navigation und Kartenlesen, wovon sie das meiste mit anderen Mitteln genausogut hätten lernen können. Aber vor allem haben sie gelernt, daß Lernen eine Form von Unterhaltung ist, genauer gesagt, daß alles, was das Lernen lohnt, die Form von Unterhaltung annehmen kann und annehmen sollte. Sie werden nicht aufbegehren, wenn der Englischlehrer von ihnen verlangt, sie sollen sich die acht Wortarten mittels der Rockmusik einprägen. Oder wenn ihnen ihr Sozialkundelehrer die Tatsachen über den Krieg von 1812 vorsingt. Oder wenn ihnen die Physik auf Keksen oder auf T-Shirts »vermittelt« wird. Sie werden gar nichts anderes erwarten und daher ausgezeichnet vorbereitet sein, wenn ihnen Politik, Religion, Nachrichten und Wirtschaftsleben auf die gleiche vergnügliche Art und Weise nahegebracht werden.

11. Kapitel

Huxleys Warnung

Es gibt zwei Möglichkeiten, wie der Geist einer Kultur beschädigt werden kann. Im ersten Fall – Orwell hat ihn beschrieben – wird die Kultur zum Gefängnis; im zweiten Fall – ihn hat Huxley beschrieben – verkommt sie zum Varieté.
Jeder weiß, daß die gegenwärtige Welt von vielen Gefängniskulturen entstellt ist, deren Struktur Orwell in seinen Parabeln genau dargestellt hat. Romane wie *1984* und *Farm der Tiere*, aber auch Arthur Koestlers *Sonnenfinsternis* enthalten ziemlich exakte Aufrisse einer Apparatur zur Gedankenkontrolle, wie sie heute in Dutzenden von Ländern funktioniert und Millionen von Menschen beherrscht. Orwell war natürlich nicht der erste, der beschrieben hat, welche geistigen Verheerungen eine Tyrannei anrichtet. Unersetzlich ist sein Werk deshalb, weil er darauf beharrt, daß es keinen großen Unterschied macht, von welchen Ideologien sich unsere Wärter leiten lassen. Die Gefängnismauern sind gleich unüberwindlich, die Überwachung ist gleich streng, der Personenkult ist stets universell.
Huxley hat gezeigt, daß im technischen Zeitalter die kulturelle Verwüstung weit häufiger die Maske grinsender Betulichkeit trägt als die des Argwohns oder des Hasses. In Huxleys Prophezeiung ist der Große Bruder gar nicht erpicht darauf, uns zu sehen. Wir sind darauf erpicht, ihn zu sehen. Wächter, Gefäng-

nistore oder Wahrheitsministerien sind unnötig. Wenn ein Volk sich von Trivialitäten ablenken läßt, wenn das kulturelle Leben neu bestimmt wird als eine endlose Reihe von Unterhaltungsveranstaltungen, als gigantischer Amüsierbetrieb, wenn der öffentliche Diskurs zum unterschiedslosen Geplapper wird, kurz, wenn aus Bürgern Zuschauer werden und ihre öffentlichen Angelegenheiten zur Varieté-Nummer herunterkommen, dann ist die Nation in Gefahr – das Absterben der Kultur wird zur realen Bedrohung.
Orwells Prophezeiungen haben für Amerika kaum Bedeutung, diejenigen Huxleys freilich sind nahe daran, Wirklichkeit zu werden. Denn Amerika hat sich auf ein Experiment zur Anpassung an die Zerstreuungen aus der Steckdose eingelassen, wie es ehrgeiziger anderswo auf der Welt nicht betrieben wird. Dieses Experiment begann langsam und bescheiden um die Mitte des 19. Jahrhunderts und hat in der zweiten Hälfte des 20. Jahrhunderts in Amerikas verzehrender Liebe zum Fernsehen ein fatales Reifestadium erreicht. Wie es nirgendwo sonst auf der Welt geschehen ist, haben die Amerikaner alles dafür getan, das Zeitalter des langsamen gedruckten Wortes zu beenden, und dabei haben sie dem Fernsehen die Vorherrschaft über ihre sämtlichen Institutionen eingeräumt. Amerika hat das Fernsehzeitalter eingeläutet und damit der Welt den Ausblick in eine Zukunft im Zeichen Huxleys eröffnet, wie man ihn klarer und anschaulicher nicht finden wird.
Diejenigen, die über solche Fragen sprechen, schlagen häufig einen fast hysterischen Ton an, was ihnen den Vorwurf einbringt, sie seien Nörgler, Quälgeister oder notorische Pessimisten. Aber sie tun das, weil das, worauf sie die anderen aufmerksam machen wollen, so harmlos erscheint, sofern es nicht überhaupt unsichtbar ist. Eine Orwell-Welt ist viel leichter zu erkennen als eine Huxley-Welt, und es ist auch leichter, sich ihr zu widersetzen. Unser gesamter kultureller Lebenszusammenhang hat uns darauf vorbereitet, ein Gefängnis als solches zu erkennen und Widerstand zu leisten, wenn seine Mauern uns einzuschließen drohen. Den Stimmen eines Sacharow, eines

Timmerman, eines Walesa gegenüber verhalten wir uns wahrscheinlich nicht teilnahmslos. Gegen den lärmenden Ansturm des Unrechts greifen wir zu den Waffen, im Geiste Miltons und Bacons, Voltaires, Goethes und Jeffersons. Aber was ist, wenn keine Angst- und Schmerzensschreie zu hören sind? Wer ist bereit, sich gegen den Ansturm der Zerstreuungen aufzulehnen? Bei wem führen wir Klage – wann? und in welchem Tonfall? –, wenn sich der ernsthafte Diskurs in Gekicher auflöst? Welche Gegenmittel soll man einer Kultur verschreiben, die vom Gelächter aufgezehrt wird?

Ich fürchte, unsere Philosophen lassen uns hier im Stich. Ihre Warnungen richten sich gewöhnlich gegen bewußt formulierte Ideologien. Aber das, was zur Zeit in Amerika vor sich geht, folgt nicht den Absichten einer artikulierten Ideologie. Kein kompaktes Programm, kein *Mein Kampf* und kein *Kommunistisches Manifest* haben die Entwicklung, die sich jetzt abzeichnet, angekündigt. Sie tritt als ungewollte Konsequenz eines dramatischen Wandels in den Formen unseres öffentlichen Austauschs auf. Und doch handelt es sich um eine Ideologie, denn sie drängt uns eine bestimmte Lebensweise und ein ganz bestimmtes Verhältnis zwischen Menschen und Ideen auf. Ohne Konsensus, ohne Diskussion und ohne daß Einwände erhoben würden. Es bedurfte nur unserer Nachgiebigkeit. Das öffentliche Bewußtsein will noch nicht wahrhaben, daß Technik Ideologie ist. Und dies, obwohl die Technik vor unseren Augen in den letzten achtzig Jahren das Leben der Amerikaner einschneidend verändert hat. Nicht geahnt zu haben, welche kulturellen Umwälzungen das Automobil mit sich bringen würde, wäre im Jahre 1905 durchaus entschuldbar gewesen. Wer hätte damals voraussehen können, daß uns das Automobil einmal vorschreiben würde, wie wir unsere gesellschaftlichen Beziehungen und unser Geschlechtsleben einzurichten haben? Daß es uns im Umgang mit den Wäldern und unseren Städten zum Umdenken veranlassen würde? Daß es neue Formen des Ausdrucks unserer individuellen Identität und unseres sozialen Status hervorbringen würde?

Aber die Zeit ist weitergegangen, und nicht zu wissen, was auf dem Spiele steht, ist heute unentschuldbar. Wer verkennt, daß eine neue Technik ein ganzes Programm des sozialen Wandels in sich birgt, wer behauptet, die Technik sei »neutral«, wer annimmt, die Technik sei stets ein Freund der Kultur, der ist zu dieser vorgerückten Stunde nichts als töricht. Außerdem haben wir inzwischen genug erlebt, um zu wissen, daß technische Wandlungen in den Formen der öffentlichen Kommunikation noch stärker mit Ideologie gesättigt sind als Wandlungen in den Formen des Verkehrswesens. Man bringe einer Kultur das Alphabet, und man verändert ihre Wahrnehmungsgewohnheiten, ihre sozialen Beziehungen, ihre Vorstellungen von Gemeinschaft, Geschichte und Religion. Man führe den Buchdruck mit beweglichen Lettern ein, und man bewirkt das gleiche. Man führe die Übermittlung von Bildern mit Lichtgeschwindigkeit ein, und man löst eine Kulturrevolution aus. Ohne Abstimmung. Ohne Polemiken. Ohne Guerillawiderstand. Wir haben es hier mit Ideologie in ihrer reinsten, freilich nicht in ihrer lautersten Gestalt zu tun. Mit einer wortlosen Ideologie, die aufgrund ihrer Wortlosigkeit nur um so mächtiger ist. Damit sie sich festsetzen kann, bedarf es nur einer Bevölkerung, die inbrünstig an die Unausweichlichkeit des Fortschritts glaubt. Und in diesem Sinne sind die Amerikaner ausnahmslos Marxisten, denn wenn wir überhaupt etwas glauben, dann dies: daß uns die Geschichte einem vorausbestimmten Paradies entgegenführe und daß die Technik dabei die treibende Kraft sei.
Es gibt also einige nahezu unüberwindliche Schwierigkeiten für jemanden, der ein Buch wie dieses geschrieben hat und der am Schluß mit ein paar Rezepten gegen das von ihm diagnostizierte Leiden aufwarten möchte. Erstens glaubt nicht jeder, daß eine Behandlung erforderlich ist, und zweitens gibt es eine wirksame Behandlungsmethode wahrscheinlich gar nicht. Aber als waschechter Amerikaner, der sich die Überzeugung nicht nehmen läßt, es müsse für jedes Problem auch eine Lösung geben, möchte ich mit den folgenden Anregungen schließen.

Zunächst sollten wir uns nicht mit unsinnigen Vorstellungen selbst täuschen, etwa mit maschinenstürmerischen Projekten, wie sie beispielsweise Jerry Mander in seinem Buch *Four Arguments for the Elimination of Television* vorgetragen hat. Die Amerikaner werden keinen einzigen Teil ihres technologischen Apparats stillegen – und wer dergleichen empfiehlt, der empfiehlt gar nichts. Fast ebenso unrealistisch ist die Erwartung, die Verfügbarkeit der Medien könnte jemals in einschneidender Weise eingeschränkt werden. Viele zivilisierte Nationen beschränken durch Gesetz die Zahl der Stunden, in denen das Fernsehen senden darf, und dämpfen damit die Rolle, die es im öffentlichen Leben spielt. Ich bin nicht der Meinung, daß dies in Amerika möglich wäre. Nachdem wir dem *Happy Medium* den unumschränkten Zugang zur Öffentlichkeit einmal eröffnet haben, würden wir uns mit seiner – und sei es nur partiellen – Stillegung wohl kaum abfinden. Dennoch haben einige Amerikaner Überlegungen in dieser Richtung angestellt. Während ich dies schreibe, erscheint in der *New York Times* (vom 27. September 1984) ein Artikel über die Pläne des Library Council von Farmington, Connecticut, einen »TV-Turnoff«, also einen »Streik« der Fernsehzuschauer, zu unterstützen. Offenbar gab es schon im vorigen Jahr ähnliche Bestrebungen, die Leute zu veranlassen, einen Monat lang nicht fernzusehen. Wie die *Times* schreibt, fand der *Turnoff* im Januar vorigen Jahres in den Medien große Beachtung; sie zitiert Mrs. Ellen Babcock, deren Familie sich daran beteiligte: »Interessant wird sein, ob die Wirkung dieses Jahr die gleiche ist wie letztes Jahr, als wir eine ungeheure Berichterstattung durch die Medien hatten.« Mit anderen Worten, Mrs. Babcock hofft, die Menschen würden durch Fernsehen lernen, das Fernsehen einzustellen. Schwer vorstellbar, daß ihr das Paradoxe an ihrer Position nicht auffallen sollte. Mir selbst ist diese Paradoxie oft begegnet, wenn man mich drängte, im Fernsehen für ein Buch zu werben, das die Leute vor dem Fernsehen warnt. Das sind die Widersprüche, mit denen man es in einer Fernsehkultur zu tun hat.
Doch was nützt ein einmonatiger Zuschauerstreik? Er ist eine

kümmerliche Absichtserklärung, eine Art Abbitte oder Buße. Wie angenehm muß es für die Leute in Farmington sein, wenn sie ihre selbstauferlegte Strafe hinter sich haben und zu ihrer Lieblingsbeschäftigung zurückkehren können. Dennoch spendet man ihren Anstrengungen Beifall, genauso wie man den Bestrebungen derer Beifall spenden muß, die es für hilfreich halten, bestimmte Inhalte im Fernsehen einzuschränken – harte Gewaltdarstellungen zum Beispiel oder Werbespots in Kindersendungen. Besonders gut gefällt mir der Vorschlag von John Lindsay, die politische Werbung im Fernsehen zu untersagen, so wie zur Zeit ja auch die Werbung für Zigaretten und alkoholische Getränke untersagt ist. Mit Vergnügen würde ich als Gutachter vor der Federal Communications Commission die vielfältigen Vorteile dieser Idee bezeugen. Und für alle, die gegen mein Gutachten einwenden würden, ein solches Verbot stelle eine eindeutige Verletzung des ersten Verfassungszusatzes dar, hätte ich einen Kompromißvorschlag bereit: Jedem politischen Werbespot sollte eine kurze Erklärung etwa folgenden Wortlauts vorangehen: »Der gesunde Menschenverstand: Politische Fernsehwerbung gefährdet die Urteilsbildung des Gemeinwesens.«

Ich bin nicht sehr optimistisch, daß irgend jemand diesen Vorschlag ernst nimmt. Ich halte auch nicht viel von Anregungen zur qualitativen Verbesserung der Fernsehsendungen. Wie ich schon angedeutet habe, ist das Fernsehen für uns dort am nützlichsten, wo es uns mit »dummem Zeug« unterhält – und am schädlichsten ist es dort, wo es sich ernsthafte Diskursmodi – Nachrichten, Politik, Wissenschaft, Bildung, Wirtschaft, Religion – einverleibt und sie zu Unterhaltungsstrategien bündelt. Wir alle stünden besser da, wenn das Fernsehen schlechter wäre, nicht besser. Sendungen wie *The A-Team* und *Cheers* sind keine Bedrohung unserer öffentlichen Integrität, wohl aber sind dies *60 Minutes, Eye-Witness News* und *Sesam Straße*.

Das Problem besteht jedenfalls nicht darin, *was* die Leute sehen. Es besteht darin, *daß* wir sehen. Und die Lösung müssen wir darin suchen, *wie* wir sehen. Denn man kann wohl sagen, daß wir erst noch lernen müssen, was das Fernsehen ist. Und das liegt daran, daß es keine ernsthafte Diskussion darüber, geschweige denn ein allgemeines Verständnis in der Öffentlichkeit dafür gibt, was Information und Informiertheit bedeuten und wie die Information der Kultur eine ganz bestimmte Richtung gibt. Hierin steckt eine gewisse Ironie, denn niemand verwendet häufiger und mit mehr Begeisterung als wir Schlagworte wie »Informationszeitalter«, »Informationsexplosion« oder »Informationsgesellschaft«. Offenbar haben wir inzwischen begriffen, *daß* ein Wandel in Form, Umfang, Tempo und Kontext der Informationsübermittlung etwas bedeutet – aber weiter sind wir noch nicht.

Was ist Information? Genauer gesagt: In welchen Formen tritt sie auf? Welche Auffassungen von Intelligenz, Weisheit und Bildung propagieren die verschiedenen Formen von Information? Welche Auffassungen vernachlässigen sie, welche machen sie lächerlich? Welches sind die psychischen Auswirkungen dieser verschiedenen Formen? Wie verhalten sich Information und Vernunft zueinander? Welche Art von Information ist dem Denken am förderlichsten? Gibt es bestimmte moralische Tendenzen, die den verschiedenen Informationsformen innewohnen? Was heißt es zu sagen, es gebe zuviel Information? Woher weiß man das? Welche Neubestimmungen von zentralen Bedeutungsinhalten unserer Kultur werden durch die neuen Formen, das neue Tempo, die neuen Kontexte und die neuen Vermittlungsgesetzmäßigkeiten von Information zwingend? Gibt das Fernsehen Worten wie »Frömmigkeit«, »Patriotismus« oder »Privatsphäre« eine neue Bedeutung? Verleiht es den Begriffen »Urteilskraft« und »Verständnis« einen neuen Sinn? Auf welche Art und Weise »überzeugen« die verschiedenen Formen von Information? Unterscheidet sich das Publikum einer Zeitung vom Fernsehpublikum? Auf welche Weise schreiben die verschiedenen Informationsformen vor, welcher Art die Inhalte sind, die in ihnen zum Ausdruck gebracht werden (können)?

Mit Hilfe dieser und Dutzender anderer Fragen könnten sich

die Amerikaner in die Lage versetzen, dem Fernsehapparat Paroli zu bieten. Denn kein Medium ist übermäßig gefährlich, sofern seine Benutzer wissen, wo die Gefahren lauern. Es kommt nicht darauf an, daß diejenigen, die solche Fragen stellen, zu den gleichen Antworten gelangen wie ich oder wie Marshall McLuhan (dessen Antworten sich von den meinen übrigens erheblich unterscheiden). Es genügt schon, solche Fragen überhaupt zu stellen. Wer fragt, bricht den Bann. Und ich möchte hinzufügen, daß sich die Fragen hinsichtlich der psychischen, der politischen und der sozialen Auswirkungen von Information ebensogut an den Computer wie an das Fernsehen richten. Ich halte den Computer zwar für eine weit überschätzte Technologie, aber ich erwähne ihn hier, weil die Amerikaner ihm offenbar ihre übliche gedankenlose Unaufmerksamkeit geschenkt haben; das heißt, sie gebrauchen ihn so, wie man es ihnen einredet und ohne aufzumucken. So wird die zentrale These der Computertechnologie – daß die Hauptschwierigkeit bei der Lösung von Problemen in der Unzulänglichkeit des Datenmaterials gründe – ungeprüft übernommen. Bis man dann in einigen Jahren erkennt, daß die Speicherung gewaltiger Datenmengen und ihre lichtgeschwinde Abrufbarkeit zwar für große Organisationen von hohem Wert sind, daß sie den meisten Menschen aber bei wichtigen Entscheidungsfindungen wenig geholfen und mindestens ebenso viele Probleme hervorgebracht wie gelöst haben.

Nur in einer gründlichen, unbeirrten Analyse der Struktur und der Auswirkungen von Information, nur in einer Entmystifizierung der Medien liegt Hoffnung, eine gewisse Kontrolle über das Fernsehen, den Computer und andere Medien zu erlangen. Wie läßt sich ein solches Medienbewußtsein entwickeln? Mir fallen nur zwei Antworten ein; die eine ist unsinnig und kann eigentlich gleich verworfen werden, die andere hat etwas Verzweifeltes, aber eine andere kennen wir (noch) nicht.

Die unsinnige Antwort läuft auf die Empfehlung hinaus, Fernsehsendungen zu produzieren, die die Leute nicht zum Abschalten bringen, sondern ihnen zeigen, wie man fernsehen sollte; die ihnen vorführen, wie das Fernsehen unsere Vorstellungen von Nachrichten, von politischer Debatte usw. verwandelt und verkümmern läßt. Ich glaube, solche Demonstrationen nähmen notgedrungen die Form von Parodien im Stil von *Saturday Night Live* und *Monty Python* an, und ihr Effekt wäre, die ganze Nation in ein wieherndes Gelächter darüber zu versetzen, wie das Fernsehen den öffentlichen Diskurs kontrolliert. Aber zuletzt lachen würde natürlich doch das Fernsehen. Denn um einen relevanten Teil des Fernsehpublikums zu erreichen, müßten solche Sendungen äußerst unterhaltsam sein, und zwar im Stil des Fernsehens. Am Ende würde also die Kritik selbst vom Fernsehen vereinnahmt. Aus den Parodisten würden Prominente, sie würden Starrollen beim Film übernehmen und zu schlechter Letzt im Werbefernsehen auftreten.

Die verzweifelte Antwort empfiehlt, auf das einzige Massenmedium zu setzen, das, zumindest theoretisch, imstande ist, sich mit dem Problem auseinanderzusetzen: auf unsere Schulen. Schon immer galt die Schule in Amerika als Patentlösung für alle bedrohlichen sozialen Konflikte, und ein solcher Vorschlag beruht natürlich auf einem naiven Vertrauen in die Wirksamkeit von Erziehung. Dazu besteht meist wenig Grund. Und in der Frage, um die es hier geht, haben wir noch weniger Anlaß als gewöhnlich, etwas anderes zu erwarten. Unsere Schulen haben es bis jetzt nicht einmal geschafft, die Rolle des gedruckten Wortes bei der Formung unserer Kultur wirklich begreiflich und sinnfällig zu machen. Unter hundert Schülern in den oberen Klassen einer High School wird man nicht zwei finden, die – innerhalb eines Fehlerspielraums von 500 Jahren – Auskunft geben können, wann das Alphabet erfunden wurde. Vermutlich wissen sie nicht einmal, *daß* es erfunden wurde. Ich habe festgestellt, daß sie, wenn man ihnen diese Frage stellt, ziemlich verwirrt dreinblicken, als hätte jemand sich erkundigt, wann die Bäume oder die Wolken erfunden worden seien. Wie Roland Barthes erläutert hat, besteht das Grundprinzip des Mythos darin, Geschichte in Natur zu verwandeln, und wer von unseren Schulen verlangt, sie sollten sich an der Entmythologi-

sierung der Medien beteiligen, der erwartet von ihnen etwas, wozu sie sich niemals verstehen mochten.
Und doch gibt es Grund zu der Annahme, daß die Lage nicht hoffnungslos ist. Den Erziehern sind die Auswirkungen des Fernsehens auf ihre Schüler nicht unbekannt. Angeregt durch das Vordringen des Computers, diskutieren sie sehr ausführlich darüber – mit anderen Worten, sie sind in einem gewissen Maße »medienbewußt« geworden. Gewiß, dieses Bewußtsein konzentriert sich insbesondere auf die Frage: Wie können wir das Fernsehen (oder den Computer oder das Textverarbeitungsgerät) einsetzen, um Erziehungsprozesse zu kontrollieren? Zu der Frage: Wie können wir die Erziehung einsetzen, um das Fernsehen (oder den Computer oder das Textverarbeitungsgerät) zu kontrollieren? sind sie noch nicht vorgedrungen. Aber bei der Suche nach Lösungen sollte man über diejenigen Erkenntnisse, die uns bereits zur Verfügung stehen, hinausgreifen – wozu träumen wir denn? Außerdem besteht eine der anerkannten Aufgaben der Schule darin, junge Menschen anzuleiten, die Symbole ihrer Kultur zu interpretieren. Daß es im Rahmen dieser Aufgabe jetzt auch darum geht, den jungen Menschen beizubringen, wie sie von den dominierenden Informationsformen ihrer Kultur Abstand gewinnen können, ist nicht so bizarr, daß wir nicht hoffen dürften, es werde eines Tages in den Lehrplan aufgenommen, vielleicht sogar zum Mittelpunkt der Erziehungsanstrengung gemacht.
Die Lösung, die ich hier vorschlage, ist die gleiche, die Aldous Huxley vorgeschlagen hat. Und ich kann es nicht besser als er. Er meinte mit H. G. Wells, daß wir in ein Wettrennen zwischen der Bildung und der Katastrophe eingetreten sind, und immer wieder hat er in seinen Schriften betont, wie dringlich es sei, die Politik und die Epistemologie der Medien begreifen zu lernen. Letzten Endes wollte er uns zu verstehen geben: Die Menschen in *Schöne neue Welt* leiden nicht daran, daß sie lachen, statt nachzudenken, sondern daran, daß sie nicht wissen, worüber sie lachen und warum sie aufgehört haben, nachzudenken.

Anmerkungen

1. Kapitel: Das Medium ist die Metapher

1 Zit. n. *Wisconsin State Journal*, 24. August 1983, Teil 3, S. 1.
2 Cassirer, S. 43; dt. S. 39.
3 Frye, S. 227.

2. Kapitel: Medien als Epistemologie

1 Frye, S. 217.
2 Frye, S. 218.
3 Frye, S. 218.
4 Vgl. dazu Ong, »Literacy and the Future of Print«, S. 201 f.
5 Ong, *Orality*, S. 35.
6 Ong, *Orality*, S. 109.
7 Jerome Bruner erklärt in seinen *Studies in Cognitive Growth*, daß sich das »kognitive Wachstum genauso aus der Wirkung der Außenwelt auf das Innere wie aus der des Inneren auf die Außenwelt« ergibt und daß es »zum großen Teil darin besteht, daß der Mensch in eine Verbindung zu kulturell übermittelten ›Verstärkern‹ der motorischen, sensorischen und reflexiven Fähigkeiten tritt«. (S. 1 f.) – Goodys Untersuchung *The Domestication of the Savage Mind* zufolge »verändert [das Schreiben] die Repräsentationen der Welt (kognitive Prozesse) für jene, die nicht lesen können«. Er fährt fort: »Das Alphabet verändert deshalb den Typus von Daten, mit denen es das Individuum zu tun hat, und es verändert das Repertoire der Programme, die ihm zur Bearbeitung seiner Daten zur Verfügung stehen.« (S. 110). – Julian Jaynes stellt in seinem Buch *The Origins of Consciousness in the Breakdown of the Bicameral Mind* fest, daß das »Schreiben für den Zusammenbruch des bikamera-

len Sprechens eine ungeheuer wichtige Rolle spielte«. Er behauptet, das geschriebene Wort diene als »Ersatz« für das halluzinogene Bild und habe die der rechten Hemisphäre des Gehirns zugeordneten Funktionen der Auswahl und Verknüpfung von Informationen übernommen. – Walter Ong in *The Presence of the Word* und Marshall McLuhan in *Understanding Media* betonen die Auswirkungen der Medien auf das Verhältnis und das Gleichgewicht zwischen den verschiedenen Sinnen. Es sei hinzugefügt, daß Alfred North Whitehead (in *Modes of Thought*) schon 1938 auf die Notwendigkeit einer gründlichen Untersuchung der Auswirkungen von Veränderungen in den Medien auf die Organisation des Sinnesapparates aufmerksam gemacht hat.

3. Kapitel: Amerika im Zeitalter des Buchdrucks

1 Franklin, S. 175; dt. S. 172.
2 Hart, S. 8.
3 Hart, S. 8.
4 Hart, S. 8.
5 Hart, S. 15.
6 Lockridge, S. 184.
7 Lockrdige, S. 184.
8 Hart, S. 47.
9 Mumford, S. 136.
10 Stone, S. 42.
11 Hart, S. 31.
12 Boorstin, S. 315.
13 Boorstin, S. 315.
14 Hart, S. 39.
15 Hart, S. 45.
16 Fast, Einleitung.
17 Diese Druckerei war allerdings nicht die erste auf dem amerikanischen Kontinent. Die Spanier hatten schon hundert Jahre vorher in Mexiko eine Druckerei errichtet.
18 Mott, S. 7.
19 Boorstin, S. 320.
20 Mott, S. 9.
21 Lee, S. 10.
22 Boorstin, S. 326.
23 Boorstin, S. 327.
24 Hart, S. 27.
25 Tocqueville, Bd. 2, S. 68.
26 Tocqueville, Bd. 1, S. 7f.
27 Hart, S. 86.

28 Curti, S. 353f.
29 Hart, S. 153.
30 Hart, S. 74.
31 Curti, S. 337.
32 Hart, S. 102.
33 Berger, S. 183.
34 Curti, S. 356.
35 Berger, S. 158.
36 Berger, S. 158.
37 Berger, S. 158.
38 Curti, S. 356.
39 Twain, S. 161; dt. S. 228.
40 Hofstadter, S. 145.
41 Hofstadter, S. 19.
42 Tocqueville, Bd. 2, S. 280.
43 Miller, S. 269.
44 Miller, S. 271.
45 Marx, S. 31.

4. Kapitel: Leserverstand

1 Sparks, S. 4.
2 Sparks, S. 11.
3 Sparks, S. 87.
4 Die Genauigkeit der Mitschriften dieser Debatten wurde immer wieder in Zweifel gezogen. Robert Hitt hat sie angefertigt, und man hat ihn beschuldigt, er habe sprachliche »Fehler und Unbeholfenheiten« Lincolns stillschweigend behoben. Die Vorwürfe stammten von Lincolns politischen Feinden, die es vielleicht erschreckte, welchen Eindruck Lincolns Auftritte im ganzen Land hinterließen. Hitt selbst hat entschieden bestritten, die Reden Lincolns verfälscht zu haben.
5 Hudson, S. 5.
6 Sparks, S. 86.
7 Mill, S. 64; dt. S. 87.
8 Hudson, S. 110.
9 Paine, S. 6.
10 Hudson, S. 132.
11 Miller, S. 15.
12 Hudson, S. 65.
13 Hudson, S. 143.
14 Perry Miller, S. 119.
15 Perry Miller, S. 140.
16 Perry Miller, S. 140f.

17 Perry Miller, S. 120.
18 Perry Miller, S. 153.
19 Presbrey, S. 244.
20 Presbrey, S. 126.
21 Presbrey, S. 157.
22 Presbrey, S. 235.
23 Anderson, S. 17. In diesem Zusammenhang sei ein Brief zitiert, den Thomas Jefferson unter dem Datum des 15. Januar 1787 an Monsieur de Crève-Coeur schickte. In diesem Brief beklagt sich Jefferson, die Engländer würden das Verdienst an einer amerikanischen Erfindung für sich beanspruchen: an der Anfertigung des Radkranzes aus einem einzigen Holzstück. Jefferson äußert die Vermutung, die Bauern von Jersey hätten dieses Verfahren bei Homer gelernt, der es sehr anschaulich beschreibe. Die Engländer, so schreibt Jefferson, müssen die Technik den Amerikanern abgeschaut haben, »denn unsere Bauern sind die einzigen, die Homer lesen können«.

5. Kapitel: Die Guckguck-Welt

1 Thoreau, S. 36; dt. S. 61 f.
2 Harlow, S. 100.
3 Czitrom, S. 15 f.
4 Sontag, S. 165; dt. S. 171.
5 Newhall, S. 33; dt. S. 48.
6 Salomon, S. 36.
7 Sontag, S. 20; dt. S. 27.
8 Sontag, S. 20; dt. S. 27.

6. Kapitel: Das Zeitalter des Showbusiness

1 Am 20. Juli 1984 berichtete die *New York Times,* das nationale chinesische Fernsehen habe mit der Fernsehgesellschaft CBS einen Vertrag über die Ausstrahlung von 64 Stunden CBS-Programmen in China abgeschlossen. Verträge mit den Fernsehgesellschaften NBC und ABC werden mit Sicherheit folgen. Man kann nur hoffen, daß die Chinesen wissen, daß solche Transaktionen politisch äußerst folgenschwer sind. Verglichen mit der amerikanischen Dreierbande ist die chinesische Viererbande ein Papiertiger.
2 Mehrere Zeitungen berichteten darüber, unter anderem auch das *Wisconsin State Journal,* 24. Februar 1983, Teil 4, S. 2.
3 Zit. n. *New York Times,* 7. Juni 1984, Teil A, S. 20.

7. Kapitel: »Und jetzt...«

1 Ein ziemlich gründlicher Bericht über die Klage von Ms. Craft findet sich in der *New York Times*, 29. Juli 1983.
2 MacNeil, S. 2.
3 MacNeil, S. 4.
4 Siehe: *Time*, 9. Juli 1984, S. 69.

8. Kapitel: Im Wiegeschritt nach Bethlehem

1 Graham, S. 5–8. Eine gründliche Analyse von Grahams Stil findet sich bei Michael Real, *Mass Mediated Culture*, eine amüsante und sarkastische in Roland Barthes' *Mythen des Alltags* (Frankfurt 1964): »Billy Graham im Velodrome d'Hiver«. Barthes schreibt: »Wenn Gott wirklich durch den Mund Dr. Grahams spricht, muß man zugeben, daß Gott allerdings recht dümmlich ist.«
2 Zit. n. *Religion in Broadcasting* von Robert Abelman und Kimberly Neuendorf, S. 2. Diese Studie wurde mit Mitteln der Unda-USA, Washington, D.C., unterstützt.
3 Armstrong, S. 137.
4 Arendt, S. 352.

9. Kapitel: Sie haben die freie Wahl

1 Drew, S. 263.
2 Moran, S. 122.
3 Rosen, S. 162.
4 Zit. n. einem Vortrag, gehalten am 27. März 1984 im Jewish Museum, New York City, anläßlich einer Konferenz des National Jewish Archive of Broadcasting.
5 Moran, S. 125.
6 Aus einem Vortrag, gehalten am 26. April 1982 auf der 24. Media Ecology Conference in Saugerties, New York. Eine ausführliche Darstellung der Ansichten von Dekan Gerbner in »Television: The New State Religion«, in *Et cetera*, 34:2 (Juni 1977), S. 145–50.

10. Kapitel: Unterricht als Unterhaltung

1 John Dewey, S. 268.
2 G. Comstock, S. Chaffee, N. Katzman, M. McCombs und D. Roberts, *Television and Human Behavior*, New York 1978.
3 A. Cohen und G. Salomon, »Children's Literate Television Viewing: Surprises and Possible Explanations«, in *Journal of Communication*, 29,

1979, S. 156–163; L. M. Meringoff, »What Pictures Can and Can't Do for Children's Story Comprehension«, vorgelegt beim Jahrestreffen der American Educational Research Association, April 1982; J. Jacoby, W. D. Hoyer und D. A. Sheluga, *Miscomprehension of Televised Communications,* New York, The Educational Foundation of the American Association of Advertising Agencies, 1980; J. Stauffer, R. Frost und W. Rybolt, »Recall and Learning from Broadcast News: Is Print Better?«, in: *Journal of Broadcasting,* Sommer 1981, S. 253–262; A. Stern, »A Study for the National Association for Broadcasting« in: M. Barrett (Hrsg.), *The Politics of Broadcasting, 1971–1972,* New York 1973; C. E. Wilson, »The Effect of a Medium on Loss of Information«, in: *Journalism Quarterly,* 51, Frühjahr 1974, S. 111–115; W. R. Newman, »Patterns of Recall Among Television News Viewers«, in: *Public Opinion Quarterly,* 40, 1976, S. 118–125; E. Katz, H. Adoni und P. Parness, »Remembering the News: What the Pictures Add to Recall«, in: *Journalism Quarterly,* 54, 1977, S. 233–242; B. Gunter, »Remembering Television News: Effects of Picture Content«, in: *Journal of General Psychology,* 102, 1980, S. 127–133.

4 Salomon, S. 81.

Bibliographie

Anderson, Paul, *Platonism in the Midwest*, Philadelphia 1963.
Arendt, Hannah, »Society and Culture«, in: Floyd Matson, Ashley Montagu (Hrsg.), *The Human Dialogue*, Glencoe, Ill. 1967.
Armstrong, Ben, *The Electric Church*, Nashville 1979.
Berger, Max, *The British Traveler in America, 1836–1860*, New York 1943.
Boorstin, Daniel J., *The Americans: The Colonial Experience*, New York 1958.
Cassirer, Ernst, *An Essay on Man*, New York 1956; dt. *Was ist der Mensch? Versuch einer Philosophie der menschlichen Kultur*, Stuttgart 1960.
Curti, Merle, *The Growth of American Thought*, New York 1951.
Czitrom, Daniel, *Media and the American Mind: From Morse to McLuhan*, Chapel Hill 1982.
Dewey, John, *Experience and Education*, London 1963; dt. *Erfahrung und Erziehung*, in: J.D., *Psychologische Grundfragen der Erziehung*, Basel 1974.
Drew, Elizabeth, *Portrait of an Election: The 1980 Presidential Campaign*, New York 1981.
Eisenstein, Elizabeth, *The Printing Press as an Agent of Change*, New York 1979.
Fast, Howard, Einleitung zu: Thomas Paine, *Rights of Man*, New York 1961.
Franklin, Benjamin, *The Autobiography of Benjamin Franklin*, New York 1968; dt. *Lebenserinnerungen*, hrsg. v. M. Pütz, München 1983.
Frye, Northrop, *The Great Code: The Bible and Literature*, Toronto 1981.
Graham, Billy, »The Future of TV Evangelism«, in: *TV Guide* 1983, 31 (10).

Harlow, Alvin Fay, *Old Wires and New Waves: The History of the Telegraphy, Telephone and Wireless*, New York 1936.

Hart, James D., *The Popular Book: A History of America's Literary Taste*, New York 1950.

Hofstadter, Richard, *Anti-Intellectualism in American Life*, New York 1964.

Hudson, Winthrop, *Religion in America*, New York 1965.

Lee, James Melvin, *History of American Journalism*, Boston 1917.

Lockridge, Kenneth, »Literacy in Early America, 1650–1800«, in: Harvey J. Graff (Hrsg.), *Literacy and Social Development in the West: A Reader*, New York 1981.

MacNeil, Robert, »Is Television Shortening Our Attention Span?« in: *New York University Education Quarterly*, Winter 1983, Bd. XIV, Nr. 3.

Marx, Karl, *Grundrisse der Kritik der politischen Ökonomie*, Frankfurt, Wien o. J.

Mill, John Stuart, *Autobiography and Other Writings*, Boston, 1969; dt. *Selbstbiographie*, Stuttgart 1974.

Miller, John C., *The First Frontier: Life in Colonial America*, New York 1966.

Miller, Perry, *The Life of the Mind in America: From the Revolution to the Civil War*, New York 1965.

Moran, Terence, »Politics 1984: That's Entertainment«, in: *Et cetera*, Bd. 41, Nr. 2, Sommer 1984.

Mott, Frank Luther, *American Journalism: A History of Newspapers in the U.S. through 260 Years, 1690 to 1950*, New York 1950.

Mumford, Lewis, *Technics and Civilization*, New York 1934.

Newhall, Beaumont, *The History of Photography from 1839 to the Present Day*, New York 1964; dt. *Geschichte der Photographie*, München 1984.

Ong, Walter, »Literacy and the Future of Print«, in: *Journal of Communication*, Bd. 30, Nr. 1, Winter 1980.

Ong, Walter, *Orality and Literacy*, New York 1982.

Paine, Thomas, *The Age of Reason*, New York 1919.

Presbrey, Frank, *The History and Development of Advertising*, Garden City, N.Y. 1929.

Rosen, Jay, »Advertising's Slow Suicide«, in: *Et cetera*, Bd. 41, Nr. 2, Sommer 1984.

Salomon, Gavriel, *Interaction of Media, Cognition and Learning*, San Francisco 1979.

Sontag, Susan, *On Photography*, New York 1977; dt. *Über Fotografie*, München 1978.

Sparks, Edwin Erle (Hrsg.), *The Lincoln-Douglas Debates of 1858*, Bd. 1, Springfield, Ill. 1908.

Stone, Lawrence, »The Educational Revolution in England, 1500–1640«, in: *Past and Present,* Nr. 28, Juli 1964.

Thoreau, Henry David, *Walden*, Boston 1957; dt. *Walden oder Leben in den Wäldern*, Zürich 1971.

Tocqueville, Alexis de, *Über die Demokratie in Amerika,* Stuttgart 1962, 2 Bde.

Twain, Mark, *The Autobiography of Mark Twain,* New York 1959; dt. *Autobiographie*, in: Mark Twain, *Gesammelte Werke,* München 1977, Bd. 9.

Neil Postman

Das Verschwinden der Kindheit
Fischer Taschenbuch Band 3855
Dieses Buch bricht den faulen Frieden, den die Erwachsenen mit der Gleichgültigkeit geschlossen haben, um die Welt bis in die Nischen hinein nach ihrem Bilde einzurichten. Es handelt von dem vielleicht folgenschwersten kulturellen Kolonisierungsunternehmen in der Gegenwart: der Zerstörung der Kindheit durch Mißachtung oder Destabilisierung ihrer Spielräume, ihrer inneren Geschichte und ihrer spezifischen Zeitrechnung.

Die Verweigerung der Hörigkeit
Lauter Einsprüche
200 Seiten. Broschur. S. Fischer
Neil Postman, der spitzzüngige Kritiker des Medien-Zeitalters, der unbequeme Warner vor der Austrocknung der Köpfe durch den elektronischen Bilder-Sturm, der achtsame Verteidiger der Kinderwelt gegen die Zugriffe von Kommerz und organisiertem Zerstreuungsbetrieb. Postmans Diagnose in diesem Punkt ist unverändert: der Einzelne verliere zunehmend seine Wahrnehmungs-und Differenzierungsfähigkeit an die »Apparate«, die ihm vorschreiben, was er zu glauben und wie er die Wirklichkeit aufzufassen hat. Das Ergebnis davon ist Abhängigkeit, ja Hörigkeit.

Fischer Taschenbuch Verlag